刘诗白 — 著

刘诗白 选集

第一卷
国际资本主义研究

四川人民出版社

图书在版编目（CIP）数据

国际资本主义研究 / 刘诗白著. — 成都：四川人民出
版社，2018.12
（刘诗白选集；第一卷）
ISBN 978-7-220-10866-2

Ⅰ.①国… Ⅱ.①刘… Ⅲ.①资本主义—文集
Ⅳ.①D091.5-53

中国版本图书馆CIP数据核字（2018）第184513号

GUOJI ZIBEN ZHUYI YANJIU

国际资本主义研究

刘诗白 著

责任编辑	王 茵
封面设计	陆红强
版式设计	戴雨虹
责任校对	王 璐 舒晓利
责任印制	王 俊
出版发行	四川人民出版社（成都槐树街2号）
网 址	http://www.scpph.com
E-mail	scrmcbs@sina.com
新浪微博	@四川人民出版社
微信公众号	四川人民出版社
发行部业务电话	（028）86259624 86259453
防盗版举报电话	（028）86259624
照 排	四川胜翔数码印务设计有限公司
印 刷	成都东江印务有限公司
成品尺寸	170mm×240mm
印 张	22
字 数	270千
版 次	2018年12月第1版
印 次	2018年12月第1次印刷
书 号	ISBN 978-7-220-10866-2
全套定价	3000.00元（全13卷）

序

◎张卓元

挚友和老学长刘诗白教授在其鲐背之年，集其70余年之研究成果、聚其经济学和哲学思想之大成的《刘诗白选集》出版问世，这是我国哲学社会科学界的一件大喜事。有幸应邀，欣然为之序。

习近平总书记在哲学社会科学座谈会上指出：当代中国正经历着我国历史上最为广泛而深刻的社会变革，也正在进行着人类历史上最为宏大而独特的实践创新。这一伟大实践，给理论创造、学术繁荣提供了强大动力和广阔空间。

回顾过去，改革开放获得巨大成功的根本原因就在于中国共产党坚持把马克思主义基本原理与中国实践相结合，始终立足中国国情，创造性地走出了中国特色社会主义道路。在中国特色社会主义经济道路的探索中，中国的经济学家在这场波澜壮阔的伟大变革中厥功至伟，他们敢立时代之潮头、发思想之先声，穷尽智慧，为探求真理、为学术使命而跋涉，扎根中国大地，用中国自己的语言逻辑和概念体系，实践着经邦济世、载德立言的崇高理想。刘诗白教授无疑是此中代表者和佼佼者。

我与刘诗白教授已相识相交40载。1978~1979年，刘诗白教授从四川财经学院借调至中国社科院经济研究所，参与时任中国社科院副院长的许涤新同志为主编的我国第一部《政治经济学辞典》的编撰工作。当时我是经济研究所的研究人员，与刘诗白教授在同一层楼办公，我们因此而相识并从此成为好朋友。20世纪80年代中后期和90年代初，我们还都是国家社会科学基金应用经济学评议组成员，每年评审课题都要相聚一次。在我担任《经济研究》编辑部编辑和主任期间，也多次编辑过他的来稿，其独到深邃的学术见地和飘逸潇洒的笔触给我留下了非常深刻的印象。

其后，在我担任中国社会科学院经济研究所所长和《经济研究》主编期间，每逢重要学术活动，刘诗白教授每请必到，对经济研究所和《经济研究》的工作给予了大力支持。

2001年，在海峡两岸关系协会会长汪道涵的大力倡议下，在刘诗白教授的策划下，中国一所知名的民间研究机构——新知研究院正式成立。研究院由汪道涵同志任名誉院长，刘诗白教授任院长，我、黄范章、赵人伟、袁恩桢同志任副院长。大家以研究院为平台，一起工作，从事重大课题研究，并先后多次召开了资深学者研讨会，出版了几本研究成果专辑，在国内学术界产生了一定影响，起到了促进中国重大现实经济问题研究的有益作用。我还记得2001年9月在上海召开的新知研究院第一届学术研讨会的情景。当时国内知名经济学家刘国光、刘诗白、桂世镛、赵人伟、黄范章和我等30余人参加了研讨会。我们围绕社会主义的劳动和劳动价值问题展开了讨论。刘诗白教授提出：商业劳动、服务劳动和高科技劳动具有价值创造的功能，我也认为科技劳动、经营管理劳动和一般第三产业劳动参与了价值创造的过程。我们在很多理论领域的见解是一致的。

作为我国著名的经济学家，刘诗白教授的学术研究轨迹——从政治经济学的研究对象到研究方法，从社会主义初级阶段到社会主义所有制多元论，从社会主义市场经济到社会主义主体产权理论，从宏观层面的体制转型到微观层面的国有企业改革，从科技创新到现代财富等的研究来看——应该说，他成功地构建起了一套对中国改革实践富有解释力的严谨理论体系，他的研究成果和学术思想对中国社会主义市场经济体制的构建和完善起到了有益影响，也对中国社会主义经济学理论发展做出了突出贡献。也正是由于他的学术贡献和影响，2013年，他入选了由钱伟长先生任总主编，我、厉以宁、吴敬琏任主编的《20世纪中国知名科学家学术成就概览——经济学卷》。

2017年，92岁高龄的刘诗白教授由于在70多年的经济学研究和教学中做出了突出的贡献，荣获第六届吴玉章人文社会科学终身成就奖，可谓实至名归。还有，由于刘诗白教授在经济学界具有崇高声望，西南财经大学特地设立了刘诗白经济学奖，每两年评选一次，迄今已评了三届。

2018年，为纪念改革开放40年、迎接中华人民共和国成立70周年，广东经济出版社拟出版一套《改革开放进程中的中国经济学家学术自传》丛书（张卓元、高培勇主编），旨在为我国改革开放伟大进程留下珍贵的第一手资料，彰显中国经济学家的历史功绩，继续为全面深化改革贡献力量，同时，帮助国人走近中国经济学家，了解他们的治学历程、学术见解和成功经验，领略他们的丰富人生和理想情怀。经过编委会提名、投票和遴选，刘诗白教授再次以卓越的贡献和卓著的声望入选"改革开放进程中的中国经济学家"。而《刘诗白选集》的问世，恰是对他学术贡献和影响的最好注脚，可谓正逢其时。在此，再次向我的老朋友老学长表示热烈的祝贺并致以诚挚的敬意！

是为序。

2017年12月27日

我们眼中的刘诗白

◎赵德武　卓志

伟大时代造就杰出人物。中国40年波澜壮阔的改革开放大业，宏大而独特的经济实践，为中国人文社会科学工作者提供了一个施展抱负与才华的深厚沃土和广阔空间。刘诗白教授在中华民族历史上这个最为辉煌的时期，锐意创新、奋发有为、硕果累累，成为当今中国卓越的经济学家和坚持党的领导，加强马克思主义理论学科建设、教学、研究，办社会主义大学的教育家。他不仅为中国特色社会主义经济理论建设做出重要贡献，也为中国高等财经教育事业发展做出杰出建树，受到经济理论界和教育界的尊敬，受到党和国家的充分肯定，1991年至今为西南财经大学终身名誉校长，2017年荣获国家第六届人文社会科学最高奖——"吴玉章人文社会科学终身成就奖"。

刘诗白教授出生于重庆万县，旧中国的社会现实，使他萌生了救国兴邦的强烈愿望。他早年开始阅读马克思主义哲学、政治经济学方面的著作，1942年考入武汉大学经济系，受教于马克思主义经济学家彭迪先教授，1946年毕业，受聘于四川大学经济系从事经济学理论教学与研究。1952年四川财经学院成立之时，他任政治经济学教研室主任。1959年学校在政治经济学教研室的基础上组建政治经济学本科专业、1960年建系，他是重要的奠基人。1962年全国高级职称评审解冻，他被评为副教授。1978年他被借调到中国社会科学院经济研究所协助许涤新编写我国第一部《政治经济学辞典》，任《中国大百科全书》社会主义经济学卷副主编。1978年复校后任四川财经学院政治经济学系教授、系主任。1983年任四川财经学院副院长，分管学校科学研究工作。1985～1990年任西南财经大学校长、博士生导师。1991年迄今任西南财经大学名誉校长。他长期致力于政治经济学教学与研究工作，为学校经济理论学科建设做出了突出贡献。

20世纪80年代初期，改革开放与经济建设热潮给高等财经院校带来了前所未有的发展机遇，刚刚复校不久的各个财经院校普遍存在学科水平较弱、办学经费短缺、物质条件简陋、高层次人才匮乏、管理制度亟待重建等一系列共同性难题。时任西南财经大学校长的刘诗白紧紧依靠学校党委，树立起了为改革开放发展服务的办学理念，开拓进取，充分发挥每个校领导和各位教授的积极性，团结全校师生员工，抢抓发展机遇，励精图强、攻坚克难，短短几年时间，显著提升了学校的学科实力和社会影响，这为学校后来跻身教育部重点高校之列，步入大发展的快车道，奠定了坚实的基础。

刘诗白教授具有当代学术大师和教育家的独特风范与魅力。他马克思主义理论信仰坚定，衷心拥护改革开放大业，紧跟国家改革开放步伐和世界经济科技发展潮流，学识渊博而又与时俱进、勇于学术创新。做事，高瞻远瞩，崇尚务实，大气从容；治学，胸怀激情，勤奋严谨，精益求精；待人，诚信谦和，虚怀若谷，温文儒雅。

刘诗白是我校面向国内经济学界全方位打开校门的首位校长。他基于自身的卓越学识，与经济学界众多专家有许多交往和深厚情谊，先后亲自出马聘请了一大批声誉卓著的经济学家、金融家和管理学家，如陈代荪、胡代光、宋涛、张培刚、谭崇台、徐禾、黄达、曾启贤等来校做学术报告，担任兼职教授，开设讲座，参加学术会议及主持博士学位论文答辩等。老一辈大师们严谨求实的治学风范，结合改革最新实践内容精湛丰富的系列演讲，极大地开阔了我校师生的学术视野，学界众多专家也进一步认识了西南财大。由此初步建立了我校与国内重点高校之间、专业间的合作交流关系，这为我校提升人才培养档次和学术水平，尤其为推进我校一批青年教师快速成长打下良好基础。

刘诗白也是我校积极与国外学术界开展合作交流的首位校长。他利用出国讲学、带团队出国以及其他渠道，与欧美一批知名高校签署了合作交流协议，先后特邀了美国哈佛大学经济学教授诺贝尔奖提名者杜森贝里、日本东京帝国大学副校长小宫隆太郎来校开设专题讲座，几十名西方金融、保险、企业管理的资深教授和高校校长来我校任教或访问。1988年出访美国哈佛大学，他用英语讲授《中国经济体制改革》，打开了学校面向世界学术界开放的大门，构筑了对外学术交流合作的基本格局。与此同时，他积极争取原国家教委和人民银行总行支持，选派了一批青年教师在国内强化外语再到国外高校研修及攻读学位；积极引进了一批国内有发展潜力的青年学者来校任教。如今，当年出国留学和国内引进的这批青年教师早已成长为相关学科的带头人和教学科研骨干。

刘诗白教授邀请全国一批一流专家学者，于1988年创办了《经济学家》杂志。他高瞻远瞩地将杂志定位为面向国内经济学界，刊载一流精品成果。30年来，《经济学家》早已成为经济学界公认的高层次学术园地，并获"首届全国优秀社会科学评奖获奖刊物"，使《经济学家》驰名中外。他还通过设立刘诗白奖励基金等系列举措，为扩大学校影响，促进学术发展做出突出贡献。

刘诗白是我校明确提出以人才培养为中心，教学与科研并重的首位校长。他认为有的院校可以是以教学为重点，而对于要想培养一流人才，提高为国家和社会的服务能力的西南财大来说，必须高度重视科研，坚持教学与科研并重的原则。他身体力行，多次亲自带领中青年教师到四川和全国改革开放前沿地区，深入工厂、农村、商场和政府部门调查，聚焦改革实践中的重大问题，开展研究。他说：教师如果不重视研究现实问题，特别是指导研究生的教师没有经济管理实践，难以教好课。

最令人敬佩的是刘诗白校长在繁忙而紧张的学校行政工作以及全国人大、全国政协，四川省政协、省民盟、省社科联领导工作之余，几乎利用了他全部的休息时间和节假日，以超乎常人的毅力和争分夺秒的勤奋，倾注激情而又潜心静气地从事学术研究，研究我国经济体制改革中重大理论与实践问题，多领域、大批量、高质量地产出了一系列研究成果，述学立论、建言献策，为国家和四川改革开放事业做出重要贡献。在刘诗白校长等一批资深教授心无旁骛、热心改革、潜心治学的精神感召引领下，学校一大批积极投身经济实践研究的中青年教师迅速成长，教师整体科研水平显著提升，学校整体学科实力居全国财经院校前茅，为学校20世纪90年代进入国家"211"工程建设，提供了重要的基础条件。

刘诗白校长上任之初即创办了学校出版社。他深知，建立学校出版社对于提高学校科研水平、服务社会具有重要意义。1985年秋季成立的西南财经大学出版社，成为全国财经院校建立出版社的先驱。

刘诗白校长基于对经济学的认识，坚持以马克思主义中国化理论为指导，深入实践研究问题，办社会主义大学；坚持共产党领导，坚持社会主义，决不能偏离这个根本方向，同时也要借鉴西方经济学的有益成分，努力吸收国外优秀学术成果，创立中国特色社会主义市场经济理论体系。这种认识确实独具慧眼，对于我们今天构建以马克思主义为指导，具有中国特色、中国风格、中国气派的经济学管理学学科体系和教材体系无疑具有积极的启示意义。

刘诗白校长紧跟经济改革和发展步伐，重视为改革开放服务的各个新专业，20世纪80年代中期起，学校陆续增设了经济信息管理、法学、国际贸易、保险、审计学、市场营销、企业管理、思想政治教育等一批新专业，引进一批新专业教师，显著改善了我校学科结构。他从学校领导体制、社会需求及学科发展前景出发，科学地谋划了以金融为重点，以理论经济学为基础，以工商管理为支柱的学科格局。实践证明，这完全体现了我校办学特色与发展实际，直接为学校日后"211"工程建设，以及现今双一流学科建设提供了指导性思路。

刘诗白是全神贯注抓教学质量的校长。他经常思考提升教学质量的措施，一再强调，高等财经教育的发展，绝不只是招生和专业数量的增加，更重要的是提高办学质量。他明确提出，学校的目标是培养德、智、体兼备的社会主义新人，培养社会主义事业的可靠接班人，培养复合应用型人才，要以本科为重点，以课堂教学为中心进行教学改革。他多次亲自主持召开了各种类型、各门主干课程的教学改革研讨会以及各系、教研室负责人的教学经验座谈会。亲自组织全校教学计划和课程大纲的修订，强化学生的理论基础，加强政治经济学、英语、计算机等一批公共课建设。他要求对政治经济学专业本科和研究生必须开设足量的《资本论》原著课程；加强全校各专业英语培训力度；尽力支持各个应用型专业学生深入经济实践调查实习。他明确提出：课程应当区分为"讲授式、讨论式、指导式"三类，如果条件不成熟，可以先缓一下，但是方向必须明确。

刘诗白校长历来强调从严治校、依法治校、依规治校。他对学生学业要求严格，要求教师既要教书又要育人，课堂教学不能"发水"。他建立了校系领导听课制度、教研室活动的考核制度及教学督导等一系列制度，全校教学质量稳步提高。当时的毕业生至今还以毕业证书是刘诗白校长的签章而感到自豪。

刘诗白校长亲自抓教学质量，改善办学条件和师生生活条件。例如，他多次了解英语课教学用的收录机能否做到每个教师一台，收录机质量如何；怎样利用从世界银行贷款引进的4381计算机为学生建电脑机房；图书馆开放时间如何改革，等等。他总是心系学校师生，十分关心改善"黄楼"教师的居住条件；他心系居住高层楼房的学生和教师用水困难问题，要求尽快提出解决办法；他担心食堂拥挤影响学生用餐；他要求尽力设法让学生都能出来做早操，等等。为提高教学质量、改善办学条件、提高学校声誉，他可谓呕心沥血、费神费力。

刘诗白校长十分尊重学校党委领导。在任期间，他与学校党委王永锡书记配合默契，长期愉快地合作共事，重要问题会前沟通、充分商议，协力促进学校各项事业发展。他认真实践民主集中制，充分尊重校领导班子成员的意见，认真听取相关处系负责人的建议，为后任几届校领导班子树立了榜样。

刘诗白校长对我国高等财经院校科学研究和人民银行行属教育事业发展也做出了重要贡献。在刘诗白教授的积极倡导发起下，1983年我校成立了全国财经院校"《资本论》研究会"和"社会主义政治经济学研究会"，刘诗白教授长期担任两个研究会会长。近40年来，召开了20次以上的年会，研究会对于提高各财经院校《资本论》及现实经济问题的研究水平，培养中青年骨干教师，起到了积极的促进作用。

1991年刘诗白教授66岁，他两次向中国人民银行总行领导表达卸任校长的愿望，总行党组在批准了他卸任的同时授予他"西南财经大学终身名誉校长"这一特殊的荣誉，充分肯定了他为西南财大和行属教育发展做出的特殊贡献。

中国改革开放蓬勃兴起的初期，西南财大有幸由刘诗白校长和王永锡书记为首的领导班子率领。他们以教育家特有的素养和气质，坚持党的教育方针和正确的政治方向，以果敢的魄力抓住了改革进程的每个发展机遇，在相当困难的条件下，踏实苦干，不断提升学校自身的办学实力和社会影响力，形成了宝贵的治学理念和感人肺腑的创业精神。刘诗白校长后来总结凝练并亲笔题写了西南财大精神——"经世济民，孜孜以求"。这是西南财大的理念之魂，更是刘诗白教授自身的座右铭，必将为代代师生潜心传承与弘扬！

西南财大的办学历程表明，刘诗白教授是传承发扬彭迪先等学校先驱者开拓精神的模范，是学校当今众多老一辈杰出专家教授的典范，是改革开放以来学校从艰辛创业而今迈向腾飞发展的卓越旗手，是至今指导我们为人为学的导师和楷模。

需要特别指出的是，尽管刘诗白教授如今早已到耄耋之年，仍然"博学而笃志，切问而近思，仁在其中矣"（《论语》）。他心系国家和民族，高度关注国内外经济、社会和科技发展，笔耕不辍。面对当今纷繁复杂的多元化社会思潮，2018年有10余万字"自然哲学笔记"完成。刘诗白教授以睿智和深刻的思辨哲理，坚定信仰中国特色社会主义，热忱拥护以习近平同志为核心的党中央所开创的中国迈向全民富裕的新征程。

习近平总书记告诫我们，构建中国特色哲学社会科学对学生的世界观、人生观、价值观形成影响很大。总的说来，要按照立足中国、借鉴国外，挖掘历史、关怀人类，面向未来的思路，体现继承性、民族性、原创性、时代性、系统性、专业性。在学科体系、学术体系和话语体系方面体现中国特色、中国风格、中国气派。

西南财经大学在马克思主义经济学的研究领域有着中国早期马克思主义经济学家陈豹隐、彭迪先、汤象龙、王叔云、刘洪康等人奠定的坚实基础，并由刘诗白发扬光大，因而得以成为国内马克思主义经济学研究的重镇。1979年我校政治经济学学科获批成为国内首批硕士点，1984年获批成为国内首批博士点，2002年获批国内重点学科建设。尤其是2010年我校正式挂牌成立的西南财经大学马克思主义经济学研究院，是我国高校和研究机构中率先采取首席专家+学术团队进行马克思主义经济学研究的专业机构。该机构充分依托西南财经大学政治经济学学科创新研究平台和国内外马克思主义经济学家的支持，以大力推进马克思主义经济学中国化、时代化和大众化发展为宗旨，在学术界已产生重大社会影响。

值此深入学习贯彻落实习近平总书记有关马克思主义政治经济学的讲话精神与纪念中国改革开放40周年之际，在中共四川省委宣传部直接领导、指导和关怀下，我们联合四川人民出版社隆重出版了500多万字的《刘诗白选集》，其中不仅有刘诗白先生以其毕生精力所取得的学术研究成果，亦有其丰富的教育理念与实践经验。我们将以《刘诗白选集》的出版为契机，薪火传承，为我国马克思主义经济学和中国特色社会主义理论体系的大发展、大繁荣和大创新做出理论贡献，努力将我校马克思主义经济学研究院打造成为中国马克思主义经济学的理论创新基地与改革决策智库，努力促进我校"双一流"建设。

社会主义政治经济学的辛勤探索者

◎丁任重

 我于1982年考上四川财经学院政治经济学专业硕士研究生，师从刘诗白教授，1985年又考上刘诗白教授的博士研究生，此后留校工作。在跟随刘诗白教授学习、工作的30多年间，研读了他的许多文章和著作，深感诗白老师的马克思主义理论功底深厚，对社会主义政治经济学的研究，涉及领域多，科研成果多，研究水平高，不愧为我国学术界公认的经济学大师。

 刘诗白教授的理论研究有三个鲜明特点：第一，全方位探讨经济体制改革。刘诗白教授对改革的研究并不局限于某一特定的领域，而是着眼于全局，多方位地展开研究。第二，立足实践，立足国情。刘诗白教授以马克思主义原理为指导，对我国改革开放中出现的新生事物，如市场机制运行、农村家庭联产承包制、国有企业股份制改造、完善宏观调控等，提出了自己的见解。第三，坚持理论联系实际。刘诗白教授一贯坚持理论与实际相结合，深信只有根植于实践才有理论的活力，才有理论的创新，才有理论的发展。正因为他坚守在改革开放实践的前沿，所以他的许多理论观点有很强的洞察力和说服力，而刘诗白教授作为一个经济学家的优良学风和研究品性更值得我们学习。

（一）关于经济学的学习、研究历程

刘诗白教授出身在一个教育世家，他父亲是一位崇尚民主的爱国知识分子，热衷于哲学、文史研究，博览群书，从中国的诸子百家，到西方的启蒙学者，甚至马克思和列宁的著作，均有涉猎。他母亲工于诗词歌赋，且造诣不俗，出版有《玉露词》，与有名的女词人沈祖芬是好友。书香门第浓郁的文化熏陶，使刘诗白教授从小就热爱文学和社会科学。刘诗白教授的学生时代，正值旧中国外受帝国主义列强掠夺，内遭新旧军阀和专制政府残酷统治，人民群众处于水深火热的时期。1937年，日本侵略军大举进攻上海，八一三事变后，刘诗白教授一家从上海逃亡到重庆。一路上，刘诗白教授耳闻目睹侵略者的野蛮暴行，在他幼小的心灵中萌生出救国兴邦的最初愿望。在重庆读中学时，大后方风起云涌的抗日救亡运动和国统区无产阶级革命文化的传播，对他的影响极大。刘诗白教授读了高尔基的《母亲》、托尔斯泰的《战争与和平》、鲁迅的《呐喊》《彷徨》、郭沫若的《女神》《星空》，以及茅盾、夏衍等革命作家的文学作品。当时的重庆地处抗战后方，但却并非世外桃源。日本侵略军的飞机不时狂轰滥炸，山城弹痕累累，人们天天跑警报。尽管如此，刘诗白仍然坚持自学，开始阅读马克思主义哲学、政治经济学方面的著作，如马克思的《资本论》、恩格斯的《家庭、私有制和国家的起源》和列宁的《帝国主义论》，以及国内进步学者艾思奇、钱俊瑞等写的许多启蒙读物。《资本论》是刘诗白教授步入经济学殿堂的向导。

1942年，刘诗白中学毕业考入武汉大学经济系。当时著名的教育家王星拱担任武大校长，这位崇尚科学的爱国知识分子，实行民主办学，使武大名流荟萃，学术风气浓郁。如经济系主任陶因，资深学者杨端六、刘秉麟，英国文学教授朱光潜，哲学教授张颐，俄文教授缪朗山等。在他们的指导下，刘诗白系统地阅读了马克思的经济学著作、亚当·斯密的《国富论》、大卫·李嘉图的《政治经济学及赋税原理》和马歇尔的《经济学原理》等大批西方经济学原著。刘诗白在武大结识了许多进步人士和学生，参加了由中共南方局领导的进步学生组织——"文谈社"。武汉大学在抗战时期迁到四川乐山，彭迪先、杨东莼等一大批进步教授在讲台和各种论坛上宣传革命理论，抨击国民党反动统治。刘诗白当时在学习《资本论》中遇到许多疑难问题，经常向彭迪先请教，从他那里受到很多教益。

　　1946年，刘诗白从武汉大学毕业，应彭迪先教授之邀，受聘于四川大学经济系，开始从事经济理论研究。1947年，刘诗白教授翻译了英国马克思主义经济学家多布（M．Dobb）所著《资本主义发展之研究》一书，多布亲自为之作序。1948年，刘诗白教授参加了革命群众反对成都军阀王陵基镇压学生运动的示威游行。1949年春，成都一片白色恐怖，刘诗白参加了地下进步青年组织"职业青年联合会"，并亲自为该会起草宗旨，拥护中国共产党，实行新民主主义，迎接解放军。这一年5月，刘诗白加入了中国民主同盟，进行争取民主和迎接解放的革命活动。

　　1949年，中华人民共和国成立。1951年全国高校进行院系调整，刘诗白教授由四川大学调到成华大学讲授政治经济学、外国经济史和当代资产阶级经济学说等课程。1958年以前，刘诗白教授主要研究当代资本主义经济和社会主义经济问题。1958年以后，研究重心主要集中于社会主义经济理论问题（如论证人民公社必须发展商品生产，重视按劳分配和价值规律，发展农村家庭副业），并积极参与国内经济理论界有关政治经济学研究对象、社会主义经济效果等问题的讨论。这些最初的探索，为他日后研究社会主义经济理论和体制改革奠定了基础。"文化大革命"中，刘诗白教授被打成"反动学术权威"，多年来从事教学科研的讲稿、笔记，以及花费了许多心血写成的近20万字的《当代资本主义经济危机》手稿及书籍被洗劫一空。虽历经磨难，但他并未气馁。1977年，刘诗白教授被借调到中国社会科学院经济研究所工作两年，参加许涤新主编的我国第一部《政治经济学辞典》的编写工作。此后还参加了《中国大百科全书》经济学卷、《〈资本论〉辞典》等的编写工作。

改革开放以来，刘诗白教授一直致力于社会主义经济理论研究，包括对政治经济学的研究对象、所有制及社会主义商品经济、价值规律与市场机制、家庭联产承包经济、向市场体制转轨、搞活国有大中型企业、股份制与产权等重大经济理论问题的研究，提出了不少宝贵的理论观点。

（二）关于政治经济学的研究对象与研究范围

早在20世纪50年代，刘诗白教授就倡导拓宽政治经济学研究范围。刘诗白教授在《论马克思列宁主义政治经济学的对象》一文中指出，研究对象与研究范围是两个不同的范畴，研究范围总是大于对象范围。刘诗白教授认为社会生产关系是政治经济学的基本研究对象，但政治经济学的研究范围应该包括生产力和上层建筑的某些方面，而不能像传统研究那样只研究生产关系的本质特征。所以，社会主义政治经济学要把研究的范围拓宽，把生产力发展运动的规律和经济运行机制纳入其研究范围，要对社会主义经济运行中的具体经济问题进行深入研究和总结，以指导经济活动实践，而不能把政治经济学的任务和内容只限于几条抽象的"规律"。这篇发表在《经济研究》1961年第10期上的文章，在当时引起了国内外理论界的关注。

（三）关于社会主义市场经济

党的十一届三中全会以后，刘诗白教授发表的第一篇文章是1979年2月《社会科学研究》上的《论发展社会主义商品经济与利用市场》。该文把社会主义经济的属性规定为社会主义商品经济，突破了计划经济是社会主义本质特征的传统观念，这也是十一届三中全会后中国经济学界不少同志开始持有的新观点。尽管这种观点远未成为主流，当时只允许提"发展商品生产"。但这种提法在当时的理论环境下实属不易。

该文指出，（1）加快四个现代化的步伐，必须着力发展社会主义商品经济。在这篇文章中，刘诗白教授把"发展商品经济"的论题，明确地归结为利用市场。（2）发展和完善社会主义商品经济，必须充分利用社会主义市场的积极作用。在当前发展和完善社会主义商品经济中，最关键的是要充分发挥和利用社会主义市场的积极作用。这就要求我们以马克思主义为指导，对社会主义市场的性质、范围、结构、机制、规律和作用等问题进行深入研究与探索。文章的主旨是，我国经济改革的方向和中心课题是充分利用市场。论文还提出，就马克思主义政治经济学理论（社会主义）来说，对社会主义市场的研究还十分薄弱，基本是生产理论加上分配理论，而缺少市场理论。由于传统理论的束缚，在当时提出这一理论认识需要极大的勇气。此后不久，邓小平提出："说市场经济只存在于资本主义社会，只有资本主义的市场经济，这肯定是不正确的。社会主义为什么不可以搞市场经济，这个不能说是资本主义，我们是计划经济为主，也结合市场经济，但这是社会主义的市场经济。"

1979年4月，中国社会科学院经济研究所在无锡举行关于价值规律作用问题的讨论会。刘诗白教授在《试论社会主义计划管理与利用市场机制》一文中，明确地提出了社会主义市场经济的概念并加以论述。刘诗白教授提出市场经济具有一般经济范畴性质。市场经济就是指这种为市场而生产的商品经济，它的特征是：（1）它不是为了满足生产者自身或他人的消费需要而生产，而是以市场交换为目的的生产；（2）它的生产状况（如生产什么，生产规模的扩大或缩小等），决定于市场供求状况与价格的涨跌，受商品经济的基本规律——价值规律的调节。"市场经济就是资本主义"，这是经济学界长期流行并至今还在一些人头脑中视为天经地义的传统见解。他认为，这种见解是缺乏科学根据的。市场经济既然是为市场而生产的商品经济，因而它不是一种独立的生产方式，也不是资本主义社会特有的经济范畴，而是自原始公社解体时就开始萌芽、几乎存在于人类社会各个不同经济形态中的一般性的经济范畴。由于时代的局限，该文主张"引进市场机制"，虽尚未突破"计划管理为主"的传统观念，但这一观点，在1984年被写入党的十二届三中全会通过的《中共中央关于经济体制改革的决定》之中。从此，"发展社会主义商品经济"不只是经济学家们讨论的话题，而且成为全国范围内生气勃勃的经济改革实践。

20世纪80年代中后期，改革在我国城乡全面推进。1992年初，邓小平同志发表南方谈话，中国社会主义市场经济思想呼之欲出。在1992年7月中国《资本论》学术年会上，刘诗白教授提交了学术论文《社会主义市场经济之我见》。该文对社会主义市场经济概念的内涵做了五点具体阐述，今天看来仍然是很准确的。在这篇论文中，刘诗白教授提出：在90年代的今天，传统计划经济体制的弊端早已暴露得十分鲜明，对它进行根本性的改革已经是十分紧迫的任务，因而这就要求我们在当前，再一次冷静总结历史经验，加深对社会主义经济的认识，对我国新经济体制予以更精确的概括。于是有"社会主义市场经济"概念的提出，这是我国在改革的伟大实践中及时总结经验，深化理论认识的合乎逻辑的发展，是小平同志的功绩。

什么是市场经济？刘诗白教授认为，广义地说，市场经济就是商品经济，列宁对此早有论述。狭义地说，真正的市场经济，就是社会化大生产条件下的商品经济，是市场充分发育、表现为完备的市场体系、市场调节作用得到充分发挥的商品经济，是发达的商品经济。社会主义市场经济的内涵有以下五个基本特征：（1）市场经济不排斥计划。实行社会主义市场经济，要更充分利用和发挥计划的功能，首先要调控好宏观经济，引导微观经济。（2）市场经济不排斥政府经济功能，也不排斥国家在某些领域组织兴办企业。市场经济还需要政府提供各种服务，社会主义市场经济更需要有效发挥政府的经济调节、规划、监督、服务的功能。（3）市场经济概念，前面有"社会主义"为定语，明确规定它是坚持以公有制为基础和主体。（4）市场经济是以市场机制为基本调节器，因而不可避免会有经济活动的自发性与盲目性。但人们可以借助计划功能的发挥，对这种盲目活动进行限制和引导，并实现国民经济总体的运行有序，期望有一个不存在自发性的市场经济机制本身就是不现实的。（5）"市场经济有盲目生产、经济波动、扩大收入差别等弊端。"但是，有利无弊的体制只存在于人们的幻想之中。何况在社会主义条件下，人们借助计划功能和政府调控，有着减少上述弊端的更大可能性。

由于我国理论界曾机械地、教条主义地理解马克思和恩格斯关于公有制社会的论述，并照搬苏联那种高度集权的计划经济体制，因而在经济理论上把市场经济与公有制对立起来，认为两者是水火不相容的关系。刘诗白教授认为，认定市场经济与社会主义公有制不"兼容"的传统理论观点是站不住脚的。"兼容"问题只能解决于实践之中。而不是裁定于书斋之中。20世纪80年代初期，乡镇企业和城市集体企业迅速发展，自发生成了"苏南模式"，这是中国20世纪80年代改革中意义最重大的成果。市场经济改造了传统农村以及城市集体经济，使它初步获得了与市场相兼容的机制与组织形式。此后，农村还出现了在土地公有制基础上的股份合作制，以更加清晰的主体产权，进一步增强了与市场机制的兼容性。可见，中国乡镇企业和新集体经济这一改革的新成果，实际上解出了经济学家争论不休的"市场能否与社会主义兼容"的哥德巴赫猜想。在从1984年起展开的全面城市经济体制改革中，传统的国营企业，在经历扩权、让利、承包、租赁等改革中逐步增强了活力，获得了对市场的一定适应性。1992年以后，全面推开的国企股份制改革，一批企业转换了经营机制成为自主经营、自负盈亏的市场主体。因此，实现市场机制与社会主义基本经济制度的有机结合，已不再是一个能不能的问题，而是如何使二者结合得更好、如何使"兼容度"最大增强的问题。

（四）关于社会主义所有制

改革开放后，刘诗白教授开始思索如何调整和完善所有制结构，寻找公有制新的实现形式，以取代传统的国有国营模式。刘诗白教授发表在《经济研究》1979年第2期上的《试论经济改革与社会主义全民所有制的完善》一文，提出了社会主义"全民所有制"应该是"不完全的"新观点，从理论上阐明了把统收统支、吃国家大锅饭的国营企业改造为实行自负盈亏的市场主体的必然性和合理性。

1981年，在成都召开的首次全国所有制理论讨论会上，刘诗白教授提出了社会主义所有制结构的多元性、所有制形式的多样性、公有制具体形式的多层次性的"三性"观点，引起了较大的社会反响。上述"三性"观点是针对长期以来流行的社会主义"纯公有制论""单一公有制"，以及"全民所有制=国营企业"的观点而提出的。刘诗白教授认为，作为主体的社会主义公有制与其他各种社会主义所有制形式将长期并存，其具体形式除全民和集体外，还有"全民+集体""全民+集体+个体""集体+集体"等多种联合所有制形式。公有制是多层次性的，如全民所有制在经营形式上，将会出现国有国营、国有企业经营、国有集体租赁、国有个体租赁等；在资金结构与分配结构上，将出现吸收部分职工资金和实行按股分红，还可以吸收集体资金、社会个人资金以及向其他企业投资等按股分红形式。

1985年，上海人民出版社出版了刘诗白教授的专著《社会主义所有制研究》。该书根据马克思主义关于所有制的一般理论和经典作家关于社会主义所有制的理论，结合我国改革实际，对社会主义公有制的内涵，重新进行了理论论证。《学术月刊》曾载文评价《社会主义所有制研究》"揭示了社会主义所有制运动的规律，并对一系列问题做了分析和回答"。

刘诗白教授的上述认识并非仅仅来源于理论推导，更多的是基于对改革实践的思考。始于1979年的四川省国营工业企业扩大企业自主权改革试点，给刘诗白教授以有益的启示，即构建社会主义经济新体制的微观经济基础，必须在全民所有制组织结构与模式的改革上下功夫。

（五）关于国有企业生产权制度改革

1986年以来，刘诗白教授发表了一系列有关国营企业进行产权制度改革的论文，对过去理论界认为"离经叛道"的产权问题，进行了不懈的理论探索。刘诗白教授认为，传统国有制企业模式是计划经济的产物。改革以来，引入了市场机制，采取了扩权让利等多种措施，力图把企业推向市场。但种种改革措施，并未使企业真正活起来，其原因就在于国营企业的产权制度改革滞后。当时刘诗白教授提出企业应该是独立的产权主体这一命题。刘诗白教授认为，一个真正的企业，其行为特征是围绕着市场团团转，是真正的市场主体；但企业要成为市场主体，首先必须是产权主体，即必须拥有法人财产权或支配权，并能享有"产益"和承担"产责"。而我国传统的国家所有制企业，其产权模式与市场经济是不能兼容的。缺乏法人财产机制，企业没有真正面向市场所必需的责、权、利，当然就不可能真正自负盈亏和具有市场主体的行为特征。因此，构建市场机制，必须着眼于改革公有制的实现形式，重点是进行产权制度的改革，即按照两权分离的原则，探索和构建确保国家所有权，强化企业经营权的法人财产制度，并由此建立现代企业制度。而构建起一种能有效地实现国家所有权和保证企业经营权的新产权制度，必须深化企业改革，把单一国有产权制度改造为多元产权制度；把高度集中的国有国营的产权制度，改造为两权分离的产权制度，把模糊不清的产权关系改造为明晰化的产权关系。因而，构建新的产权制度，是搞活我国国有企业的突破口。

1993年，刘诗白教授应四川省委书记谢世杰同志的邀请，参加了四川省现代企业制度试点和国有企业改革"33条"等文件的起草工作。刘诗白教授认为在国有企业改革中，要大力抓好关键性的少数，集中力量抓好一批骨干性国有大企业的"三改一加强"，切实搞好"抓大"；对于小企业要采取联合、承包、租赁、股份合作、出售给职工等多种方式，放开搞活。要实行"扶优"，通过联合、兼并、破产等形式，促使那些低效、无效运行的资产，向优势"龙头"企业集中，从而盘活资产存量。

刘诗白教授认为，必须从战略上调整国有经济布局，坚持有进有退，有所为有所不为。无论是退是进，在国有经济布局的战略调整中，都应该借助资本市场，通过资产重组的方式来完成。搞好搞活国有大中型企业，一是靠制度创新，其核心是产权问题，要以公司制为目标建立现代企业制度；二是企业组织结构优化；三是技术进步；四是加强管理。一句话，要形成一个好机制，有一个好产品，有一个好领导。体制是先决条件，体制决定机制，机制决定活力。有了制度做保证，再有了好的领导班子，选准了好产品，企业自然也就活了。

（六）关于现代财富与科技创新

刘诗白教授认为经济学是致用之学，理论研究应立足实际，有所创新，有所发展，为社会主义经济建设和改革服务。他主张社会主义政治经济学必须致力于民富国强，提出社会主义政治经济学的基本内容应是人民财富学。1992年出版的刘诗白教授主编的《社会主义经济学原论》，把"人民财富"的研究作为贯穿全书的一条红线。这一构架的新颖独特之处在于：把人民财富的最大增值、合理分配与优化使用作为社会主义政治经济学的基本内容；把人民财富上升为一种理论形态进行全方位的分析、归纳和科学概括。贫穷不是社会主义。社会主义的根本任务在于发展生产力，实现全体劳动者共同富裕。

刘诗白教授还提出了现代财富的概念。刘诗白教授在2005年出版了《现代财富论》一书。书中提出财富结构多样化的命题。指出财富的结构是由生产力、社会生产的状况和产业结构决定的。当代世界正处在一个生产全面发展的时代。首先，物质生产在高技术基础上迅猛发展；其次，在国民生产总值的比重已成为最大产业的服务业由于信息技术的引进，发展势头甚猛；其三，高技术经济固有的科技创新机制促进了科学知识产品的扩大再生产。同时，文化消费需求的快速增长推动了文化品、艺术品生产的发展，促使文化产业蓬勃发展。于是，由物质生产、服务生产和知识与精神生产三大部分组成的三维产业结构成为现代产业结构的基本特征。物质产品、服务产品、知识与精神产品三大类产品成为现代社会财富的组成要素。刘诗白教授认为，在当代，文化艺术要素正在与物质生产、服务生产实现着广泛的结合。一方面，在经济市场化深度发展基础上，实现了更大范围的文化活动转化为经济生产，文化成为生产要素和新的经济资源，成为促进国民财富增长的新杠杆，具有了生产力的性质。另一方面，在物质生产、知识文化生产、服务生产三种生产互促、互动下的现代经济的快速增长，为文化生产的进一步发展创造了物质基础和经济载体，由此促使文化生产与文化活动进一步兴旺发达。这种文化与经济的互促、互动是现代经济增长和社会发展的新现象和重要动因。

（七）关于社会主义初级阶段

改革开放以来，在党中央"拨乱反正"，反思"不断革命"论对党和国家所造成的严重危害之时，邓小平提出和阐述了社会主义初级阶段的重要理论。刘诗白教授认为，作为一名理论经济工作者，有义务、有责任从理论上诠释社会主义初级阶段，从而为全党工作重心的转移提供理论依据。

刘诗白教授提出，马克思和恩格斯根据唯物辩证法的发展观来分析人类社会的运动，一方面创立了关于人类社会要经历五种社会形态——原始公社制、奴隶制、封建制、资本主义、社会主义与共产主义——的科学理论；另一方面又强调任何事物都处在量变到质变的运动过程之中，而这些不同的质态就使事物呈现出阶段性。这些小阶段，就其根本的质来说是相同的，但是它们还存在着某些重大的差别，即存在局部的质的差别。例如马克思主义的创始人，曾经论述原始公社制社会发展中的原始群、母系制、父系制等阶段；奴隶制社会发展中的早期家长制、家族奴隶制，东方国家的奴隶制，发达的希腊罗马奴隶制；封建社会发展中的早期庄园农奴制和后期的地主经济，等等。马克思在《资本论》中更细致地阐述了资本主义发展中曾经经历的工场手工业、机器大工业等阶段，列宁进一步阐述了资本主义发展中的帝国主义阶段的特征。对于共产主义社会形态，马克思更是将它划分为社会主义和共产主义两个阶段。可见，把同一社会形态划分为发展成熟程度不同的若干阶段，从来就是马克思主义经典作家研究历史所使用的科学方法。

刘诗白教授认为，按照马克思创立的历史唯物主义，任何一个社会形态的基本构架都包括三个方面的要素：一是经济结构，它是生产关系的总和，也是社会的经济基础；二是政治结构，文化、思想意识，它是社会的上层结构，或上层建筑；三是生产力，它构成社会的物质基础。可见。社会形态是一个立足于经济基础之上的三维结构。而经济基础又是密切地依存于和决定于物质基础。按照这一方法，在划分社会主义社会的发展阶段上，必须以生产关系和生产力为划分标准。具体地说，为了正确回答在从资本主义到社会主义的过渡时期结束后，社会主义处在什么样的发展阶段这一问题，为了科学地确定到底是处在社会主义不发达、不成熟的初级阶段，还是处在社会主义十分发达和成熟的高级阶段，或者是介乎二者之间的中级阶段，人们必须考虑生产关系的性质和状况，还要考虑生产力的性质和状况。大体说来，社会主义的发展可能具有以下几种类型：

第一，设想一个诞生于高度发达的资本主义的社会主义，一方面由于社会主义生产关系——主要是公有制和按劳分配——表现为较为成熟和较为完善的形式，另一方面发展到一定高度的现代生产力意味着社会主义物质技术基础的成熟，因而，社会主义将较为迅速地表现为成熟的形式，在这样的国家将不经过一个初级阶段而较快地登上社会主义的高级阶段。

第二，诞生于资本主义具有中等发展水平的社会主义，由于社会主义生产关系还带有某些不成熟的特征，而社会主义物质基础也还带有某些未发育成熟的性质，如生产力发展尚未达到发达资本主义国家的水平，因而，社会主义将具有某些不成熟的特征，这样的国家，将要经历一个短暂的初级阶段的社会主义，或是将经历一个中级阶段的社会主义，再进至高级阶段的社会主义。

第三，诞生于资本主义不发达的半殖民地、半封建社会的社会主义，由于社会主义生产关系还带有相当鲜明和十分突出的不成熟性，如生产关系的不纯性，公有制结构的低层次性，公有制不完全性都十分鲜明，同时生产力水平相当低，生产力多层次性和不平衡性十分显著，从而存在社会主义充分的物质基础形成的滞后。在这样的国家，将不可避免地要经历一个相当长的，带有稳定性的社会主义初级阶段，才能逐步过渡到社会主义的高级阶段，甚至还要经历一个社会主义的中级阶段。

刘诗白教授进而指出，中国就是这样的国家。1984年8月，他在《论不发达的社会主义经济的特征》一文中指出："当今的诞生于经济不发达国家的社会主义，在它的初始阶段带有更加鲜明的不成熟和不纯粹的特征。"由于半殖民地、半封建旧中国的生产力水平十分低下，中国在过渡时期基本结束，社会主义生产关系确立起来后，二元生产结构还将长期存在，社会生产力还将长期带有传统生产力的性质，"现阶段的初始期的社会主义，旧经济的因素、痕迹广泛地存在于生产、分配、交换等方面，因而，可以说旧经济因素贯穿于我国现阶段社会主义经济结构之中，它成为我国社会主义经济结构的一个外在的层次。"实现生产现代化和社会现代化还需要经历漫长的年月，因而，在中国较为完善的社会主义更不可能一蹴而就，更不可能指望迅速地向共产主义过渡。中国将在一个相当长的时期内处在社会主义初级阶段，这种情况是中国的特殊国情和中国社会主义的特殊历史所决定的。

刘诗白教授认为，在评判与认识社会主义时，采用单一的生产关系标准，人们就会认为，当所有制社会主义改造基本完成，即使是生产力水平低，存在消费品匮乏和普遍生活贫困，也可以说"建成"了社会主义，显然，这是一种"穷社会主义"观念，并不是马克思主义的社会主义。这种观念的产生，就其方法论来说，在于评判社会主义的发展时，抛弃了社会主义的生产力标准。1987年12月，他在《有关社会主义初级阶段的两个问题》一文中提出，"社会主义的初级阶段，无论是生产、分配、流通与消费关系上，也就是它的全部经济结构都表现出既有占主要地位的社会主义关系，又有旧的非社会主义的要素，从而是一种不纯粹的社会主义。" 为此，他提出了在评判和划分社会主义的发展阶段上，有必要既坚持以生产关系为直接标准，又同时引入生产力标准。在评判我国现阶段社会主义时，运用这双重标准考察社会主义经济基础和社会主义物质基础这两方面的性质和特征，就能合乎逻辑地得出在所有制的社会主义改造基本完成后，我国还处在社会主义初级阶段的科学论断。基于这双重标准，我们也才能较有根据地对我国社会主义的未来发展阶段进行展望。

1988年3月，刘诗白教授在《论社会主义的物质基础和物质富裕》一文中指出："发达的和成熟的社会主义必须是奠定在高度的、现代的物质技术基础之上，而社会主义的初级阶段，则是以社会主义的充分的物质基础尚未形成为特征，因而，加强社会主义物质基础的建设和创新，构建社会主义生产关系依托的坚强的物质载体，就成为社会主义初级阶段经济工作的重大任务。"

（八）关于社会主义经济运行问题

刘诗白教授2000年出版了专著《我国转轨期经济过剩运行研究》，对我国转轨期经济运行的宏观问题进行了探讨，主要体现在以下几点。

1. 社会主义市场经济与有效需求不足。他提出当前市场经济国家经济运行中存在着两种不同性质的需求不足。一种是运行性的需求不足。市场经济是主体自主决策、自发运行的经济，形成需求的主体购买行为具有自发性。从供给方面来看，市场经济条件下形成供给主体的生产具有自发性和不稳定性。因此，市场的自发力量决定了市场经济运行中经常会出现需求不足或需求过度现象，这是暂时的运行性的总量失衡，在市场的作用下它又会向均衡回归。另一种是制度性的需求不足，市场经济中形成市场购买力的主体收入受到社会基本财产制度的制约。资本主义制度下的财产私人垄断和分配不公，导致广大群众的收入增长落后于生产能力的增长，从而引起有支付能力的需求不足。在社会主义市场经济中，形成了共同富裕的分配结构以及完善的社会保障体系的制度，从而能够保证群众收入适应总供给增长而增长。社会主义经济也存在着运行性需求不足（或需求过旺），但借助政府有效的宏观调控可以实现总量均衡和经济的稳定运行态势。

2. 经济过剩运行的出现及治理。20世纪90年代中期以来，经济运行态势发生了根本变化，我国经济发展已经告别了短缺运行，而出现了供给过剩。这种过剩的特点：一是范围的广泛性；二是物价在低价位持续下滑；三是生产能力的过剩十分突出；四是过剩运行的持续性；五是GDP增长放慢。产生的原因是：东亚金融危机以来出口需求的剧减、投资需求增长放慢、消费需求增长的放慢、转轨过程中分配机制的不完善、改革全面推进产生了抑制即期消费的聚合负效应、流通体制和购销方式的缺陷、消费观念和行为的更新不足、有效供给增长的不足等。治理的对策是：（1）正视需求不足，大力扩大内需；（2）集中力量，调整结构；（3）深化改革，完善市场机制；（4）充分有效地发挥政府的调控功能。

3. 社会主义经济运行的周期性。中华人民共和国成立后经济发展的实践表明，计划体制也不曾消灭经济运行的周期性，只是改变了周期运行的形式，出现了高增长—高紧缺—大滑坡—高增长的循环，国民经济也多次大起大落。一旦实行社会主义市场体制，由于经济活动从属于自发性的市场机制，因而经济运行的波动性和周期性就是不可避免的。从1979年算起，中国市场性经济运行也只有20年的历史。改革初始阶段出现通胀—紧缩—通胀的周期，经济改革深化阶段周期的新变化，是长紧缩与长复苏。治理对策：一是大力启动投资需求，二是启动投资需求和启动消费需求相结合。

习近平总书记在党的十九大报告中指出，时代是思想之母，实践是理论之源。实践没有止境，理论创新也没有止境。我们必须在理论上跟上时代，不断认识规律，不断推进理论创新等。为此，必须推进马克思主义中国化、时代化、大众化。

纵观刘诗白教授的学术研究轨迹——从政治经济学的研究对象到研究方法，从社会主义初始阶段到所有制多元论，从社会主义市场经济到主体产权，从体制转型到国企改革，从科技创新到现代财富，等等——清晰地反映了一条中国特色社会主义经济理论创新与实践发展的逻辑主线。他教书育人、进行学术研究始终坚持以马克思主义为指导，真懂真信真用马克思主义；始终坚持将马克思主义理论与当代中国实践相结合，推动马克思主义经济学的中国化；始终坚持扎根中国大地做学问，为党和人民述学立论，自觉做共产主义远大理想和中国特色社会主义共同理想的坚定信仰者和忠实实践者，展现了一个马克思主义经济学家与时代、与历史、与大众相生相应的思想历程。

自 序

科学社会主义由理论形态转化为人民的实践和现实，无疑是20世纪世界最重大的社会历史事件。1917年俄国十月革命的胜利，揭开了世界社会主义建设的历史篇章。二战后欧亚、美洲一系列国家走上社会主义的道路。1949年，中国共产党人在毛泽东思想指引下取得了新民主主义革命的胜利，成立了中华人民共和国，并且逐步启动了社会主义革命和社会主义建设。社会主义合乎历史规律而产生，但也是一个新生事物，需要在总结实践经验中摸索寻找与本国国情相适应的体制形式。因此，社会主义发展不可能一帆风顺，它在前进中遭遇困难，甚至发生曲折是不奇怪的。1989年的苏联东欧社会主义挫败，就是世界社会主义初始发展中的一次大曲折。社会主义拥有强大生命力，是具有自我完善能力的新社会形态，它在历艰克难中向前迈进是任何力量也遏阻不了的。在一些西方人士欢呼"历史的终结"和西方自由、民主模式的胜利之时，中国正在开展一场生机勃勃的社会主义自我完善和体制创新。1979年以来，在邓小平同志睿智领导下，有着坚持理论与实践相结合优良传统的中国共产党人，站在时代的高度，冷静地和深入地总结了苏东社会主义挫败以及我国一段时间的工作中发生失误的教训，及时地和果敢地做出了实行改革开放和构建中国特色社会主义的伟大战略决策，拨正了中国社会主义前进的历史方向。

进行经济体制改革是这一场社会大革新的第一战役。中国摒弃了西方人士极力推荐的新自由主义经济模式，坚持走社会主义制度基础上引进市场的改革路径，经过40年的大胆探索，成功地在中国构建起以公有制为主体，多种经济成分共同发展，充分发挥市场机制功能的社会主义市场经济体制。这是一种由"看不见的手"和"看得见的手"二者有机结合的崭新市场经济模式，一方面，它依靠市场力量调动亿万人民的劳动、创业和企业创新发展的积极性，另一方面又发挥政府调控、引导市场运行的功能，避免了经济大起伏，保障和维护经济稳定增长。中国新市场经济模式激活了国民经济，带来40年经济平均9%的高速增长，经济结构不断优化，一些产业技术跃升到世界先进水平。2018年中国GDP已经超过80万亿元人民币，位居世界第二，人民的收入水平不断增长。肇始于1979年的中国经济体制大革新实现了人类历史上一次史无前例的经济起飞，社会进步和国力增强，谱写出20世纪末以来世界历史上中国崛起这一最华丽的篇章。而就在这一时段内，资本主义世界遭受了2008年爆发的美国金融危机的沉重打击，众多国家经济长期不振，美国、英国等大国社会、政治矛盾不断加剧，有关"西方自由资本主义危机到来"的惊呼也频频出现在美欧的媒体上。

中国的改革是一场全域性的改革，是一次社会革命，它由经济改革开始，逐步向其他社会领域扩展。党的十八大以来，改革加大了势头，在经济、政治、党建、社会、文化、生态等领域全面推进。党的十九大宣告我国进入了中国特色社会主义发展的新时代，提出了我国建设分两步走，在21世纪中叶实现社会主义现代化的宏伟目标，绘制了新时代进行改革开放、建设的具体蓝图。当前，在习近平新时代中国特色社会主义思想指引下，新一轮的改革、发展大潮正在中国大地涌现。

经济体制改革，仍然是新时代我国改革的一个重头戏。经过40年的艰辛探索，中国社会主义市场经济体制已经形成，但还需要进一步完善，国有企业的改革还要深化，市场化改革还要向农村经济全领域推进，发展和增强社会公共品的改革需要加大力度。经济改革的任务还十分繁重。40年改革实践的经验启示我们：在坚持社会主义基本经济制度和坚持社会主义文化制度条件下，通过深度改革，形成完善的公平竞争市场经济体制，充分发挥市场驱动大众创业、质量提高、结构优化和促进创新的功能，同时有效发挥政府的调控、分配调节和公共品提供的功能，将能使国民经济最大搞活，同时活而不乱。总之，坚持改革开放，进一步完善中国社会主义市场经济模式，进一步激活经济，进一步挖掘经济内生潜力，将为新时代我国经济持续强劲发展构筑坚实的体制保障。

进入深水区的我国经济改革的顺利推进，需要研究的重大现实问题很多。另外，中国成功地实现由高度集中的计划经济体制向社会主义市场经济体制的平稳转型的经验，以及在生产技术落后的条件下实现经济社会大跨越发展的经验，也需要进行深入的理论总结、梳理，形成中国版的社会主义政治经济学。习近平总书记要求我们构写"中国理论"，彰显"中国智慧"，构建充分汲取人类一切优秀学术成果，特别是充分汲取中国优秀传统文化的具有中国特色、中国气派的中国经济理论。新时代向我们提出了更繁重的理论任务，中国经济学工作者大有可为，应肩负起重要责任和使命。我寄希望于年轻的经济学家，祝愿中国经济学进一步繁荣。我虽年迈，但还要有一分热、发一分光。

我1998年在西南财经大学出版社出版过《刘诗白文集》（八卷本），2011年又在该出版社出版了该文集第九卷和第十卷。这一部由四川人民出版社出版的《刘诗白选集》十三卷（十七册），重新编选了十卷本《刘诗白文集》中的论著，还汇集了未发表过的论文、讲话、内部报告、一部分经济学手稿，以及今年刚刚完稿的《自然哲学笔记》。因此，这部选集是我1946年以来，绝大多数是我国改革开放40年以来发表的经济学论著的总汇，体现了我数十载学术思维在自我批判中发展的轨迹。这些论著中很多观点属于个人不成熟的见解，说不上有学术贡献，算是一个经济学人对中国宏伟的社会主义改革开放事业的积极参与和智力奉献。对文章中的不当之处，盼方家予以指正。

出版这部选集是很费力的事。《刘诗白选集》得以出版，首先要感谢中共四川省委宣传部的大力支持和指导，也要感谢西南财经大学赵德武书记、卓志校长的帮助和四川人民出版社的大力支持。要感谢尹庆双教授、丁任重教授、刘方健教授、伍韧教授、邵昱教授、方英仁教授、蒋少龙教授、王雪苓副教授、盖凯程教授、李天行教授，他们对书稿进行了精细的审读和校正。特别要感谢刘方健教授，他为整理未发表的大量杂乱无章的文稿，以及统率全书编审付出了大量的劳动。还要感谢四川人民出版社黄立新社长、周颖副总编，他们为规划安排具体的出版事务付出大量劳动，特别是何朝霞、吴焕姣、张东升、戴雨虹等同志精心地进行书稿编辑和版式设计，使这部枯燥的理论著作获得了美的形式。让我再一次向他们，以及所有参与和关心《刘诗白选集》出版的同志们表示谢意。

最后，我谨将此书的出版，作为庆祝改革开放40周年的一份献礼。

刘诗白

2018年10月1日

编辑体例

1. 本选集是中共四川省委宣传部纪念改革开放40周年的重点出版项目，由四川人民出版社、西南财经大学组织专家学者共同编辑完成。

2. 本选集除收录了刘诗白教授1946～2018年期间出版的主要论著、讲话稿、会议发言、访谈等百余篇，还特别收入了1961～2016年的未刊论文近50万字，以及2018年完成的近15万字的哲学笔记和书法作品。

3. 选集按照专题划分为13卷共17册，编辑体例为：（1）按先论文后专著的方式编辑。（2）凡论文全文后来成为专著中的某一章节时，为避免重复，论文不再单独排版。

4. 各卷的内容具体为：第一卷《国际资本主义研究》，第二卷《〈资本论〉研究》，第三卷《社会主义政治经济学研究》（上、下册），第四卷《社会主义所有制研究》，第五卷《社会主义市场体制研究》（上、下册），第六卷《社会主义产权理论研究》（上、下册），第七卷《转轨期经济运行研究》，第八卷《科技文化、知识产品、自然财富、公共产品理论》，第九卷《现代财富论》，第十卷

《改革开放的理论与实践》，第十一卷《自然哲学笔记》，第十二卷《未刊论文与会议发言稿》（上、下册），第十三卷《书法作品》。

5. 有关资料来源为：国家图书馆、四川省图书馆、四川大学图书馆、西南财经大学图书馆、西南财经大学档案馆等。

目 录

论 文

刘诗白选集

论资本主义农业之发生[①]

第一章　封建社会的农业

农业是封建社会中最主要的生产部门，"在古代和封建社会中，工业的组织以及与它相配合的所有形态，多多少少是与农业具有相同的性质"（马克思·政治经济学批判导言）。中世纪的社会完全是依照着农业生产的形式而塑立起来的。它是在历史上出现了500年左右（有些地方还不止）的庄园制度的基础，而使那隐藏着野蛮与残酷的封建社会的躯壳，不断地一代代地再生产出来。

封建的农业生产是以生产者的不自由为特征的。当时的农民是事实上的土地的私有者和简陋的生产工具的所有者，即如同马克思所说"正如蜗牛和它的壳一样"。而地主要在这种情况下去榨取封建的地租，自然是"只有靠超经济的强迫才能办到"（马克思）。这种超经济的强制关系，便在农民与地主的身份上表现出来。农民是领主的隶属者及人格上的依存者。这残酷而苦痛的关系，更由政治上的等级制

[①]　武汉大学经济系毕业论文。1946年。指导教授，陈家芷。

度而巩固起来。当此种依存达于顶点时——即农奴制度下面，封建的农奴与古代社会中的奴隶，其命运的悲惨是相去不远的。

封建社会里，作为生产单位的是封建庄园。此种庄园是由村落共同体发展而来的，在德意志则表现为原始的马克思共同体Markgenossenschaft，在俄罗斯则表现为密尔制度Mir Opschatschina。这些原始的氏族的农业组织，在封建关系的开展中，有的乃渐渐地形成了庄园的形态，而为构成封建社会的细胞。庄园制度一般的特征是其自给自足性，各个闭塞的村落之间，互不往来。最初，连道路都没有，庄园内各农家除了生产食粮外，还得自己建筑房屋，制造家具，鞣制皮革，加工制造亚麻皮毛等衣着原料，等等。这种自然经济的统治特别盛行于封建制的初期A. D. 5~10世纪时代。

庄园制度下的农业行敞田制Open field system，此名的由来是因为当时的田亩在耕种时广延全村，收获后便任其敞露，任人畜践踏。耕地与耕地之间，无永久的篱防和沟渠以为界限，这是与近代农耕用篱笆围定疆界截然不同的。牧场也是同样，只在草长时栏住，草收割后便作为公共牧场。

敞田制原有两种形态，其一是粗放农耕extensive cultivation 或名"wild field grass husbandry"，此制下耕地不定于一地，每年收割后就另择别的土地。这是一种原始的农业状态，根据Caesar和Tacitus的记述，在纪元前50年左右为日耳曼人采用。另一种则为集约农耕intensive cultivation，这即是在一定土地上年年耕种。原来extensive cultivation 只能行于游牧部族，因为他们能够自由地迁徙，同时又有广大的空旷之地存在。可是一旦定居开始，而土地也多为其他种族所占据时，农耕乃不得不限于其既有的地亩了，在封建庄园内，大体是行此种制度的。

但是土地的自然性质是有一定的限度的，继续不变地长期在一块土地上耕种（注一），土地的沃度便会渐次耗竭，因此，为补救这土质的耗竭，乃有休闲制度的发明，即是将土地分成几块，轮流耕种，这样，休耕的土地便会渐次恢复其生产力。欧洲当纪元800～1300年时，为此制最流行的时代。日耳曼人在踏上罗马社会的废墟时，尚有他们原始的火耕制，随即是伐林制，但他们也很快地采用了休耕制。

休耕制中又分为两田制two field system和三田制three field system，两田制是将土地分两次轮耕，耕地或全种小麦，或是一半在秋季种以冬季谷物，如小麦wheat或裸麦rye，另一半春季种以大麦barley或燕麦oats。在三田制下，即将田分成三块，一块种冬谷，一块种春谷，其他一块休闲。三田制的益处在于能使同量的耕作中，产出更多的谷物。13世纪时Walter of Hanley在Husbandry一书中论到三田制的优点，他说倘使有160英亩的土地，在二田制下则一年耕作的总亩数是240亩（休闲地耕二次，其余种植的80英亩耕一次），而谷物总量只是80亩所产。又设有土地180英亩，行三田制，则一年耕犁面积仍然是240英亩（两块种植地各为60英亩，而休闲地为120英亩）。但是收获物已经是120英亩的产物了。对Walter of Hanley这种说明，Maitland 曾在其Domesday book and beyond 中有所批评，而以其过于理想。不过三田制较之二田制的节省劳动力确是毋庸置疑的了，而事实上，三田制是封建时代下农作进步的一个阶段，直到19世纪尚普遍存在于各地。

不论耕作是三田制或二田制，庄园内土地的分划仍然是不变的，一村的耕地，分为若干地段furlong，每furlong又分为若干条地strips，条地的面积不一，有一英亩的acres，也有半英亩的。阔度都是4杆rods，最初分派土地在英国为120英亩，称为hide，但后来减成hide 的1/4。在德意志正常的标准是40英亩（Tagwerk）。亥特原系由4码宽的条地组成，因为是要适合8个耕畜耕作而计算得的宽度。码地virgate则为每一条地的宽度为一码，便于双牛耕作者，各条地间的区划为适于耕畜的转弯，往往舍直线而采S形。

农民所有的条地是散在村落各地，而不在居宅附近，就是领主土地也不在一处，这种分散杂处的农地分配，形成中世纪农业的一大特征，即所谓分散地制度The system of scattered stripes，此制实表现为原始共同耕作的遗迹，而为平等分配所造成。因为要给予每一人以好的和坏的，近的和远的土地，机会才能相等，在封建庄园内这种份地多已固定，而为实际使用者所有。但在原始的村落共产社会内，这种份地则要每年平等地摊分。当此种平均摊派的制度已在西欧诸国绝迹时，在俄罗斯的Mir中还继续存在着。

在分散地制度下的耕作是采取联合耕作制的Joint husbandry，当时个别的农民是很难有齐全的生产工具的，他们往往是由几家联合，或出耕犁，或出牲畜，在条地上逐日地共同工作（strip代表一日耕作的大小），这种协作形态，都在证明着共产主义的村落的存在。不过，这种共产主义的精神只是表现在生产上，在当时，分配仍然是私有的，各农家依然是单独地收取他们各有的stripes的产物。

在联合耕作下面，自然是要求在每块条地上的劳动的同一性，于是作为中世纪农业的基本精神的强制耕作制乃成为事实上的必需了，在庄园内一切都为传说的习惯所束缚，一切农业的措施，诸如谷物的轮换，耕作的调整，播种和收割的时期，牧地的分配，荒地和森林的利用，篱笆的设置，道路的修筑等，莫不在一个共同的原则下进行。在村落内设有专门的官员监视这些农业活动的进行。个别地想改进自己耕作的计划是绝对不能被容许的。这种农作的强制主义，便巩固之领主的胃壁，使其生活与享乐所依存的封建地租，丝毫不移地，一年一年地生产出来。

此种落后的耕作制度本是适应于低度的生产力的，而它的固定化却又妨碍着生产力的发展，中古的农业设备，因此便很少有变化，一直停留在极原始的状态之下。当时一般通用的有铲spade、鹤嘴锄maltock、犁与链枷。精制犁具有木梁、铁犁头、铁犁刀、双柄轮盘或铁脚与轭等。犁常用黄牛耕挽，在领主的领地demense上多用8头牛，而在各自的条地上则用2～4头，此外还有运货两轮车等但皆为木制。

除草施肥等技术已经使用，在13～14世纪时，在普通土壤中1英亩只播小麦2bushels，净产约6～8公升，耕既不深，垄沟亦多未掘分，种子也多未加选择，种类异常简单，多为日用谷物（注二）。

畜牧也是农业的一个重要部门，行放牧制，牡马不行选种与隔离，传染病因而流行，羊乳与牛乳用于制乳酪，养羊多用于剪毛，黎牛则用以挽犁与挤乳。

在这种简陋的农业经营下，提供到领主手里的贡赋也只能是庄园内的简陋的出产，当时一般缴纳的是小麦、面包、啤酒、豆类、猪羊蛋等，而领主的奢侈生活，也只是为物质资料的生产所限制着的。一般而论，在城市未发达时，封建领主的欲望是不大的，因此，他没有改良农业以求得更多的收入的必要，同时，农民的负担也是为传统所固定，除了足够自己的生计和纳税义务以外，他也不想增加收益。盖由于"领主的胃壁是对于农民榨取的限度"（马克思），农民收益的增加，是无论如何也落不到自己手中来的。在这里，我们便接触到了迟缓得近乎停滞的中世纪社会的轮轴了，也就是"不死之鸟"似的东亚社会的秘密。

在封建社会下，因分工的进化，手工业与农业日渐分离，城市的工商业乃日益迅速地发展起来。西欧在纪元13世纪后，商品经济开始侵入各孤立的庄园，这商品经济的力量无异为一兴奋剂，而使几乎近于停滞的封建农业治理起来，特别是从15世纪到产业革命的前期，农业的生产更有着异常的进步。因为"趋向于改革农业技术的广泛的运动，只有在商品经济及资本主义创造期才开始"（列宁，《资本主义在农业中的发展》），这时候，有比较进步的方法开始，如施肥休耕、精耕、栽种动物饲料等新形式都在城市的近旁渐次个别地出现，整个社会在此时乃由自然经济转变而为商品经济了。农耕工具也有了进步，比利时在17世纪有布拉邦式耕犁，荷兰在18世纪有洛台尔达姆式犁。

1730年英国有铁头铁板的耕犁，其他如1500年意大利人卡维林那发明了播种机。1636年提洛尔人洛卡台利加以改良，利奥那多·达·文西改了风车。意大利人布兰卡设计了石滚打谷机。1711年簸扬机也发明了，其后英国人土耳发明了条播机，这些进步技术的出现，都大大地促进了生产力，而敲起了封建社会的丧钟，三田制的农业于是渐趋崩坏。

不过，我们要知道，三田制的封建农业的崩溃是一个残酷而痛苦的过程，由于市场和货币经济，无限地扩大了领主的胃口，原来农民有限的贡纳，已经是不能满足他们饕餮之欲了，于是领主们一方面加重了农民的负担，历史上最残酷的农奴制度就在此时出现，同时领主也就不断地扩大自己的领地demense及其他的经营以牟利。作为扩大领地demense的方法，最初是公有地（牧地meadow、荒地waste）的侵夺，以后便往往是将农民的耕地侵占。在木材需要很多的地方，原来为农民们所公用的森林也被夺占，而变为领主的私有财产了。于是农民的柴薪及刈草场的使用权就被限制（注三）。

整个的农民阶层，从此以往，生活便日渐恶化，考茨基说，"在16世纪各种情形综合起来，均不利于农民，森林及水利在农民是享受不到的，野禽不是供农民食用而是毁灭农民生活资料的，牧场受了限制，如果农民还饲养牲畜和家禽，那么除了有角兽外，他须将所有这些在城市出卖以便获得货币，德国农民的饮食很快变为贫乏，农民自身成为菜食者，像印度人一样"（《土地问题》，31页）。这实在是当时的实况，拉布鲁耶尔叙述法国革命前100年间农民状况时写道："有一种人形的动物，雄的雌的，污秽不洁的，黄皮寡瘦的，被阳光蒸晒的，他们住在农村内并且株守在他们所坚忍耐劳地挖掘和耕种着的土地上，他们具有一种继续的言语，在他们直立起来时，才现出人的面孔，实际上这就是一些人，他们在晚间爬进自己的洞里，在洞里吃黑面包，菜根及水。"在俄罗斯农民的境遇尤其悲惨，无怪乎最无人性的沙皇读到《猎人日记》时，也被感动了。

在这种加重的负担与痛苦的非人生活下，农民只有两条路，一条是恭恭顺顺地做一个奴隶，另一条便是推翻现存的制度，起来与之斗争。事实上，封建时代的农民都采取了后一条路子，从14世纪起，农民战争便如火似的在欧洲大陆上燃烧着，如1354年法国的农民暴动，其后瓦特·泰洛的暴动、古西特的战争，以及德国有名的农民战争（以1525年告终）（注四）。这些战争虽然是历史地注定了失败的命运，不过它暴露了封建社会的内存矛盾，激化了这些矛盾，而使这垂死的社会更快地崩坏（注五）。

第一章注释

注一：此制称为One field system 或whole year lands，英国Norfolk及suffolk地方存在。

注二：中世纪农业收获的增加是非常的缓慢，这象征着生产力的落后，此可从Bishopric of winchester 1200～1499年的记载中看出来：

5个winchester manors 的平均每年收获（Bushels per acre）

	1200～1249	1250～1299	1300～1349	1350～1399	1400～1499
Wheat	8.16	9.12	9.44	9.36	9.28
Barley	12.72	12.72	14.00	14.88	16.56
Oats	11.20	10.48	9.68	10.96	13.60

注三：领主占有森林后，为了狩猎的缘故，禁止农民射杀鸟群。

注四：参照恩格斯《德意志的农民战争》。

注五：农民暴动多为农民解放的先声，在英国它更收到异常的效果，使农奴制绝迹。

第二章　土地关系的革命

欧洲在14、15世纪时步入了一个伟大的时代，那时，城市独立地发达，商业的兴盛、地理上的新发明等，层出不穷，极一时之盛。商业资本从新兴的城市如地中海的Venice、Genoa，法之Marseilles诸地方壮大起来，渗入了自给自足的封建庄园内去。商业资本不只是将异地的货物带销各处，而且在其所到之处，吸取出大批的商品来。它积累着各种生产手段，尽量地榨取着剩余劳动，扩大货币的流通，打开新的市场，给新的生产方法创出一切必要的前提条件。这种催促封建关系的崩坏和资本主义生产关系的诞生的过程，即是所谓的"原始积蓄"，而商业资本，马克思更称之为"原始蓄积的英雄"。

原始蓄积的目的，一方面要造出集中的生产手段的资本家，一方面要造出与生产手段脱离的"像鸟一样自由"的民众，后者在市场上如同商品一样地被前者不等价地购买，以完成资本主义的剥削。这种自由劳动者的创造，即是将封建农民从他们的土地上驱逐，即"剥夺农业劳动者即农民的土地，就是这全过程的基础"（《资本论》卷一，609页）。故资本主义为完成其原始蓄积而首先影响于封建农业的，便是对土地关系的破坏——即Agrarian revolution。这种土地关系的革命在作为资本主义发展的典型的英国，更表现而为一种典型的形态。

当15世纪末期，由于Cape horn及Western Continent的发现，世界经济中心乃渐由地中海转移到英国来，国内的生产因而更渐活跃，商业资本于是崛起，同时欧洲Flander等地羊毛工业勃兴，羊毛增价，于是更激发一些地主和农民去做耕地的改变和改良，以增加收入。原来在当时，地主除以耕地改良去增加收入外，还可用增加佃租的方法，但因为英国自黑死病以后，农业劳动者稀少，增加佃租往往会使劳动者逃跑，故地主只能采取耕地的改良一法，这乃表现为16世纪开始的圈地运动Enclosure movement。

圈地运动就是将敞地中分散在各处的strip集中起来，用篱笆围住而为任意的自由经营的一种运动。早在1236年，英国曾通过一条Statute of Merton给领主以权力去圈围一部分的公共荒地、森林和牧场，倘使他仍给农民以足够的使用面积的话。但那时代，圈地并不盛行，偶尔个别的圈定也常遭到农民的破坏，直到16世纪，圈地才大规模地盛行起来，而汇成一个地制的革命agrarian revolution。

16世纪圈地的对象，即是变耕地为牧场，当时有一句谚语"泥土变黄金，只有羊儿办得到"，这便是当时所有的领主的口号。领主们将分散地制度破坏，将他的demense集中起来，围以篱笆。要这样，便不得不将农民的土地并合，将他们的房屋拆除，将共有地无偿地侵夺，强迫小的freeholder出卖他的土地，而在他集中的土地上饲养绵羊。此中，共有地的侵夺，更是地主扩展他的牧羊场的唯一办法。

共有地commons原为露田制下共同放牧之所。后来更是一般贫民隐蔽的所在。要是农民的家畜死亡，经济破产后，他便可以在共有地上建一蔽雨的小屋，砍伐篱笆，以偷窃家畜为食。故在共有地上常住有成千的Squatters，Upstart intruders。一般人往往称之为马贼的培养所，怠懒者的大本营，故Hartib云"共有地越少则贫困亦少"。领主们很早也就想到要对这共有地加以改进，但因为其上住民复杂，容易引起社会和经济的骚乱，故一切计划多迟疑未决，17世纪以来想圈定共有地的立法，经100余年之久才通过。马克思说："我们已经知道，这种对共有地的掠夺是开始于15世纪而继续至16世纪。那大抵与耕地的牧场化相伴，但在当时那种过程是为个人的暴力行动来推进，立法机关对那种暴力行动虽继续抗斗有150年之久都没有得到效果，18世纪的进步表现在这事实上，即法律自身也变为掠夺的工具——虽然大租地农业者同时还不断利用独立的私人的小方法，来从事掠夺。这种掠夺的议会形态，便是Bill for Inclosure of Commons，这种法律，使共有地化为地主私有，使人民被剥夺。"（《资本论》卷一，618页）这正说明了当代的情形。

这种暴力的对共有地的掠夺，便将成千万的贫民剥去了他们的最后借以生活的源泉，使他们不得不靠救恤过活，这种人民整批地被羊子排挤的情形，Sir Thomas More有很好的说明：

"That one covetous and unsatiable cormaraunte and very plage of his native country may compass about and melose many thousand akers of ground together within one pale or hedege the husbandmen be thrust out of their own，or else either by coneyne and fraud，or by violet oppression they be put besides it，or by wrongs and injuries they be so weried，that they be compelled to sell all：by one means therefore or by other，either by hook or crook they must needs depart away，poor，selge，wretched soules，men，women，husbands，wives，fatherlesse children，widows，wofull mothers，with their young babes，and their whole household small in substance，and much in number，as husbandry requireth many hands，away thei ttudge，I say out of their Known and accustomed houses ，fyndynge no place to restin."（Utopia.p.41）

的确，当时整村的农民都被驱逐，如同More说，"你们绵羊原来是那样温顺，那样的少食者，但现在变成伟大的并吞者，野蛮地吞食人们了，他们消化、毁灭整个的田地房舍和城市"（同上书）。而英格兰正是一个"羊子把人吃尽了"的奇怪的国度。以前屋舍布满的区域现在却变成了一块草场，只有一个牧童和一群绵羊在里面了。

Tudor王朝之下，由于圈地，很多地方的耕地完全荒废了，Nurthumberland，westmorland，及Cumberland往往是荒野连绵，廿里内无人烟，在bishopric of Darbam 谷物完全断绝生产，全靠Neweastle供给，以前人口稠密的城市现在只有四五家人住了。牧师Addison说："在Nurthumberland和莱塞斯特州，共有地在极大规模地圈围，而由是生出的新所有地则被转化为牧场，其结果从前一年耕作1500英亩面积的许多领地，现在一年只不过耕作50英亩，住宅、谷仓、畜厩等的废址，成了蓄居住者唯一的痕迹了。在Open-field village 原有房屋100栋的，现在大都减到10栋8栋，且就那些在15年前或20年前才开始圈围的大多数教区说，在这种教区所保有土地的人数，就比在开放村落内保有土地的人数更少得多。从前由二三十个租地农业者，小地主小自耕农保有的土地，现在则由四五位富裕饲畜业者夺为大圈地，这已成为习见的现象了。那些被夺者的家庭，概由所有地被驱逐了。"

对农民土地的剥夺是被称为Clearing of Estates 的，但这种扫除也将上面的农民和他居住的小屋扫除了，如Marx所说："农业革命的第一步工作，就是扫除那些位置在劳动场所的小屋，这个扫除工作，在以极大规模进行，俨然是奉旨扫除一样"（《资本论》卷一，601页）。地主将土地圈定后，便要将上面原来农民的住屋拆除，于是"当那种驱逐人口的过程自行成就时，其结果就产生了只残留下极少数小屋的游览村落Show village，那种村落不是当作特殊阶层受有优厚报酬的特殊奴仆，如牧人园丁或猎夫等，都莫想居住"（亨德尔博士的报告），但到后来甚至连牧夫也从这些村落里驱逐了。但耕作土地的劳动者是需要住处的，于是地主们便又建立起许多农村小屋来。许多的农人都挤进这种开放村落里去了，这些小屋不但是极其恶劣的，而且要收取很贵的租金。

扫除这种村落是与时俱增的，马克思说："至于19世纪采行的方法，我们只要把苏德兰女公爵所成就的扫除作为一个例子就行了，这位女公爵通晓经济，她一即位为女公爵立即在经济上进行彻底的治疗，所治的全州，其人口已由过去所行的类似的方法，缩减到15000人了，她决心将全州转化为牧羊场，由1814年至1820年这大约包含有3000家族的15000个人口都被有组织地驱逐了剿灭了。他们的村落破坏了焚毁了。其田地则全部转化为牧场，英国的兵士执行驱逐剿毁的命令与住民发生冲突，有一个老妇人拒绝离去他的小屋，竟被烧死在烈焰中。这一来，这位高贵的女公爵，把那不知从什么时候起即为氏族所有的794000英亩土地占为己有了……她把她掠夺得来的族有地Clanland，全部分划为29个牧羊租地，每个租地不过居住一个家族，他们大抵是由英格兰移入的租地农仆，1825年那15000个格尔人已由301000只羊所代替。这些被驱往海滨的人们只有依靠渔业维持生活，他们成了两栖动物，照一位英国著者所说，他们一半在陆上生活一半在水中生活，但双方合起来仅及生活的半分。"（《资本论》卷一，24章）

但是对这种残酷无耻的土地的掠夺过程，还有不少的人从理论上加以赞扬，这辈人无非是地主或新土地贵族的辨获者，最早的如John Fitzherbert 力主圈地的利益（1523年），此后Hougton说："Enclosed ground will sometimes yield treble to what common will…A great deal will be turned into orchards and gardens，four of five acres of which sometimes maintain a family better and employ more labores than fifty acres or other shall do." Lee 及Fortrey等人亦皆从圈地的经济效果上极力鼓吹而无视贫民的利益，一个匿名的地主在《食品高价与租地大小之关系》一书中更热狂地说，"在开放地上浪费劳动之事没有见到了，但不能便因此引出人口减退的结论……当他们的结合劳动被利用到一个租地时，其生产物将增大，制造业将有一种剩余，国民富源之一的制造业将比例于谷物生产量的增加而扩大"（第124页）。自然为了达到将民众的土地集中到自己的手中来，地主、工商业者、新土地贵族是不惜制造出一些理论来掩护他们的罪恶的。就以有名的农业家Arther young来说也是圈地运动的拥护者。

圈地所及的面积，根据Mr.Johnson的估计在16世纪是74.4万英亩。18世纪其速度则超乎16世纪。根据Gras论述在1700～1845年间，共约圈地1400万英亩，18世纪圈地之所以达到这样的效果，是因为当时商业资本更形发展，渗透了各个封建细胞的内层，使农产物的商品化达到了16世纪所未能达到的高度，这便更加破坏了以前未破坏的行使敞地制的村落。同时当时临到产业革命的前夜，城市的制造业空前发展，人口大量集中。城市一方面制造出大量的商品向乡村行销，一方面又增加了对食品原料的需要而向广大的乡村吸取。这二者乃一方面对封建的农村副业加以彻底的破坏，一方面积极地促发了技术的改进。羊毛业是渐渐地为棉织业所代替了，面包的需要更催迫着谷物的增产……皆是18世纪圈地运动的内在力量，而1688年的革命，更使地主们在政府机关得势，过去150年在议会的对圈地的踟蹰不决，现在则是以公开的圈地法去代替了，暴力的掠夺在法律的保护下，便把封建的可怜的均衡状态，变成大地主的个人独占了。

这里值得注意的是18世纪yeomenary的消灭，英自黑死病后农民解放以来造成的yeomen，经过了第一次圈地运动的风浪终于在第二次圈地运动里消亡。这原因是直接受圈地影响的是没有田地的劳动者及只有少许亩数的Cottars，前者被剥夺了工作的机会，后者被剥除了土地。16世纪时的Freeholder和Copyholder也很受影响，因为公地利用权的丧失，使用小块土地蒙受种种经济上的不利，他们是不能与圈地的地主相竞争的，但因当时的领主尚不能以暴力剥取他们的土地及新的方法尚不能普遍行使，故他们尚能苟存而形成所谓Stout yeomen的骨干（注一）。这曾经是克伦威尔政权的支柱的，又为英国的光荣的赋税和武力的来源的。yeomen在1750年倾却渐渐地消灭了，其原因除了当时的圈地运动外，还可以找出其他的原因，其一为当时农业史进一步的商品化，小农没有足够的资本因此不能与有大量资本的农业家竞争，这些农业家已在应用新发明的技术；其二为产业革命期中工业品的行销破坏了农家的副产品，将小农从手摇纺织机下驱逐出来，从前一半农夫一半制造业者的生活是不能维持了，他们乃被迫售去他们的田地，单纯地变成制造业者manufacturer，有的则变为tenants at will及工资劳动者了。

除开领主的自上而下的圈地外，在当时还有农民间自动的圈地，这种圈地只能说是耕地的re-allotment，只是为了克服散在各处的条地的不经济而行使的耕地的交换，Tawney写道："That there was a welldefined movement from the fourteenth century onward which made for the gradual mordification or dissolution of the openfield system of cultivation，and that is originated not on the side of the Lord or the great farmer，but on the side of the peasants. Therefore，who tries to overcome the incovenience of the system by a spontaneous process of re-allotment，sometimes but not always，in conjunction with actual endosure. On one manor it proceeded by the piece—meal encroachment of individuals，on another by the deliberate division of the common meadow，on a third by the voluntary exchanging by tenants of their strips so as to build up Compact holdings. On a fourth by the redistribution of the arable land …"这种圈地能够使耕作从属的个人的意志，而不需为敞地制的强制主义所限制，因而生产力乃能大大地提高，并且不会发生驱逐人口的现象，不过这种耕地的交换到底是不很重要的，只是圈地运动中的一脉小小的支流而已。

此外与圈地运动同时发生的还有剥夺教会地产的运动，马克思说："16世纪的宗教改革，与继起的大规模的盗劫夺产运动，对于民众土地强制剥夺过程给以可惊的新的刺激，在宗教改革当时加特力教会是英国大部分土地的封建所有者，对修道院的压迫，使住在修道院等处的人们都被投到无产者队伍中，教会的地产，则大抵是卖给那些贪得无厌的国王宠臣，或以近似开玩笑的微乎其微的价格，卖给那些投机的租地农业家和市民，这班人，把寺院领地，世袭的租户尽行驱逐而合并他们的经营，至于贫困的农业劳动者，以前在教会什一税中本有取得一部分法律保障权，这时，这种权利在暗中被没收了"（《资本论》卷一，614页）故宗教改革破坏了寺院领地，也就扫除了旧式的农作方法，在改革时代有年值14万镑的地产为政府夺取，给与亨利八世的新教会的有年值2.1万镑的土地，5万镑的土地是重新出租了，其余6.9万磅是卖给贵族商人了，这样羊子也就傲然地在教堂里阔步了，故More说："Noblemen，and gentlemen，yea and certern AbboHes…leave no ground for tillage，they inclose all into pastures：they throw doune houses：they pluck downe townes，and leave nothing standing，but only the church to be made a shepehouse."（Utopia p.41）

地主、资本家除了寺院领地而外，更将注意力集中在国有地上，以图增加他们的牧地，这乃是开始了F.W.Newman所谓的"半卖半赠，非法让用御用地，是英国史上污辱的一章，是对国家的大欺诈"的时代。这些夺取者将原来的佃户从封建的耕作下驱散，如马克思所说："对国有地的掠夺本来还是比较和缓地进行，这时候，他们方以大规模的盗掠来开始新的时代，他们对于国有地或是采取赠予的方式取得，或是类乎开玩笑的微乎其微的价格取得，甚或是由直接的掠夺取得，以并合于其私有地内，这一切的进行丝毫没有顾忌法律的形式，像这样在欺诈的方式下被人占有的国有地连同以前被人盗掠的寺院领地的一部分（未曾在共和革命中丧失的那部分）就成了英国今日寡头政治的御用地了。"（《资本论》卷一，615页）

当地主土地资本家无厌地进行着共有地、国有地和寺院领地的剥取的过程中，被放逐被掠夺的农民也掀起了反叛的旗帜，1536～1607年间在英国有6次暴动发生，其中4次都是为圈地而发的，1549年西部的反叛和1569年北部的反叛都带有宗教的性质，1536年是北部的人民称为Pilgrimage of grace的叛变，他们暴动的旗帜上载着耶稣像，这次叛变的原因是由于宗教寺院领地的解散，参加者有2万人，但未久就被剿平。第二次暴动发生在1549年的Norfolk和Suffolk，为Robert Kett领导，其因是由于二州公共荒地和牧物的圈地而起的。叛军约有1.6万人，他们在橡树下设有法庭，还有牧师向民众讲道，沿途他们拔去栏栅和篱笆，并攻占挪利支，但后来也为官兵剿平。在1554年肯特州的暴动的农民到了伦敦，提出要求，其中一条是应将强有力人占据的牧场还给农民，这次结果也是失败了。在1607年中部Northamptonshire和Warrickshire等处发起了最后一次的暴动领袖是Captain pouch，所到之处，将篱笆拔去，沟渠犁平，后达5000人之众，凡下层人民无不参加，如农夫、屠夫、剃头匠、铁匠、木匠、纺羊毛者、鞋匠、牧童、制手套者、烘面包者、鞣皮革者，还有磨坊水车匠、泥水匠、织羊毛者、杂货贩（His Mss COMM，Bucclevch）。他们自称为"夷平者"，但结果这庞大的队伍还是为军队所击败。

在封建社会下农民运动的失败是为历史所注定了的，在旧制度的崩坏中，他们不能作为新的生产方法的建设者，而只是以一个过去秩序的迷恋者，匍匐于落后的生产方法下面，故在资本主义勇敢而无情的兴起过程中，他们是被摧毁了。在整个旧社会的沉沦中，他们只是一个瞬间就消失的小小的浪花而已。

"夺取寺产，欺诈让渡国有地，盗掠共有地，掠夺封建氏族所有地，把它在无所顾忌的恐怖主义下，转化为近代私有财产，这种种都是原始蓄积的牧歌的方法，这些方法给资本主义农业以活动的领域，使土地并合于资本，同时并为都市的产业造出被追放的无产者的必要供给。"（《资本论》卷一，625页）在英国，如同马克思的说明一样，原始蓄积的进行乃达到了土地的集中，从1873年的土地调查，我们可以看到下面的数字：

土地所有部类	对土地所有者总数百分比	对所有地总面积百分比
1英亩以下	72.3	0.5
1 ~ 10	12.5	1.5
10 ~ 50	7.4	5.3
50 ~ 100	2.7	5.4
100 ~ 500	2.3	20.7
500 ~ 1000	0.5	10.0
1000 ~ 5000	0.5	28.2
5000以上	0.1	28.4
其他	0.7	0

这调查的数字虽不完全，但却可以看出土地67%是在所有者1.1%的手中（注二）。根据Brodrier的统计则为：

占所有者百分数	占总面积百分数
1～100英亩　92	2.4

而1亩以下只有小屋及屋基的劳动者（占所有者72%）只占总面积0.4%（注三）。

这极端的集中乃给英国资本主义农业奠定了基础，使后来大规模的应用近代技术的租佃农业制度得以渐渐建立，同时它又直接地反作用于工业资本，给资本主义征服旧社会的过程，廓清了进军的道路，因为阻碍资本主义发展的唯一的墙壁是中世纪以来农业与工业的结合，这二者在历史上曾极坚强而残酷地与横流在他们破朽的门槛外的商品相竞争，要将这种农业与家庭工业的纽带破坏，是一切资本积累的要务，而这种过程在制造业时代是没有完成的，马克思说，"我们当记得，这个时代的真正的制造业，还只部分地征服国民生产的领域，都市的手工业，与农村家庭副业常成为他的广大背景……在真正制造业时代，原料的加工生产，还在某种程度需要这背景"（《资本论》卷一，24章）。作为工业革命的信号的农业革命却完成了这过程，他们不但将这种农业和制造业互相结合的脐带割断，而且简直以暴力将这些小自耕农整批地驱逐，更还极其无耻地将他们自由的身体，束缚在工业的圈套内（注四）。农民现在不但丧失了自己的田地而且也失去了落后的编织机，一切生活资料、生产手段都积累而转化为资本了，他们现在必须从新的主人那里以工资的形态购买他们的生活资料了，这样工业资本乃又有了国内的市场，马克思又说，"这就是说，在旧自耕农遭受剥夺而与生产手段分离时，还有农村副工业的破坏，能使国内市场有资本主义生产方法所必要的范围与稳固程度"

（《资本论》卷一，24章）。在这国内市场上，工业资本乃得自由地依它自己的形式建筑起近代社会的大厦，18世纪末叶，19世纪初，资本主义社会所以会在英国轰然耸起，其原因是不能不从农业革命的彻底而去说明的。

圈地运动在欧洲各国进行的时期不同，方式亦异。法兰西圈地的过程是渐进的，严格言之，不能称为一种运动，因此也没有引起英国那样的社会经济生活的骚乱。16世纪后渐有禁止牲畜在其果园放牧，在果实未收获以前。谷物未收获前亦属禁止之例。1743年时，土地种有金花菜者，禁止放牧，或其田中已有足够的羊群时，也可禁止他人的羊子进入。不过一般言之，法国的地主和农民都不愿负圈地（设篱笆沟渠）的重责。1760年、1764年、1766年，政府以法律方式鼓励圈地的进行，如开垦土地分割共有地，限制共有权等。当时在Flander，Brittany，Normandy，Poiton等地，无论经过圈地与否，共有权于是渐归消灭，但较落后的东北及中央诸省则仍依旧法。

荒地的开垦，在法国往往依Villager均分，其轨行是在18世纪。领主曾经要求有1/3的所有权，但政府迄未通过。由于各阶层的利益的斗争，这种过程的进行是很缓慢的，但事实上许多土地是落入地主手中，不过这过程是没有英国那样剧烈，乃使法国在18世纪时仍为小农普及的国家（注五）。革命后土地的分配重新进行，根据1882年的调查，土地所有的分配如次：

	所有者百分数	土地面积百分数
1 hectare	61	5.2
1～10	31.1	30.3
10～40	6.6	25.8
40～	1.3	38.7

故土地的2/3的所有者为小所有者（1 heclare以下的），而使法国至今有土地的"民主主义"的国家之称。

德意志的圈地运动更为迟缓，18世纪时，土地情况西南部与法国相似，东北部与英国相似，前者为分散的，农民占优势的，后者则为大地主的庄园。当时三田制流行，1821年才开始圈地，在东北部农奴制度继续很久，英国领主特权自17世纪后已渐归消灭，但德国东北部领主仍握有极大的封建特权，故在这种落后的经济情况下，圈地运动虽经过政府的提倡，但仅只行于国有地（时间为1750年至1753年），政府要想致力于农家土地的圈定，但是收效很缓。

其余如比荷，圈地运动进行较早，丹麦在1881～1882年赋予农民收回租借地之权，捷克和俄国的进行也很缓慢。

第二章注解

注一：被誉为英国的国民特性的表现者的yeomen曾经为各不同著者不同地应用，严格言之他是包含Lesser和Lessee，但仅及于小所有者，如Marcauley所云，"Cultivated their own fields with their own hard." Arthey Young 亦同此用法。Adam Smith则以为farmer同义，Bacon则以为是"The middle people between gentlemen and Peasants"。不过事实上他只是小所有者包括freeholder，Copyholder，及Tenants forlive（J.A.R.MAKRiot）。

注二：Herbert，Heaten 说1873年英国的一半为2250人所有，平均每人有田产7300英亩。

注三：English Land，English Landlord.

注四：被驱逐的人民，也失掉了自由，不能向国外或其他地方迁徙，政府以种种法律将他们限制在工业城市内。

注五：历史家对此估计颇有出入，有以为一切土地的2/3～3/4，甚至19/20属于国王及大土地所有者（3/10属僧正，2/10属大贵族，1/4属中土地所有者）。又据个别历史家估计土地1/3～1/2为农民占有，Bowden，Kaporich，Usher则以为农民占有20%～70%的土地。

第三章 耕作技术的革命

农业革命的第一步是大规模的掠夺土地而将其集中起来的过程——即agrarian revolution，土地所有权的革命。其次一步即是在这新的所有形态上树立起近代耕作方式的过程，这新耕作方式的建立是以前者为基础的。马克思说："英国现代农业系开始于十八世纪中叶，但远在这时以前，就开动了土地关系的革命，生产方法的变化，就是以这革命为起点。"（《资本论》卷一，23章）新的生产方法就表现在科学的轮耕制、机械的利用、劳动的节约等技术上的革命。在英国由于圈地运动，及寺院和国有地等的夺取进行得较早而彻底，故资本主义的农业生产方法也就渐次地在18世纪显露出其端倪。在欧洲大陆上则因所有权的框子束缚住了农耕方法的进步，如同考茨基所说，"在欧洲大陆上，要想在各处不经革命就在现存的土地私有关系上采用这制度，那是不可能的。地亩划分和强制耕作使任何革新在昔日的三田制内都成为不可能"（《土地问题》，34页）。因此资本主义农业生产诸关系在欧洲的树立，是较迟缓而以复杂的浓淡不一的景象显现出来。

作为圈地运动的结果的英国农耕技术的进步，首先就以这种事实表现出来，即英国的谷物并没有缩减（——指17世纪），反之输出却更增加，培根说，英国自来是"为他国供给的，现在要供给他国了"（The letter and life of francis Bacon）。这原因除了进步的生产方式外，还有就是大批农民生活水准的低降和饥饿（注一）。由于休耕制度的破坏，1/3的田地便解放出来而不需搁置不用，这就等于耕地的增加，地亩既增，又行之以新的方法，农产物自然是会增加的了。

一般言之，封建农作技术随社会经济的进展，往往由三田制转移到更集约的轮作经营，即改良的三田制。在这种经营方式下，是将一部分或全部分休耕地，种植牧草、根茎类（如马铃薯）以及其他能使土地肥沃的植物，故又称为field-grass husbandry（注二）。谷物和田草在此制下是轮换种植的，故又称为rotation agriculture。

田草是占有很大的重要性，往往有生长2年或3年或六七年以上者。田草包括豆科与非豆科。

豆科有：（1）荚类：大豆，小豆，豇豆，豌豆，稗豆，山黧豆

（2）田草：artificial grass 苜蓿 Clover

非豆科：（1）干作物：小麦，黑麦，大麦，燕麦，玉蜀黍

（2）田草：artificial grass 黑麦草，斐斯邱草，提摩太草

这谷物与草轮种的情形下，便打破了耕地与非耕地的划分。有大量的草底供给，使牲畜可以在冬天饲养，而为牲畜与植物分开经营的张本。皮毛和肉类的供给，因而大大盛行起来。

田草中，尤其是豆科的应用，对农产品增加功效甚大，因为土地由于自然的限制所含的养分是有一定的，每年以同种植物栽培，久之便有土质耗竭的危险，休耕制和轮耕制便是为救此弊端而发明，但豆科植物有一特性，它们的根瘤菌能将空气中的氮气固着于根上。这为其他植物吸去的重要养分——Nitrogen便又重新回到了土里，土质因而得以恢复，收获也可增加。据实验的结果，土地在种金花菜Clover后栽种大麦，比继续种大麦要多1.76倍的收获（注三）。有如此的效果，故又称为"绿色休闲"Green fallow。

field-grass husbandry上古罗马就曾使用过，在近世则发现于16世纪的英国。德国中部和北部，法国西北部也出现过，不过为时较晚（注四）。它的出现是由于市场的需求所促使，故最初都是出现在城市的四周，但这种方法在耕地分成strip四处散开的情形下，是较难行使的，故16世纪的圈地运动，对此制的推行是很有利的。但这制度到底还是

属于低级的方法，对旧的一切关系尚不能彻底地破坏，因此它只是表现为一种过渡的阶段，为达到后起的科学的轮耕制的桥梁。只有后者才将农作与当代进步的发明连接起来，而表现为一种革命的力量，用其进步的生产力扫荡了其余地方的休耕制和苏格兰和爱尔兰各地残存的自然农业的遗迹。故它又可以说是作为资本主义农业的开端的农业革命的急先锋。

科学的轮耕制Scientific rotation stage 一方面为科学的换种的使用，一方面表现为畜类的厩养。原来除了原始的自然农业外，其他各期的农业都是有品种轮换的，人类的农作经验，在无限远的过去，早就告诉了换种的益处。但直到17世纪后的英国1789年后的欧洲它才真正地普遍开来。斯时所用以选择换种的有4～10种之多。换种的效果，首先是能增进土地的收获，德国化学家在1866年说明了金花菜吸收氮气维持地力的作用，其次换种有除去杂草的作用，如以芜青代替小麦栽种则伴着小麦的杂草得因芜青的耕耘而除去。最后，换种能除去病菌，如麦锈病在土中可能生活一年，若在种小麦后又种其他作物两三年则此种病菌也可消灭。换种使植物的种类更渐增多，根据海克的推断中欧农村经济从他存在起，就有了百十种栽培的植物。故换种能使封建农业更丰富。

科学的轮耕制另一方面表现为牲畜的厩养，这就补救了休耕制下牧场的浪费，且又使饲草得免于践踏和粪土的腐坏，同时又使肥料增多。又土地不需浪置不用，谷物栽种的面积乃大大增加，据Rosher的意见，三田制下可以种谷物的土地为公社土地20％。而Thunen则以为在厩养情形下，可将同一面积的土地之55％～60％用以增种谷物，由此便可以见到土地解放的经济效益了。厩养的结果使牲畜四季长存，增加肉的产量。因近代都会对肉食需要的扩大（注五），隔中心市场近的地方，家畜牲养往往居于重要位置。有些地方，也有重谷物的，但作为科学的轮耕制的理想的，是农作物与牲畜的均衡。

作为农业革命的先锋的科学轮耕制的出现到普遍的建立，在英国约经过3世纪的时间，由于农业自身所受自然的和社会的因素的限制，它不能像在工业方面的革命一样，采取那急速而骤然的形态，而在很短期间内完成。它是缓慢的渐渐地推演的，根据格拉斯的分法，共分为4期，1650～1700年为胚胎期，1700～1770年为试验期，1770～1850年为传播期，1850～1880年为最高期（注六）。如同格拉斯所说，"它差不多和苏格兰的糖浆一样，用外国的糖和橘子做成，或英国的棉业生存在外国和殖民地的棉花上"，这农业革命是利用了欧洲大陆的材料，如西班牙的三叶草，勃艮地Burgandian和法国的牧草，荷兰的藜，郎基多克Languedoc的马蹄铁和佛莱铭种芜青的方法。

原来16世纪时，芜青就已经开始在英国种植了，不过当时只是一种园艺植物。Harrison在*Description of England* 中曾论到它。而其采用为田间种植则为从所谓"欧洲技术最好和最痛苦的农作者"的佛莱铭Fleming人学来，在1577年游历家兼翻译家的Barnabe Googe更在其所著*The four books of husbandry*（主要系翻译Heressbach之拉丁著作）鼓吹由荷兰引入芜青及人工草。其后有Sir Richard Weston 根据其30年农事之经验，著有*Discourse of husbandrie used in brabant and Flanders*（1645）力主芜青与三叶草应栽培于田间，而事实上这种新制度应用最早之处则为Norfolk在18世纪的时候该州与Assex都已相继试验种芜青于休耕地上，节省地力并使牲畜存于冬季。1726年Laurence在其Anew system of agriculture 中写道，"近来对于农人利益最大的莫过于栽种芜青于田中"，被发现"那是他们主要的财源"（第109页）。18世纪末Norfolk州三叶草、小麦、芜青和大麦的轮栽更为科学轮栽制最古的辙迹，这种制度，后经Arther young的宣传，流行于欧美。

在工业革命的前夜，对农产物的需要大增，人口积极地增加和集中到工业都市更扩大了国内市场。单以人口而论，在英国1700～1760年数十年间，英格兰和威尔斯的人口约增加125万（23%），1760～1800年增加200万约占总人口32%。这庞大的人口以及相继耸起的烟囱，便象征着对于面包、牛奶、肉类、羊毛等农产物的更进一步的需要。科学的轮耕制更是普遍地流行起来而广播至国外，虽然1846年谷物律取消，1850～1875年小麦输入增加3倍之多，但英国的农业仍然是在繁荣中，这不能不说是这制度的坚实所致，因此英国乃被视为泰西农业的导师，而为世界各国所观摩学习。

如同资本家阶级是工业革命中技术的改良者、发明者一样，地主往往是农业革命中技术的改良者，虽然他们有的是农业资本家（在英国是租地农业家），但是在工业革命前，农作方式刚刚变更时，他们则为旧式的地主和新土地贵族。在政府中他们往往居于显贵的地位，但他们却从不减少其对泥土的兴趣，而利用退休的时间去经营进步的农业，由于他们有足够的资本，能适应市场的变化，所以一切新的方法，都是为他们首创，而传播开来的（注七）。

第一个有名的农业改良者是Jethro Tull（1674～1741）。他原是地主的儿子，曾在牛津大学受教育，依照当时绅士的习惯旅行欧洲大陆，于是观察得来很多进步的农作方法，归国后因为健康不良从事农业，1701年他发明条播机 ouill，1714年发明马锄horse-hoe。他主张第一用彻底的耕耘以碎土。第二将种子播撒于土里，用土壤盖起来，则只消普通撒播量的1/3，谷物棵数虽较前少，但净产量反可较多。第三随时用马锄锄地。这即是后来被称为"Tullioun system"的。杜尔的方法，收获颇丰，1731年他更将其经验编成一书。当时虽未为国人的同意，但却很为法人欢迎，翻译讨论和承认。

和杜尔同时代以栽培芜青出名而有"Turnip Townshend"之称的Viscount Charles Townshend（1674～1738）为一名农家子弟，受教育于剑桥和伊顿，又曾任驻荷大使Viceroy of Ereland，regent of England 以至于首相。但终于如Arther young所说"抛弃朝廷的权威和荣贵而投身农业"。他于1730年回到他诺福克的田庄，将他从荷兰观察得来的化荒地为沃土的方法，应用于自己的土地上面。他用三合土扩展圈地、施用所谓Norfolk system的四轮耕种，注重芜青与三叶草，又用马锄条播方法增产，畜产也大大增加，他的努力对英农业的影响至巨。

1760～1790年在Leicestershire 的Robert Bakewell正致力于畜产的改良，因为道路的发达，草秣的来源容易，这些就给饲畜业以必要的条件。原先杜尔和Townshend也注重牲畜，不过当时只是在于增产，而没有及于品种改善，Bakewell则致力于新种的培育，如Leicester州的长角牛和绵羊是他所发明。人们以其畜产价昂讥之，"他的牲畜是又贵又肥"，不过他是为后来的牲畜业开一科学化的道路（注八），他的门徒很多皆致力于育种。

在农业史上鼎鼎大名的Arther young（1741～1820），他的业绩是空前的，他是一个农业的理论家，曾经周游英格兰和爱尔兰，3次游法，并到过意大利，其自传与游记是量多而意趣横生，在文学上和历史上有相当的地位，其Annals of Agriculture共四五卷，且翻译为各国文字，他网罗各种知识，鼓吹新方法，而为农业改进的宗师。

此外在8世纪致力于畜产改良的还有散麦维尔，彼曾评注Bakewell的著作，又致力于Merino sheep 的改良。泌克雷（1745～1835）也改进羊种栽种树木，鼓吹新法Thomas William Coke，改造诺福克州西部的露地、牲畜、森林，而有"农业革命中的华盛顿"之称。

由于这些人的提倡，农业乃更适于资本主义而为赚取利润的手段了，大批的资本都投入农村，而为设备、谷仓、畜舍、机械等的用途（注九）。苏格兰的地主还要花费许多资本于道路桥梁的修筑，肥料也是必需开支。特别是用于农用机器的资本也要占很大的数目。农用机器在当时除了杜尔的马锄以外，还有割禾机和脱谷机的发明。尤以柏尔氏割禾机Bell's reaping machine为成功。脱谷机则为苏格兰人麦克尔所发明。这些机器的出现，渐渐地代替了旧时的农具，而在大小田产内普遍地使用起来。在英国北部，由于资本主义的集中发展，乡村劳动者缺乏，使用机器尤为必须。不过因处于工业革命发轫之初，技术的改进，尚未有以后的精详。故农耕很多都还借助于人的劳动，而不能完全地机械化，这样，应用粗陋的农业机器则为此期特征。

在这些技术的改进中，值得注意的还有建筑和排水工程。原来在英国有许多水分过多的泽地（注十），少有经济的价值，17世纪以来就有不少的地主和资本家从事排水。Bedford的伯爵曾为此花费10万镑之多，用荷兰的经验使泽地化为沃土，而收很大的效益（注十一）。哈姆Hamm说，"故所以排水的结果，等于气候转变"，在苏格兰排水后的土壤收割较未排水的早10天或15天。在英国排水后增加的收入平均为20%~30%甚至100%~200%者。

总之，科学的轮耕耕制，如李雅谦诃Деяценко所云，"是国民经济的商品=资本主义一般地发达的反映，同时促进及强固农业上商品=资本主义各种关系的发达"。在英国它是作为工业革命的先驱，它提高了劳动的效率，节约了农业必须人口，以前簇聚在乡村的人口都作为相对的剩余人口而被驱散了，而只以少数的农业生产者来供给全国民食粮和工业原料的需要，乃使更多的资本不断地投入农业中去，以图生产出更多的商品。这科学的轮作制在社会关系上的表现是因地而异的。由于英国封建土地剥夺过程的彻底——反之即大土地的集中，这种经营便采了租佃农业家的外貌。农业生产要通过租地农业家、地主、劳动者3种关系。地主是不参加生产的，故他的存在，始终是资本主义农业的障碍，而使其居于工业之下。因此，农业的发展，总是赶不上工业的发展。这资本主义农业发展的不平衡，在英国是表现得很明显，其结果便是农业恐慌的出现。1870～1890年为英国谷物被海外谷物排挤的时代，小麦价格的跌落，使生产者大受损害，耕地面积由350万英亩缩减至150万英亩。这农业不景气的结果是小资本的灭亡。大资本因此而更改进技术，如使用机器选择品种过渡到自由式的集约农业，不过那已经是20世纪的事了。

科学的轮耕在欧洲的出现，不像英国那样整齐地表现为一个农业方法的革命，而是参差不齐地在各地发生的。一般言之，它是出现在城市的四周，商品经济所带来的个人主义精神破坏了封建的强制主义的地方，中古的伦巴尼和多斯加纳就曾发现，西班牙、法国也曾出现，15世纪以来的佛兰德斯更是盛行。不过大规模地代替了封建的三田制而使欧洲走入近代，尚在18世纪至19世纪这一阶段。

在法国农业技术的改进是在1850年以后，由于传统上土地所有多小所有形态，及资本主义关系的较为缓慢，乃使法国农民有如Hauser教授所描绘的Slowness, Love of routine, individualism, obstinacy, avidity for work, passion for acquiring land, and spirit of economy and resistance。1852年Delisle说，"13世纪时的农民拜访我们的田庄不会感到惊异"，可见法国农村的停滞。1850年后则机器、近代技术改变了过去的全景。法国的农业除了谷物经营外，以榨取葡萄酒为特征。

在德意志，由于封建关系崩溃较迟，技术的改进也是在19世纪后半期才大规模开始，不过在此时期中值得注意的是农业科学的进步。18世纪初德大学中就有农科的设置，早期的著作则有 J.G.Leopoldt（1750）、J.G.Eckhardt（1754）诸氏的文章及 J.C.Schubart（1783～1785）的文集，但直至 Albrecht Thaer（1752～1828）出现，始将各种农业的经验、断片的知识，融汇而组成系统的科学，他的代表作为 *Grundsatze der rationellen Landwirtschaft*（1809），系收罗各国农业经验和记载的专书。Thaer 主张合理的农业，彼以为植物恒有吸取土地的原质的作用，为要保持泥土的沃度则此等原质必使其重新回到土里才行。不过他当时尚不能对植物生长做科学分析，因之对土质的变化、涸渴的原因不能清楚地认识。

次于 Thaer 有 Johan Nepomuk Von shwerz（1759～1844）及 John Heirich Von Thunen（1783～1850），前者注重实证，偏重农业地理学，后者著有 *Der Isolierte Staat*，以其自身实验为基础，从抽象原则出发，论究与市场距离远近的农业经营情况。Thunen 以后农学者辈出，而以 Justus Von Liebig 的出现更在农业史上划一新时代。以前 Priestly（1770）和 Sir Humphy Davy 都曾对农业化学做研究，不过都只是片断的说明而没有一般的结论，直到 1840 年 *Organic chemistry in its relations to Agriculture and Physiology* 一书出版，农业化学才发展到一个新的阶段。Liebig 的功绩在于他注重土地生产力的保养，使植物从土地中吸取的养分重新回到土里，这样农业乃能日趋繁荣。李氏云："偶然地聚合（金花菜的输入，海马粪的发现，介绍种植马铃薯和石膏粉肥料），增加了不适于现有生产力的欧洲各国居民人数，人口的繁殖大得极不自然。"而已达到这样的高度，使其在近代经济制度下只有在两种假定下，才能维持下去：

第一，假如因为某种神的奇迹，土地重新获得它原有的丰饶性；

第二，假如发现了藏有粪料或海马粪的地层大约等于英国的石灰

层。（同上书）

为了恢复地力，供给日增的人口，彼主张将城市的废物供给农村经济，虽然李氏很多论点都为后日的学者所修正，可是如同考茨基所云，"李比西的不朽功绩之一，就在于他指出了这个事实，并坚决地起来反对强度掠夺式的农业，这是19世纪前半期土地的改良耕作本身所表现的"（《土地问题》，66页）。

自李比西后，农业化学更为发展，1843年英有Rothamsted实验场的设立，由Lawes和J.H.Gilbert领导。对于植物需要矿质肥料，予以更完美的说明。1877年德之Schloesing及muntz更解决了豆科植物固定空中氮气的作用。19世纪这些发明，都给以后的农业化学和农业物理学筑下了基础，资本主义以后的发展，遂使一切研究更趋精细起来。

第三章注释

注一：布尔乔亚的学者都是将眼光作于技术方面的进步的皮相的观察，而不去留心农民为这改进所付的代价。他们不知道谷物在市场的增加是由于农民忍受饥饿的结果。

注二：一般农业史家往往将豆科轮栽法Legume-rotation style认为是由休耕制直接产生而先于field-grass husbandry的制度。豆科轮栽系古罗马遗制，颇能收调剂地力之效。中世纪以来此制也偶尔发生，在英国也曾出现，如Henry Homer说："A very considerable part of the open-field tillage is employed in the growth of beans."但是它不曾普遍地代替休耕制，而在社会经济中像古罗马那样地取得它的重要性，只是偶然地散见于各经济进步之处罢了。故在近代农作上，严格言之，此制不能列为一期。

注三：此为Rothamsted实验结果。

注四：Grass，ch2.

注五：关于肉食的扩大，考茨基在其《土地问题》第4章中有很详尽的说明。

注六：H.Heaton以17世纪为胚胎期，18世纪为生长期，19世纪为收获期。

注七：H.Heaton said："There were many 'spirited farmers' but the pioneering work was done chiefly by landlords. They had the money to pay bills for trial and error，their very livelihood was not at stake，they could borrow money for permanent improvement and their contacts with other areas and countries gave them a wiclth of interest that the ordinary farmer lacked."（P424）

注八：Bakewell使畜类有很好的改进，平均而言，牛体重在1710年为370磅，而1795年增至800磅。羊则由28磅增至80磅。

注九：Coke of Norfolk耗费数百万元以设备农场上的房舍、建筑、篱笆、道路等。

注十：The Great Fen lying within six counties–Northamoton，Huntington Norfolk，Soffok，Cambridge.

注十一：Vaughan在1610年的" most approved and long experienced water works "云彼施行的方法若施行于全国，当能使全国增20万镑的收入。

第四章　机器和近代科学的使用

作为产业革命的英雄的机械的发明，以其异样庞大的生产力，彻底地破坏了封建社会的框子，而建立了一种资本主义生产关系。18世纪中叶到19世纪中叶，为这些机器的发明、改进和普及的期间。这种发展了的资本主义，便积极地用一切力量去征服农村。机器在农业上的使用，乃是资本主义征服农村的最有力的触角。

农村机器普遍的使用，在西欧是开始于1850年代。它的出现是一切封建生产方法最后的挽歌，"当地主采用机器和好农具的时候，他用自己的农具来代替农民的农具，因此，地主从赋役制度的经济，转变到资本制度的经济"（列宁，《资本主义在农业中的发展》）。在封建义务下压迫得喘不过气来的农民，不能是机器的设置者，只有地主有购置的力量，但是地主购置的机器的出现，就全然改变了农业生产方法上的一切关系，首先这种机器就表现为一种"资本"而不只是单纯的生产手段。作为占有剩余价值的资本，要求与其相对立的活的劳动的存在。于是势必要有自由的雇佣劳动者为前提。因此农业机器更解放了为封建义务所束缚的农民，而"农业机器的广布，就是说资本制度排除了赋役制度"（列宁，同上书）。

表现为资本的机器的使用是有限制的，它必须要所有者提供利润的手段，即是所有者取得该机器所花费的劳动要远少于使用该机器所代替的劳动。马克思云："把机械看作是使生产物便宜的手段，机械只能在这样的界限内使用。即生产机械所费的劳动必须比使用机械所代替的劳动更少。但就资本的立场说，其界限还更小。资本所支付的，不是所使用的劳动，只是所使用的劳动力的价值，因此，就资本的立场说，机械的使用，必须为机械的价值与其所代替的劳动力的价值之差所限制。劳动分为必要劳动与剩余劳动，其分割是一国一国不同的。在同国又是一时代和一时代不同的。在同时代又是一职业部门和一职业部门不同的。并且劳动者的现实工具，有时会跌在劳动力的价值以下，有时会高到以上。因此，虽生产机械所必要的劳动量与其所代替的劳动总量二者之差不变化，机械的价格与机械所代替的劳动力的价格二者之差，仍然可以大有变化。从资本家的立场说，决定商品生产成本，并由竞争的强制，以影响资本家的行动的，乃是后一种差额。"（《资本论》卷六，13章）这种差额一旦表现不利时，资本家就要停止机器的使用；尤其是在工资低减的时候，或机械价格昂贵的时候，机器便会停止使用（注一）。不过在工业部门，这种现象是比较例外的。由于特殊的经济环境，机器在农村中往往遭到使用的困难。因为大多数农业机器，一年只有一个时期被利用，这种搁置，便使其在同样条件下较工业远为不利。例如有两机器，每一架都在一日内代替10个劳动力，其中一架每年做300天，另一架只做10天。则一架每年代替总共3000天劳动日，另一架只代替100天劳动日。设每架机器可用5年，那么农业机器全部节省劳动力为500天劳动日，而工业机器则达1.5万天劳动日。假如机器价1000劳动日，工业机器则可节省1.4万天劳动日，而农业机器则要多费500天劳动日（注二）。自然，事实上农业机器并不是完全如此地居于不利的地位，不过它的使用是要受到很多的限制的。就是即使农业机器的利用能节省更多的劳动力，但要是这并不能同时为劳动价格的减少，机器的利用，仍然是要受到阻碍的，因为如考茨基所说，"在资本主义生产方法之下，机器的目的，不是在节省劳动力，而是在节省劳动工资"。这样，工资越低，机器越难利用。但通常乡村的劳动力的价格远较城市为低，故这正是机器在农业上发展迟缓的原因。

工资的低落使机器难于使用，但是机器的使用，又会使工资低落，从而妨害自身的利用。马克思云："在旧的发达的国家，机械在若干产业部门使用的结果，会在其他产业部门产生出劳动的过剩，因此，在这其他各部门，工资将跌在劳动力价值以下，从而妨碍机械的使用，使其采用，从资本的立场成为不必要，乃至不可能。盖资本的利润非由于所用劳动的减少，乃由于所有工资的劳动减少。"（《资本论》卷█，13章）这现象在农业中更是特别的显著，一切机器的采用，都代替了大批的劳动力，而造出产业后备军，他们在饥饿中不能忍受更低的工资。"此种劳动后备军引起了劳动价格的降低，有时甚至达到此种程度，许多有机器的主人，认为用手收拾面包胜于机器。"（特志可夫·卷一）于是农业又回到落后的用手的时代了，这种现象正是资本主义生产方法不可克服的矛盾的表现。

除此以外，农业机器远比工业机器复杂而且分工也不如工业机器的仔细，管理起来便必须有相当高的知识水准。而乡村的文化正是处于最不发达的地位，因此劳动力的供给是很成问题的。并且农业企业位于乡村，面积广远，离铁道和机械工厂很远，运输修理诸多不便，这些都是农业机器较工业机器使用的不利的地方。

不过农业中资本主义的发展，也都克服了这些不利。作为剩余价值的榨取手段的机器，在过去90年中大大地发展了。首先它是普遍于英国，由于乡村劳动力的缺乏，同时机器工业的发展，使其乡村能很早就蒙受机械化的利益。

在法国19世纪后期，农村机器的利用有下列数字：

（一）

种类	1862年	1882年	1892年
蒸汽机及牵用机关车	2849	9288	12037
打谷机	100733	211045	234380
播种机	10853	29391	47193
刈割机及捆束机	18349	35172	62185

在德国农业中机器利用的数字如下：

（二）

种类	1882年	1895年
汽犁	836	1696
播种机	63842	20673
刈割机	19634	35084
汽力打谷机	75690	259067
其他打谷机	298367	596869

播种机的减少是由于条播机（drill）的替代，在1882年完全不需要的条播机在1895年就为140792经营所采用。

蒸汽机也是普遍地被采用的。从下表可以看出普鲁士蒸汽机在农村增加远较其余工业部门为速：

（三）

应用机器地方	1879年		1897年		增加百分率	
	机器数	马力	机器数	马力	机器数	马力
农村	2731	24310	12856	132805	470	546
冶金，制造，运输（铁道汽船除外）	32606	910547	68204	2748994	209	320

1925年的国势调查更给我们以德国使用机器经营的比例数字。依面积大小，将使用机器的经营分述如下（注四）：

（四）

	1907年	1925年
2公顷（Hectare）以下	4.8	10.9
2~5	33.1	66.3
5~10	65.3	90.3
10~20	86.6	97.7
20~50	93.2	98.8
50~100	94.2	98.5
100~200	96.3	98.8
200	98.2	99.0
平均	28.7	39.8

农业的机械化显然地提高了，从下面我们更可看到使用各种机器的绝对数：

（五）

	1907年	1925年
蒸汽犁	2239	1618
马达犁	——	6958
电气犁	——	237
各种播种机	187244	543705
割取机	13404	135388
种植及收获马铃薯的机器	12390	230258

由上表可见割取机增加1010%，而种植马铃薯的机器几乎增加1900%。

机器使用最重要的是由耕畜和人类手的劳动，代替而为作为势力的基础源泉的各种动力机器，在德国1925年的数字如下：

（六）

（百分比）

经营类别	一般机械	蒸汽机关	内燃机关	电动机
2公顷以下	0.1	0	0	0.6
2～5	0.8	0.1	0.4	14.7
5～10	2.3	0.1	1.3	33.1
10～20	4.6	0.3	2.9	46.5
20～50	8.9	1.1	5.5	58.6
50～100	20.7	7.2	9.1	65.0
100～200	43.8	29.3	10.7	67.4
200以上	71.4	59.9	18.6	70.4
平均	1.4	0.3	0.7	12.6

由上表可以看出小的经营差不多全是用手的劳动，而大经营则绝大多数是用机械动力的。

农业机械化最成功的美国，它的发展由下面的表中更可以看出来。

（七）

年次	家畜马力数	机械原动机马力数	工业上每劳动者原动机马力数	农业上每劳动者原动机马力数
1849	6.597	——	0.92	1.32
1859	9.655	——	1.07	1.72
1869	9.588	——	1.14	1.63
1879	13.164	600	1.25	1.80
1889	18.636	1200	1.40	2.32
1899	19.219	3300	1.90	2.29
1909	21.875	9250	2.82	2.52
1919	22.242	21480	4.26	4.10
1923	19.800	27620	3.76	4.76

由上表可以看到农业上机械马力增长的快速，在1909年时还没有家畜马力的一半，而在1923年则已超过后者的50%了。就以每个劳动者平均数来看在1923年也已经超过工业。美国农业经营内机器的使用的普遍可以从下面的表中看出来：

（八）

年代	每农场使用机器平均额
1850	105
1900	131
1910	199
1920	557

机械的使用大农场远较小农场为多，这种平均数字是不足以表现正确的数目的，不过1910～1920年间就增加了3倍有余，可见其发展的快了。

联合收割机（Combine havester）是20世纪的农业机器的新发明，而对谷物经营的裨益最大，这种联合收割机在1914年仅有270部出现于美国，1929年时就增为36957部，此机多输往阿根廷、加拿大、苏联。下表可以看出联合收割机外销情形（1925～1930）。

年代		加拿大	澳大利亚	阿根廷	俄罗斯		
1925	1720	110		619	21	750	44.0
1926	4444	368	97	3637	4	4106	92.4
1927	4705	819	261	3097		4177	88.8
1928	7317	3560	3	3116	33	6712	91.7
1929	10887	3103	37	6214	435	9789	89.0
1930	6573	1531		2622	1376	5529	84.1

在澳大利亚由于类似联合收割机的自造，故数字很小。在阿根廷此机用得最为普遍，差不多30%的麦区是为此机收割。在加拿大种麦区的15%～16%也是为联合收割机收割。根据■■博士的统计，1928年有4341部，而在1931（？）则已有7726部了。

曳引机（tractor）也是新式农具之一。在1916年，美国产生了3000部，而在1928年则已有85.3万部用于国内了（注五）。

下表可见曳引机输出的情形（1925～1930）。

1925	45946	5368	4179	4871	6760	21178	46.1
1926	51242	8320	4990	2433	9703	25446	49.6
1927	58279	16218	4408	3140	5119	28885	49.6
1928	57869	21837	5137	4982	5083	37039	64.0
1929	60155	17078	2353	8956	12245	60632	67.7
1930	49896	9903	1883	4751	22840	39377	78.9

机器的使用提供了诸多的经济效益，首先机器有很大的正确性，如播种机、撒播肥料的机器，及洗濯种子的机器，它们能产生出用手所不能有的结果，而使农产物更加标准化起来。盖机器的播种较用手的好，即使是在劳动力便宜的地方，也代替了它。且机器能增加工作效能，做手的劳动所不能做的劳动，如深耕，它是非有汽犁不行。培雷尔斯说："我国的农业前途全赖深耕，但是为了要是深耕得到广大的生产力，更必须比兽力更经常而有力的动作。"这种动作，自然只有汽犁，由于它有最高的收成和安全性，而可以在收割以后开始工作，所以是很普遍地被利用。汽犁的发明，是在50年代的英国，根据皇家农业协会的报告，1867年只被应用于135地产内，1871年则其数字已超过了2000部（注六）。在德国1871年只有24架，而在1895年时已于1696个经营内应用了。

根据Sklweit的估计用汽犁耕耘25日的劳动可代替人工568～737日的工作（注七）。联合机的效能也大，每日能收割50英亩的面积，用3个人运转就可以代替40匹马、30个人的工作。Mr.H.R.Tolley的估计，用sickle和flail收割产量15斛bushel的麦田1英亩，需劳动力35~50小时，倘用联合机则只四五分钟就行了。

曳引机的劳动效率也更显然，倘用欧洲旧法，用一对马耕耘，每日耕种面积约为1~3英亩。但用50匹马力的曳引机每日能耕耘20英亩，用Tractor-drawn seed-drill，则每日可播70~80英亩，而英国的hourse-drill则仅能播10~15英亩。

在棉花的栽种上机械的力量也是很可观的，美国有些州内用手工劳动每日仅能植棉10~20英亩。但在Texas和Oklahoma，利用机器植棉，每人每日能种百亩左右，剪羊毛业中，利用机器每日可以剪200只绵羊。

在资本主义生产方法下，劳动效率的增大，并不足以构成资本家使用机器的原因。而要这效率增大得出利润增加的结果——生产成本的减低才能致使资本家大规模地去采用机械。资本主义不可解决的基本矛盾也就是在这里，现在让我们来看机器对生产成本的影响。

据美国农业专家Mr.H.R.Tolley说，用header或binder脱谷，每斛用费要在美金10分以上，而用联合机则只需3～5分（注八）。Dr.Riddel则以为加拿大每联合机收获600英亩，每亩以出产小麦20斛计则每斛需9分半。若用旧的方法则要17分半。这样凡使用联合机的地方都能使成本大减。例如阿根廷由于大规模使用而节省34%的费用。澳大利亚南部的农民，因劳动者缺乏乃于1846年创制Stripper来收获，于是每bushel的费用顿时由3先令6便士减为6便士。不只是谷物经营，就在畜产经营或其他的部门内，机器对成本的减低也是同样有效的。

于是机器在农业的使用，便给以农产品以神秘的力量，使它能独霸市场，彻底地破坏一切落后的方法。它大大提高了农业生产力，使大批的农产物提供到市场上去，供给工业的需要，尤其是给世界市场的竞争的影响最大。20世纪实为机器使用最快速的时代，由于社会的及地理的诸关系，加拿大、澳大利亚及美国最为发展，50年代后由于科学更进一步的发达，又给农业新的机器开一无限光明的远景。欧亚二洲则因为传统的劳动习惯，及农民生活水准的低微，以及国家的保护关税政策，乃使落后的经营下的产物经历了顽固的虽然也是不利的竞争，加之又历经战祸，对农业的毁伤至巨，机器的利用，因之不能发展。

机器在农业中的使用，直接造成的社会影响是农村人口的被驱逐，由于它的强大的自然势力和能减低成本，人类的手的劳动乃被代替，于是乡村的人口发生普遍的缩减。因为"资本主义生产方法一侵入农业方面，或者在农业方面发生某种限度的影响，农村劳动人口的需要就要比例于农业所用资本蓄积的增大，而绝对地减少下来"
（《资本论》卷一）。最初它是利用童工和女工代替成年的劳动者，
列宁说，"用机器的其他结果，是童工和女工采用的加多，已经形成
的资本主义农业，造成了某种梯形工人"（《资本主义在农业中的发
展》），这所谓梯形工人便是如同城市中的粗工和熟工一样，有完全
工人、半工人之分。于是"农业机器的采用，使成年工人失去价值"
（列宁，同上书），这些过剩的劳动者乃流入城市，造成产业后备
军。

但农村人口的缩减除了农业劳动者的减少外，还有独立经营的
中农的减少，"在农业中有系统的应用机器，不停止排挤族长的'中
农'，也和蒸汽的纺织机排挤小手艺者手制的纺织一样"（列宁，同
上书）。中农被分化，有的向上而变成农业资本家了，但大多数被无
产化而流入都会去了。这乡村人口的过剩乃是资本主义农业必然发生
的现象，现在让我们看作为资本主义发展的典型的英国的情形：

年代	1811	1821	1831	1841	1871	1881	1891	1901
农业人数百分比	35	33	28	22	7.3	5.2	4.5	3.6

（注：Walter统计）

在德国1871年农村人口占全人口63.9%。1925年降为35.76%。在美
国1790年几乎全系农业人口，占96.6%，到1920年则仅为48.6%了。Sir
Robert Grieg更说自1850年农业机器开展以来，农业人口曾减少2700万
人（注九）。在美Montana州1917年麦地劳动者约为3.5万人，而由于机
器的代替，1930年只有1.4万人了。但结果生产是毫无阻碍，反而如农
业年鉴所说，"这些人耕更多的亩数，比原来的3.5万人做得更好"。

但将农业劳动者驱入都市，又造成资本主义农业劳动力不足的困

难，尤其是在收获季节这种现象是特别的显著。所以许多资本家又在其地产四周造出分碎的地权，租佃给农民以保持劳动力的供给，马克思说，"在另一方面，农村地方尽管不断引起相对过剩人口，但同时却又感到人口不足，此种人口不足的现象，不仅局部地见于那些人口激急流回的地方，都市、矿山、铁道建设方面的据点，并且在春夏之交，在收获季节，在英国周到而集约的农业需要临时劳动力的许多时期，随在都可见到劳动力不足的事实"（《资本论》卷一）。一方面是劳动力过剩，一方面又是劳动力不足，这不可解决的矛盾乃一直地在资本主义的农村里贯穿着。

列宁说，"机器引起农业中生产的集中和资本主义合作社的应用……刈谷机、蒸汽的打谷机等的传播，就证明农业生产的集中，真的，我们在下面看到俄国那些应用机器特别发达的农业区，它的特点就在经济范围特别广大"（同上书），本来机器的使用就是生产集中的表现，不过它更能引起生产的集中形态。这种集中不只是表现为大的农场，即使是在较小的场地上，由于更集约的经营，大量地投入资金，其集中的本质也是一样的。为了发挥技术上的全效用，有些机器要求一定量以上的农场面积，据美国许多实验的报告，欲使曳引机的效率充分发挥，至少须有100英亩的面积。用联合机而欲其有利，则至少须有400英亩的土地。故为了更有利的生产，一般都是趋于建立大农场，美国著名的康贝尔农场就有7.5万亩之广。苏联的国营农场和集体农场也都是大规模的。

最后科学的进展，对于自然物质起动能力的提供，已经从蒸汽机、内燃机，进入电力的时代了。这种电气的使用比蒸汽更能达到更大的胜利，因为它极易流播，在许多蒸汽无法达到的地方，电力都能达到，而且更为经济。譬如50匹马力的大汽犁所用水和煤约费22吨而电力则只费12吨。早在19世纪末电力就已经在农村应用了，而20世纪以来更在发展中。电气在社会主义农业里的应用更是必要，列宁说，"没有电气化，就没有社会主义"，这句话是值得注意的。

伴随着机器的应用，农业科学是真正的树立了，由于农业中面对着一个严重的事实：土地的渐渐地枯竭，生产力的降低，乃使许多人着眼于土质中养分的研究，Liebig在19世纪就曾在这方面努力而筑下了农业化学的基础，李氏正确地处理了矿物质养料的问题，1843年成立的Rothamsted实验站也证明了矿物性肥料有完全满足植物需要的可能。于是矿物性肥料便实地上应用起来。最初，1830年英国已经开始了矿物性肥料的应用，不过当时因稀少，价格很贵。后来海上运输低廉，海外的海鸟粪乃开始用于欧洲（1830年只935吨，1896年就增至95.5万吨）。磷酸肥料自从法国、阿尔捷利亚、佛洛里达发现丰富的矿脉后，价格就低为原来的1/3，智利硝石的发现更进一步地使其使用普遍开来。在20世纪后更发明从空气中取氮的办法，于是使氮素的供给不受地理的限制。后来的学者，在农业化学和植物生理学方面的研究，更使作物养料的方法越渐精详。在西欧的学者有瓦格乃尔、德盖伦、西勃来盖尔、克诺勃、米特切尔里赫，在俄国有铁米雷才夫、考索维契、勃雷尼西考夫等。

农业物理学也发展起来了，不过却较农业化学为慢。由于看到土壤恶劣的特性（低度的渗透性，恶劣的透风性）等障碍，许多人乃研究而建立了土壤物理学。最早是梭柏来尔（1838）、伏尔尼（1878～1897），更建立了一种学说：植物生长除靠养分外，还得依靠日光、温度、水分等其他条件。20世纪后对土壤胶质的研究更详明起来，盖德洛依兹，西欧的希辛克（荷）、维格纳尔（瑞士）、爱伦培尔格（德）的研究，提供了大量的实际资料，而有着重大的意义。

农业化学、农业物理学等的应用，乃能发生事实上的效益，如减低成本、增大收获、创出新种，而这些都是作为资本家提供利润的手段。这里让我们来看20世纪以来品种改良的情况。

在加拿大改良的marquis麦种，较其原种成熟要早6～10天，而又有抗旱和抵抗麦锈的力量。这新种的发明，乃使加拿大的麦带（wheat-belt）向西展至Rockies，北至Peace River区，增加的面积共约1亿acres。麦种改良，其经济效益是很明显的，在澳大利亚、印度、俄国都不断有新种的发明（注十一）。爪哇蔗糖的P.O.S.No.2878更能较原种增加15%～20%的收获。在德国1875年制糖1吨需甜菜11.5吨，而1910年由于甜菜的改良，只需6吨就够了。20世纪在植物中的改良真可谓花样百出，丹麦的杠果、Aberystwith及New Zealand的饲草，地中海沿岸的果树、葡萄，热带的橡树、棉花等，都有成功的品种。

在动物中的改良也是成效昭著。近来的牛奶业者正在研究如何维持产1500加仑牛奶的乳牛的营养。英国在1918年平均牛产乳每年599加仑，而在1925年则已是690加仑。澳洲的Merino种绵羊产毛量如下（注十二）：

年代	年产
1820	2磅7英两
1872	3磅12英两
1890	5磅2英两
1930	8磅以上

除了品种改良外，农业多偏重于病虫的防范，因为新种的改良的结果，使这些动植物多不耐环境的变更，而疾病也就特别易于滋生，因此农业中也多努力防范。在1920年，美牛染肺病的约有4.9%，而1930年则

降至1.7%了。不过由于近代交通发达，许多疾病多易于流播，植物的病患尤其是不易于防范，因此近来国家间都有国际合作防止病虫疾患的建议，但是资本主义的矛盾的发展，却使这些都不能实行。

第四章注释

注一：李嘉图说："在劳动未昂贵以前，机器屡屡不能应用。"

注二：考茨基《土地问题》第51页。

注三：Wirtschaft und statistik 1927 No 13.

注四：Yearbook of Agriculture 1930 U.S.Department of Agriculture.

注五：瓦尔费尔哈普顿博物会上公布数字。

注六：Die Oekonomische Grenzen der Intensive rung der Landwirtschaft.

注七：The wheat situation 1931 Imperial Economic Committee 1932，P64.

注八：World Ariculture，P43.

注九：World Agriculture，P45.

注十：World Agriculture，P48.

第五章　大生产发展的过程

大生产征服小生产已经是作为资本主义发展的一般法则了。这现象首先是见于工业内。由于资本主义的集积和集中，乃使工业小生产者渐归分化、破灭。无论这些小生产者是以怎样大的努力和垂死的劳动以和大生产挣扎，但是终不能使其免于灭亡。在农业里，由于多方面的优点，大生产也是胜利地排挤着小生产的。

第一，一切农业的技术越是发达，大生产的优越性也越大。只有大资本才能设制电犁、一切的马达和新式的器械。如联合机和曳引机的利用，都是要在一定面积的场地上才有利，过小的经营是无法使用的。根据Kroft的统计，机器的完全利用只有在下面的情况下才行：

马犁应用于	30Hectare耕地上
条播机刈割机打谷机应用于	70Hectare耕地上
汽力打谷机应用于	250Hectare耕地上
汽犁应用于	1000Hectare耕地上

而电犁的应用，则要求更广大的面积，才能提供最低限度的利益。1884年美国政府从各地领事的报告中，更一致说明了机器的利用只有在大经营内才行。从上章表四和表六中也可见出机器利用的比率是随经营面积的增大而增加的。

第二，除了能使机器发挥完全的效力外，大经营每单位上平均农具和家畜的费用，较小经营还要少。从下表可看出大农场中每英亩的平均资本投下价值，并不因其技术的完备而增高。这里并不是意味着大经营的集约较少，反而是意味着其劳动生产性更大（注一）：

每英亩之平均投下资本：

经营类别	土地及建筑物	机器家畜及建筑物
20acres以下	282.31	130.10
20～49	121.00	45.12
50～99	105.87	38.30
100～174	107.36	32.54
175～499	95.34	23.98
500～999	54.80	13.27
1000以上	25.37	6.41

大的经营在节省物料房舍方面也是远比小经营优越的，如厩舍、住屋、井眼、犁锄、货车方面，大经营都能更为经济。据美国的资料，小

农经营支出在建筑上的资本其中有43%是支出在个人的住宅上的，但在大经营中则只为9%～13%。而一般言之，每英亩平均建筑物上资本额随经营的增大，绝对地相对地都是低下的。据1920年的国势调查，可见用于建筑的价值在小经营为31%，而在大经营中，则仅为6%了。

经营类别	每英亩上建筑物平均价值（全国）	对于农场的全体价值的百分比
20	88.69	31.4
20～49	25.66	21.2
50～99	20.90	19.7
100～174	16.71	15.6
175～499	21.30	11.9
500～999	5.27	9.6
1000～	1.58	6.2
平均	12.02	14.7

第三，大经营在节省劳动力上，有着莫大的优势，而能因此减低成本。因为它能便利地采用机器，这些自然势力乃大大地代替了人类的和畜类的劳动。小经营要做到和大经营同样的工作，就得浪费更多的人力和物力。且大经营下，分工和专门化大规模的完成，在此都提高了劳动的生产性，而这是小经营所办不到的。在这里值得注意的，就是作为大生产特别的优点的体力和智力的分工，盖近世科学发达，一切资本主义生产方式都是不能缺少科学的指导的，如企业的管理、生产的改进、技术的指导、机器的修理、市场的研究、劳动的监督，一切都是需要技术人才的。这些乃能给大经营提供小经营所不能提供的利润。

关于大经营节省人力可从下表中看到（注二）：

经营面积（公顷）	工作人数		自前数减去经营者之数	
	1907年	1925年	1907年	1925年
0.5	490.3	596.7	395.4	353.4
0.5～2	169.0	196.0	134.4	133.6
2～5	87.8	94.4	65.1	67.7
5～10	54.0	56.6	41.0	43.0
10～20	36.4	37.7	29.6	30.6
20～50	23.9	25.8	20.7	32.4
50～100	18.1	21.9	16.7	20.4
100～200	20.2	23.0	19.5	22.3
200～	16.8	19.5	16.6	19.3
合　计	47.4	56.0	38.3	42.0

可见凡经营越大，每单位面积的工作人数越小。这是表示在大经营中劳动的效率是更高，下面的表中更可看出劳动的能率随场地面积而变动。每百金圆的平均耕作面积如下（Ⅰ栏是关于在东金斯的所有地上的所有者586农场，Ⅱ栏是里温斯顿所有地上的所有者578农场的调查）（注三）：

经营类别	Ⅰ	Ⅱ
30～	5	4.4
31～60	15	8.8
61～100	18	13.0
101～150	22	16.6
151～200	26	18.1
200～	30	21.8

由上表可见大经营中为劳动而支出的每金圆，较之在小经营中所

支出的高5～6倍的生产效果。

对于畜类的节省根据雷林格的话（注四），1860年撒克逊王国每100亚尔农民的土地上有3.3匹马，而在100Hectare地主土地上只有1.5匹马。1883年的调查，在德国1000Hectare耕地上有：

	马	牡牛	牝牛
从2～100海克塔经营内	111	101	451
100海克塔以上经营内	75	60	137

在大不列颠根据1880年生产统计在每1000亚尔土地上用于经营的牲畜（以亚尔为单位）见下表：

	1～5	5～20	20～50	50～100	100～300	300～500	500～1000	1000～
马匹	72	58	54	49	43	37	32	24
有角兽	395	336	284	142	146	153	113	81

由上表可以见到牲畜的利用是随经营的扩大而减少的。

第四，大经营还有工程上的优点。这些工程只在他们包括广大面积的时候才能顺利地运用，如灌溉和排水，在较小的地面几乎是不可能的，而且是没有意义的。这种排水和灌溉随时代的进步而日趋重要。在国家不举办的地方只有大经营有力量去举行，其他如轻便铁道，也只有在大经营中才能使用。

第五，在资本主义下，大经营除了技术上的优势以外，更显明地表现在信用和商业领域中。如同马克思所说，"大数的计算并不比小数的计算多占时间，10个买主各买英币100镑，比一个买主买英币100镑所需的时间多10倍，一个同一的机能无论他在较小或较大的范围内执行，在商业中往往比工业中更需要劳动时间"（《资本论》卷三）。大经营不但是能在商业必需的时间内节省，而且能在贩卖和购买上占有一切优厚的条件，考茨基说，"运费，尤其是铁路的运费，对于大批商品也要少些，谁要成批购买，他就可以比在零买的得到更价廉物美的商品；谁要成批出卖他就可以在同样有利的甚至更有利的条件之下廉价出卖，以维持竞争。但是大商人的用费不仅比小商人（和自己的流通范围比较而言）更少，而且他能操纵市场，有极远大的商业眼光，且善于左右市场的条件"（Agrarfraze，P144）。反之，小经营则不能有这一切的便利，他不但不能操纵市场，反而依赖市场，因之他们的风险是很大的。

由于近代农村中资本的侵入，而把握了一切生产条件。因之一切农作，如机械的购买、原料的设置、技术的改进，等等，都是以资本的集积为条件的。为了取得这种资本，乃是农村信用发展的动力。在租佃制之下，土地所有者自己不经营农业，而将土地佃与资本家经营，企业乃系拥有资本的人。但在租佃制不占统治的地方如德国，地主除了土地以外不一定有足够的资本。因之抵押和私人担保信用乃是取得货币的唯一方法。于是，这里，大经营又是居于有利的地位了，因为如同考茨基所云，"成就20万马克的抵押借款，并不比成就2000马克的抵押借款需要更多的麻烦和费用"（同上书）。Larfarze在其"论法国小的土地所有权"中（Neue Zeit，《新时代》第一卷，第348页），更详明地举例证明抵押借款越少，其期间越短，则费用比较亦越多的现象。至于私人担保信用，则小经营者更是不利。大经营由于它与市场的联系，它能很不困难地找到信用。但是小经营则没有人相信，因此除了忍受高利贷以外，没有其他的办法。这种高利贷在资本主义下，也会达到极其可怕的数字。农民越受高利贷的束缚，他越是失去了自救的力量，结果往往摧毁了债务者的生存。

大经营既然占有这一切的优势，因此在它的成长中，首先排挤了封建的或半封建的小生产，在它的成长后，更排挤了资本主义化的农民经营，虽然具体的情形是随地而不同。自从土地关系发生革命以来，资本主义在农村就是一直摧毁、排挤小生产而建立着大生产的。这种典型的形态尤其是可以从英国看出来。但在这种小生产趋于分解沦落的过程中，作为一种经济的反动，在经济思想史中引发了大生产和小生产的优劣的问题。作为这问题的首创者的Sismondi（注五）一反A.young和Adam Smith、Quesney的见解，从大经营驱逐农民立场出发，去反对大经营。其后古典学派如Y.S.Mill等学者和旧历史学派的Bernhardi Roscher等乃展开了这一论辩。德国的社会政策学派如Stein、Wagner等更作为社会问题的政策而提起了。其后德国的修正主义者，则更图篡改马克思的大生产驱逐小生产的公式。他们从小生产的普遍这一现象出发而以为有另立农业中资本主义发展的法则的必要。达维特、布尔加可夫、科新斯基等人都是小生产的拥护者。

这些人首先便犯了一个严重的方法论的错误，即是将事实上发生的资本主义的大经营与垂死挣扎的封建的小经营的对立，代替而为大土地所有与小土地所有这一表面的对立。他们只是着眼于土地面积的大小，而不去分析经营内部的关系，不去问在经营内生产是为先资本主义的关系，或资本主义的关系所支配；不去探求"农民"的经营的本质的变化，因此当他们在一些统计中看到小土地所有和小经营增多的现象后，马上便得出小经营并非照马克思主义那样地被大经营驱逐的新发现了。

对这问题正确的提法如同考茨基所说："只是回答小生产在农业中是否前进的问题是不够的，最重要的是要研究农村经济在资本主义生产方法下所起的一切变化，我们必须研究资本主义是否把握住农村经济，假如把握住，那么是怎样地把握住？资本在农村经济中是否产生一种变革，是否捣坏旧的生产形态，是否引出新的生产形态？"（Agrarfraze，P5）即是说大生产与小生产的问题只能是作为资本主义把握农业的一部门而已。盖农业上资本主义的特征，不在土地的大小，而是在于各种榨取关系的存在，如工银劳动的存在和已能为"资本"的生产手段的存在。

倘使我们从这个角度去观察近代农村，我们便可以发现在资本主义下农业的发展是采取极其矛盾的路子的。经营的大小是因一定的社会条件、地理环境、文化水准而异的。在旧大陆的法比诸国是小经营发达的国家，差不多五分之四的经营都属此。显然地这并不妨碍其资本主义的性质。在美国则大经营如1000英亩以上的发展迅速，而在英国500Hectare以上的农庄就很少。德国20～100Hectare的农民就算是富农了，法国则在1921年时85%的地产是小于25英亩的。在这些国家内资本主义并没有像工业资本一样建立起集中而一致的形式，大生产虽然较小生产拥有一切的优势，但却并没有压倒小生产在一切国家发展起来。这原因，不能不从农村经济本身中去探求。

阻碍大经营发展的，首先是土地资本集中的困难，在工业中作为不变资本的生产工具的增殖是无限的，而在农业中作为主要生产工具的土地却是受着自然和社会的限制，而不能任意地增加。前者是土地的有限性，后者是土地的私有性。但在现在，前者尚不成为一个威胁的因素，妨碍的因素还是在于土地的私有性。因为在工业中，大生产的建立是资本的集积和集中的结果，而集积的过程可以依赖集中的过程，集中只是表现的集积的结果，如近代大工业的建立，并不是要以排挤小资本为前提，它只是自然地造成了那结果。但是在农业中情形就不同，在一切土地已经变为私有的地方，农业大经营的造成，只有剥夺小经营将他们的土地集中起来这唯一的方法。因之它是以小经营的消灭为前提的。在资本主义发生的初期，资本家阶级曾经大胆地用武力去剥夺农民的土地，这过程可从16～18世纪在英国的圈地运动中看到。这种武力的掠夺乃造成了后来英国大的资本主义农业的基础，可是资本主义已经成熟以后，武力的掠夺是不可能了。为了保持他们经掠夺而来的财产的不被掠夺，他们树立了神圣不可侵犯的私有财产权。自然他们也可以从负债人的无力偿付去作为侵夺别人的私有财产的根据，但是当农民能将一切债务完清，他的土地却永不能被人夺取，于是农业资本家要达到集中土地的目的，只有用经济的方法，使其自动破产。但农民经营的被资本主义大生产排挤的过程，又是很残酷而远较在工业中更为困难的过程，就是在大工业盛行的地方，手工业以饥饿和过度的劳动延长他们垂死的生命于极点。在农业内，农民那种近乎疯狂的，用延长劳动时间，儿童和妇女的劳动，无限痛苦的生活水准，去与进步的经营抵抗着（注六）。这种抵抗的作用，在一国资本主义发展得较迟缓时表现得更为强大。虽然结果他们是不免于灭亡，而为大生产所排挤，如同列宁所说，"事实上资本主义发展的基本而主要的趋势，是在大生产排挤小生产，不论在工业中或在农业中"（关于资本主义发展法的一些新资料），但这种农业中的顽固性，在小农占优势的国家中，却始终是农业大生产发展的一个强有力的障碍。

作为妨碍农业大生产的其次一个原因，是劳动力的缺乏。在城市中，由于大批劳动力的流入，给工业造成了产业后备军，使其永不感觉劳动力的缺乏，但是劳动者长久住在城内，就完全丧失了农业劳动的能力，而不能又流回农村。于是当机器的利用，而使乡村劳动者过剩时，乡村也就永远失去了劳动者补充的源泉。因为只有小地产的私有者才能培养多数的劳动者，以雇佣劳动或者日工的资格去为大经营服役，故考茨基说，"这些制造劳动者的熔炉，在大生产发展而小生产被排挤的地方，就更加消灭，大经营以排挤农民来扩大自己的土地面积，但他却减少了对于土地耕种所必需的人数。单就这一点，大经营即在一切技术的优越之下，也永远不能在国内达到特殊的统治。大的土地所有权能够从土地上将一切自由农民赶出去，但他们的一部分又会以小的租佃者的资格而重新死灰复燃"（Agrarfraze，P230）。由于资本主义不可解决的矛盾，大生产驱逐了劳动力，又因此缺乏劳动力。这问题也是不可解决的，结果在小生产被排挤的地方，大生产也就会衰落下去，而把地产分碎出卖，或以零块土地去租给小生产者，这样小地产又复活了。这里值得注意的是即使在大经营并没有衰落的情况下，为了获得廉价的劳动力，他也常以将土地分碎出租的办法去造成小经营。Koults说，"大地主只要在他的周围有大量中小的土地所有者，他就获得极大数量的纯收入，他们（中小地主）供给他劳动力，并且是他生产剩余生产品之可靠的买主"（Handbach der landwirlschaft VI.S.649）。大生产的存在与保存小生产者又有着很重要的关联了，故列宁说，"这样看来，资本主义生产方法之范围内，农业中小生产之完全驱逐是谈不到的，因为资本家和地主阶级，在农民破产过剩的时候，自己就设法使其复活"，同时国家为缓和社会阶级的冲突，也是要对小生产稍加保护的。柴林格在 Handwoktorbuch der stactswissen schaften（I Supplementband）写道："在大地产极其发达的欧洲各国不久以前，在工业革命过分排挤农业劳动者到工业区域，农业恐慌及债务等的压制之下发生一种强烈的运动，企图以有计划的建立新的，并圈围过小的旧式农民地产来增多农村中农阶层，而使农业劳动者固在土地上，分配了他们的土地。德国、英国，及俄国差不多同时颁布了一些法律，而在意大利及匈牙利，这问题也已经提出来。"

因国家的保护和大经营的需要，小生产的消灭和重生便谜式地

象征着资本主义的内部矛盾了。马克思说："当资产阶级的关系一般
地存在着的时候，农业一定不断地在土地集中和分碎的这个圈圈内回
转。"（Neue Rheinische Zeitung， 1850，许爱弥尔，席提金，《社会
主义与赋税》一文）

不过这时候小经营的本质却已经发生变化，"即是它已经不是大
经营的竞争者，已不是大经营和它们同一生产的那些农业生产品的出
卖者，在资本主义的大经营和它们一同发展起来的地方，小经营已经
不能尽着农业生产品出卖者的作用，这里小经营从生产品的卖者变为
大经营生产得过多的生产品的买者，小经营自己生产得过多的商品，
正是大经营所特别需要的那种生产手段——劳动力"。（考茨基）

除了上列两种妨碍大经营的社会的原因外，还有一种技术上限制
着大经营的因素。如同工业的大小须依存于市场的大小，现在资本的
多少、劳动力的供给、原料的运输等条件一样，农业中企业的大小也
要受制于技术发展的水准，尤其是农业劳动者的组织和管理及原料的
运输的条件。因为农业的生产范围每次的扩大，就等于企业面积的增
加。于是运送肥料、生产工具的运费也就要增加，生产地劳动力时间
都得增加。且地产愈广，劳动者的监督也就会更困难。诚然这些增加
的耗费也许会从增大的利润中弥补，而得到一种有利的差额，不过要
是超过了一定的范围，这差额就会变成不利的了。据却亚诺夫有名的
统计，这种范围的大小如下表：

休闲式	1800～2000俄顷	1967～2185Hectare
用肥料的三圃式	500～600俄顷	546～655Hectare
换种式	200～250俄顷	218～273Hectare

（注七）

在资本主义下，要定出这种界限也是更困难的，因为一切技术的应用都有使这范围发生变更的可能，如当汽力电力或轻便铁道的使用都会大大地扩大经营的广度。

土地的素质也是限制着经营的规模的，当肥沃而广大的土地普遍存在时，是适于大规模的牧场经营的。在美国、阿根廷、乌拉尔、澳大利亚，我们就看到这些大生产的形态，在澳洲的牧场经营中，有畜羊至于20万头的。不过这种资本主义初期的大规模经营形态是以掠夺土地为特点的，一旦土地都被利用，土质渐涸的时候，这种粗放的形态乃有转化为集约的形态的必要，所谓集约的生产就是在一定面积上投放更多的资本，但是在一定的资本额下，经营越集约，则其面积应越小，因此这就使粗放的大农场缩减而为较小的但是更集约的经营，这现象可从20世纪以来美洲农业的发展中看到。在德国厄尔巴河以东，这种由粗放过渡到集约也曾发生，柴林对此论道：

"所以地产面积减少（将距离最远的土地出卖或租给小农殖民者），可以在两方面增高土地的生产力，因为拓植可以在同一的面积上增加着经济中心的数目，可以将完善的耕种方法应用于离地主田宅较远，直到现在不能满意耕种的那些土地上。在其余土地上，那时就可以投下多量劳动力及资本。这样看来，所有者既减少他的负担，又可得到同一的或甚至比以前他们耕种自己的全部地产时更多的收入。"（《论德国东部拓植》，第92～93页）

从上面，我们看到资本主义下农业大经营的发展是怎样的在曲折而困难的道路上跋涉着了。资本主义没有力量去打破妨碍它在农业中发展的土地私有，因此它就不能不支付与生产无必须的地租。同时它无力解决劳动力的供给的问题，同时解放束缚技术大规模利用的枷锁，因之大生产的经济利益是不能享到的，而使农业永远追不上工业的发展，永远居于生产落后的一个部门。

第五章注释

注一：李雅谦诃，《农业经济学》，第570页。

注二：Cornard Hesse，"Vol Rnirtschaftpolitik".

注三：Warren，"Farin Management".

注四：Rosner，Nationalockonomie des Ackerbaus，P164.

注五：Sismondi，"Noureaux principe d'economie politique".

注六：许多小经营的拥护者从这里得出了证据，如&.S.mill以为这"超人的勤劳"是其优点，而马克思却说，"从我们的观点看来，小农的非人营养，正如他的超人的勤劳一样，并不能证明小经营的优越，两者马上就证明小经营的落后，两者都是经营的障碍。正因为他们，小土地私有才成为创造在社会以外的野蛮阶级的手段，原始社会形式的粗野在社会内就与文明国家的一切痛苦和贫乏相交错。"——《资本论》卷八，第2章，第347页。

注七：却亚诺夫《农业企业的比例适正的规模》，1924，第77页。

西文参考书

E.Lipson：The Economic history of England Vol Ⅰ、Ⅱ

N.S.B.Gras：A History of Agriculture in Europe and American

J.A.R.Marriot：The English lang system

Heaton：Economic history of Europe

Bowden，Kapovich，Usher：An Economic history of Europe since 1750

W.H.R.Curtler：The Enclosure and redistribution of our land

E.CK Gonner：Common Land and Inclosure

World Agriculture

Thomas more：Utopia

中文参考书

马克思：《资本论》（郭大力、王亚南合译）

考茨基：《土地问题》

Mak Weber：《社会经济史》

E.柯斯明斯基：《封建主义》

李雅谦诃：《农业经济学》

列宁：《资本主义在农业中的发展》

薛暮桥：《农村经济基本知识》

《农业》（苏联小百科全书）

密尔郁汀：《社会主义与农业》

崛经夫：《英国经济史》

梁庆椿编：《农业经济概要》（英百科小丛译）

附：《论资本主义农业之发生》第一章手抄稿

第一章　封建社會的農業

農業是封建社會中最主要的生產部門，「在古代和封建社會中，」工業的組織以及與它相配合的所有形態，多多少少是與農業具有相同的性質（馬克斯·政治經濟學批判導言）。中世紀的社會完全是依照著農業生產的形式而塑造起來的。它是在歷史上出現了五百年左右（有些地方還不止）的莊園制度的基礎，而使那隱藏著野蠻與殘酷的封建社會底軀殼，不斷地一代代地再生產出來。

封建的農業生產是以生產者的不自由為特徵的。當時的農民是事實上的土地的私有者，和簡陋的生產工具的所有者，即如同馬克斯所說「正如蝸牛和牠的殼一樣。而地主要在種情况下去榨取封建的地租，自然是只有靠超經濟的強迫才能辦到（馬克斯）。這種超經濟的強制關係，便在農民與地主的身份上表現出來。農民是領主的隸屬者，及人格上的依存者，這殘酷而苦痛的關係，更由政治上的等級制度而鞏固起來。當此種依存達於項點時——即農奴制度下面，封建的農奴與古代社會中的奴隸，其命運的悲慘是相去不遠的。

封建社會裡，作為生產單位的是封建莊園。此種莊園是由村落共同體發展而來的，在德意志則表現為原始的馬克共同體 Markgenossenschaft，在俄羅斯則出現為密爾制度 Mir Opschetschina。這些原始的民族的農業組織，在封建關係的發展中，有的乃漸漸地形成了莊園的形態，而為構成封建社會的細胞。莊園制度一般的特徵是其自給自足性，各個

Village Community

菴塞的村落之間，互不往來。最初，連道路都沒有，莊園內各農家除了生產食糧外，還得自己建築房屋、製造傢俱、鞣製皮革，加工製造亞麻皮毛等衣著原料，等等。這種自然經濟的統治特別盛行於封建制的初期 A.D. 5~10 世紀时代。

莊園制度下的農業行敞田制 Open field system 此名的由來是因為當時的田畝在耕種時廣延全村，收獲後便任其敞露，任人畜踐踏。耕地與耕地之間，無永久的籬防和溝渠以為界限，這是與近代農耕用籬笆圍定疆界截然不同的。牧場也是同樣，另在草長時欄住，草收割後便作為公共牧場。

故田制原有兩種形態，其一是粗放農耕 extensive cultivation 或名

'Wild field grass, husbandry' 此制下耕地不定於一地，每年收割後就另擇別的

土地。這是一種原始的農業狀態，根據 Caesar 和 Tacitus 的記述，在紀

元前五十年左右為日耳曼人採用，另一種則為集約的農耕 intensive cultivation

，這即是在一定土地上年年耕種，原來 extensive cultivation 只能行於游牧

部族，他們能夠自由地遷徙，同時又有廣大的空曠之地存在。可是一

旦定居開始，而土地也多為其他種族所佔據時，農耕乃不得不限於其

既有的地故了。在封建莊園內，大體是行此種制度的。

但是土地的自然性質是有一定的限度的，繼續不變地長期在一塊

土地上耕種（註之），土地的沃度便會漸次耗竭，因此，為補救這土質的耗

竭，乃有休閒制度的發明，即是將土地分成幾塊，輪流耕種，這樣，

共三百字

休耕的土地便會漸次恢復其生產力。歐洲當紀元八〇〇—一三〇〇年

時，為此制最流行的時代。日耳曼人在踏上羅馬社會的廢墟時，尚有

他們原始的火耕制，隨即是伐林制，但他們也很快地採用了休耕制。

休耕制中又分為兩田制 two field system 和 three field system，兩田制是將

土地分兩次輪耕，耕地或全種小麥，或是一半在秋季種以冬季穀物，

如小麥 wheat 或裸麥 rye 另一半春季種以大麥 barley 或燕麥 oats。在三田

制下，即將田分成三塊，一塊種以冬穀，一塊種春穀，其他一塊休閒

。三田制的益處在於能使同量的耕作中，產出更多的穀物。十三世紀

時 Walter of Henley 在 Husbandry 一書中論到三田制的優點，他說倘使有一

百六十英畝的土地，在二田制下則一年耕作的總畝數是二百四十畝，

休閒地耕二次，其餘種植的八十英畝耕一次而穀物總量只是八十畝所產。又設有土地一百八十英畝，行三田制，則一年耕等面積仍然是二百四十英畝，(兩塊種植地各為六十英畝，而休閒地為一百二十英畝)。但是收獲物已經是一百二十英畝的產物了。對 Walter of Henley 這種說明，maitland 曾在其 Domesday book and beyond 中有所批評，而以其過於理想。不過三田制較之二田制的節省勞動力確是無庸置疑的了，而事實上，三田制是封建時代下農作進步的一個階段，直到十九世紀尚普遍存在於各地。

不論耕作是三田制或二田制，莊園內土地的分劃仍然是不變的，一村的耕地，分為若干地段 furlong 每 furlong 又分為若干條地 strip, 條地

的面積不一，有一英畝的 acre 也有半英畝的。濶度都是四桿 Tode 最初

分派土地在英國為一百二十英畝，稱為 hide 但後來減成多的四分之

一。在德意志正常的標準是四十英畝（Tagwerk）。亥特原係由四畝寬的條

地組成，因為是要適合八個耕畜耕作而計算得的寬度。每地 virgate 則

為每一條地的寬度為一碼，便於雙牛耕作者，各條地間的區劃為適於

耕畜的轉灣，往往採直線而採 S 形。

農民所有的條地是散在村落各地，而不在居宅附近，就是領主土

地也不在一處，這種分散雜處的農地分配，形成中世紀農業的一大特

徵，即所謂分散地制度 The System of Scattered stripes 此制實表現著原始

共同耕作的遺跡，而為平等分配所造成。因為要給與每一人以好的和

壞的。近的和遠的土地，機會才能相等。在封建莊園內這種作地多已

固定，而為實際使用者所有。但在原始的村落共產社會內，這種份地

則要每年平等地攤分。歐洲，當此種平均攤派的制度已在西歐諸國絕

跡時，還在俄羅斯中繼續存在着。

在分散地制度下的耕作是採取聯合耕作制的 Joint husbandry 當時個別

的農民是很難有齊全的生產工具的，他們往往是由數家聯合，或出耕

犁，或出牲畜，在條地上逐日地共同工作（strips 代表一旦耕作的大小）這

種協作形態，在在都証明着共產主義的村落底存在。不過，這種共產

主義的精神只是表現在生產上，分配在當時，仍然是私有的，各農家

依然是單獨地收取他們各有的 strips 的產物。

在聯合的耕作下面，自然是要要求在每塊條地上的勞動底同一性，於是作為中世紀農業的基本精神底強制耕作制乃成為事實上的必需了，在莊園內的一切都為傳統的習慣所束縛，一切農業的措施，諸如穀物的輪換，耕作的調整，播種和牧割的時期，牧地的分配，荒地和森林的利用，籬笆的設置，道路的修築等，莫不在一個共同的原則下進行。在村落內設有專門的官員監視這些農業活動的進行。個別地想改進自己耕作的計劃是絕對不能被容許的。這種農作的強制主義，使軍國之鎮主的冒險，使其生活與享樂所依存的封建地租，絲毫不移地一年一年地生產出來。

此種落後的耕作制度本是適應於低度的生產力的，而牠的固定化

却又防礙着生產力的發展，中古的農業設備，因此便很少有變化，（一

直停留在極原始的狀態之下。當时一般通用的有鏟 spade 鶴嘴鋤 mattock

犂與鏈枷。精製犂具有木梁，鐵犂頭，鐵犂刀，雙柄輪盤或鐵脚與甄

著。犂常用黃牛耕輓，在領主的 demense 上多用八頭牛，而在各自的

條地上則用二―四頭，此外還有運貨兩輪車等但皆為木製。

除草施肥等技術已經使用，在十三―十四世紀時，在普通土壤中一

英畝土播小麥二 bushels 淨產約六―八公升，耕飲不深，壠溝亦多未掘

分，種籽也多未加選擇，種類異常簡單，多為日用穀物（註二

畜牧也是農業的一個重要部門，行放牧制，牡馬不行選種與隔離

，傳染病因而流行，羊乳與牛乳用製乳酪，養羊多用於剪毛，牛乳則

用以挽罩與擠乳。

在這種簡陋的農業經營下，提供到領主手裡的貢賦也只能是花園

內的簡陋的出產，當時一般繳納的是小麥、麵包、啤酒、豆類、猪羊

蠶等，而領主的奢侈生活，也只是為物質資料的生產所限制著的。一

般而論，在城市未發達時，封建領主的慾望是不大的，因此，他沒有

改良農業以求得更多的收入的必要，同時，農民的負担也是為傳統所

固定，除了足夠自己的生計和納稅義務以外，他也不想增加收益，畫

拘領主倒胃雙是對拘農民榨取的限度」(馬克斯) 農民收益的增加，是無論

如何也落不到自己手中來的。在這裡，我們便接觸到了遲緩得近乎停

滯的中世紀社會的輪軸了，也就是不死三島似的東亞社會的祕密。

在封建社會下，田分工的進化，手工業與農業日漸分離，城市的

工商業乃日益迅速地發展起來。西歐在紀元十三世紀後，商品經濟開

始後入各封建孤立的范圍，這商品經濟的力量無異為一興奮劑，而使

幾乎近於停滯的封建農業活躍起來。特別是十五世紀產業革命的前期

，農業的生產更有著異常的進步。因為「趨向於改革農業農業技術的廣

泛的運動，只有在商品經濟及資本主義創造期才開始」(列寧,資本主義在農

業中的發展)。這時候，有比較進步的方法開始，如施肥休耕，精耕，栽

種動物飼料，等新形式都在城市的近旁漸次個別地出現，整個社會在

此時乃由自然經濟轉變而為商品經濟了。農耕工具也有了進步，比利

時在十七世紀有布拉邦式耕犁，荷蘭在十八世紀有洛台爾達姆式犁，

國立武漢大學畢業論文稿紙

一七三〇年英國有鐵頭鐵板的耕犁。其他如一五〇〇年意大利人卡維林那發明了播種機。一六三六年提洛爾人洛卜台利加以改良，利奧那多、達、文西、改良了風車。意大利人布蘭卡設計了反滾打穀機。一七二一年簸揚機也發明了。其後英國人土耳發明了條播機，這些進步技術的出現，都大大地促進了生產力，而獻延了封建社會的喪鐘，三田制的農業也是漸趨崩壞。

不過，我們要知道，三田制的封建農業底崩潰是一個殘酷而痛苦的過程，由於市場和貨幣經濟，無限地擴大了領主的胃口，原來農民的貢納，已絕是不能滿足他們饕餮之慾了，於是領主們一方面加重了農民的負擔，歷史上最殘酷的農奴制度就在此時出現，同時領主

也就不斷地擴大自己的 demense 及其他的經營以牟利，作為擴大 demense

的方法。最初是占有地（牧地 meadow 荒地 waste）的侵奪、以後便往往是

將農民的耕地侵佔。在木材需要很多的地方，原來為農民們所公用的

森林也被奪佔，而變為領主的私有財產了。於是農民的柴薪及刈草場

的使用權就被限制（註三）

整個的農民階層，從此以往，生活便日漸惡化，麥斯基說「在十六

世紀各種情形綜合起來，均不利於農民，森林及水利在農民是古享受不

到的，野禽不是供農民食用而是毀滅農民生活資料的。牧場受了限制

如果農民還飼養牲畜和家禽，那麼除了有角獸外，他須將所有這些在

城市出賣以便獲得貨幣，德國農民的飲食很快變為貧乏，農民自身成

為菜食者，像印度人一樣（土地問題三頁）遠實在是當時的實況，拉布魯爾（耶）

敍述法國革命前一百年間農民狀況時寫到"有一種人形的動物，雄的雌

的，污穢不潔的，黃皮寶慶的，被陽光熱曬的，他們住在農村內並且

株守在他們所壁思耐勞地挖掘和耕種著的土地上，他們真有一種繼續

的言語，在他們直立起來時，綾現出人的面孔，實際上這就是一些人

，他們在晚間爬進自己的洞裡，在洞裡吃黑麵包，菜根及水。在俄羅

斯農民的境遇尤其悲慘，無怪乎最無人性的沙皇讀到獵人日記時，也

被感動了。

在這種加重的負担與痛苦的非人生活下，農民只有西條路，一條是

恭恭順順地作一個奴隸，另一條便是推翻現存的制度、起來與之鬥爭

‧事實上，封建時代的農民都採取了後一條路子，從十四世紀起，農民戰爭便是火似地在歐洲大陸上燃燒著，如＠一三五四年法國的農民暴動，其後瓦特‧泰洛的暴動，古西特的戰爭，以及德國有名的農民戰爭（以一五二五年告終）（註四）。這些戰爭雖然是歷史地注定了失敗的命運、不過他暴露了封建社會的內在矛盾、激化了這些矛盾、而使這垂死的社會更速地崩壞（註五）

第一章 註釋

註一: 此制稱為 One field system 或 whole year lands 英國 Norfolk 及 Suffolk

地方存在

註二: 後、此可從 Bishopric of Winchester 1200～1449 的記載中看出

中世紀農業收穫的增加是非常地緩慢，遠象徵著生產力的落

來: 542 Winchester manors 的平均每畝產量 (Bushels per acre)

	1200～49	1250～99	1300～49	1350～99	1400～99
Wheat	8.16	9.12	9.49	9.36	9.28
Barley	12.72	12.72	14.00	14.88	16.56
Oats	11.20	10.48	9.68	10.96	13.60

註三: 領主佐有森林後，為了狩獵的緣故，禁止農民射殺鳥獸

註四: 參照恩格斯·德意志的農民戰爭

話五：農民暴動多為農民解放的先聲，在英國他更收到異常的效果，使農奴銷絕跡。

共三百字

资本主义制度下的农业也是
"国民经济发展的基础"吗？ [①]

　　"农业是我国国民经济发展的基础"，是毛泽东同志将马克思列宁主义的普遍真理和中国社会主义经济建设的实际相结合而树立的科学论点，是农业在我国国民经济中客观存在的极端重要的作用的最完整、最深刻的理论概括。毛泽东同志对于我国农业的这一命题，是对马克思列宁主义政治经济学的创造性的发展，它有着极其重大的理论意义与实践意义。学习与正确领会毛泽东同志关于我国农业的这一天才论点，是理论工作者与一切经济工作者的迫切任务。由于自己水平有限，学习得很不够，仅将一些不成熟的意见提出来，以供大家批评指正。

---

① 　原载《理论战线》1960年第1期。

一

农业是社会的物质生产部门之一，它是凭借人类的劳动来增加与改变天然物（动物与植物）的生产。农业是直接或间接提供人类的吃、穿、住等方面迫切需要的生活资料的部门，因而，这一部门是人类社会存在之所系。同时，只有在农业劳动生产率达到已经能提供一定的剩余产品的基础上，才能有专门从事工业（及其他经济活动）的人从农业劳动中分离出来，才能有工业及其他部门从农业中分离出来，才能有城市从乡村分离出来。马克思说："超越于劳动者个人需要的农业劳动生产率，是一切社会的基础，尤其是资本主义生产的基础。"①农业这一生产部门的特性，决定了它在各个社会形态中都有着极重要的意义，决定了它是其他的生产部门独立存在与发展的重要前提。

但是农业这一个部门只是社会生产的有机整体的一个组成部分，农业的发展是受各个社会形态的基本经济规律的制约的，因而农业在各个社会中的地位与作用是不同的。马克思说："在一切社会形态中都有一定的生产决定着其他一切生产的地位和影响，因而它的关系也决定着其他一切关系的地位和影响。"②毛泽东同志教导我们："对于物质的每一种运动形式，必须注意它和其他各种运动形式的共同点。但是，尤其重要的，成为我们认识事物的基础的东西，则是必须注意它的特殊点，就是说，注意它和其他运动形式的质的区别。只有注意了这一点，才有可能区别事物。"③因此，对于我们重要的，便不仅仅要认识农业在各个社会形态的一般的重要性，而更要揭明它在各个社

① 马克思：《资本论》第3卷，光华书店，1948年，第1025页。
② 马克思：《政治经济学批判》，人民出版社，1957年，第169页。
③ 《毛泽东选集》第1卷，人民出版社，1952年，第296～297页。

会中的意义、作用及其发展的特殊的规律性。

目前在对"农业是我国国民经济发展的基础"这一重大命题的认识上，一些同志便有不从各个社会农业的不同使命与作用出发，而更多是从农业在各个社会共通的重要性出发的倾向。有的同志还认为："资本主义农业是资本主义制度下国民经济的基础。"[①]有的同志认为："农业是整个国民经济的基础，不论是在资本主义社会，还是社会主义社会，它在国民经济中都起着重要作用。"这些同志将毛泽东同志根据我国农业在国民经济中的极端重要意义而得出的重大命题，不加区别地套用于任何场合，这样便将社会主义农业与资本主义农业在国民经济中的不同作用混为一谈了。因而，这种对"农业是国民经济发展的基础"的理解与阐释，是我们所不能同意的。

在资本主义制度下，农业也是"国民经济发展的基础"吗？这是必须弄清楚的。

无疑，在资本主义经济中，农业是有着重要意义的，在资本主义经济发展过程中，农业也曾经起了重大的作用。谁都知道，资本主义是从农业占绝对支配地位、以自然经济为特征的封建经济中发展起来的。资本主义经济中起主导与支配作用的大工业，需要为数众多的雇佣劳动力，而后者的出现，是以农业生产力发展到能提供足以赡养更多的非农业人口的必要的生活资料为前提的。马克思说："能够投于工商业上面而无须从事农业的劳动者人数……是取决于农业者在他们自身的消费额以上，能够生产多少的农产物。"[②]如果农业还不能保证提供给城市以必要的生活资料，就不可能有更多的人从农业中解放出

---

① 黄永轼：《农业怎样成为国民经济发展的基础》。见《理论战线》1960年第2期。

② 马克思：《剩余价值学说史》第1卷，三联书店，1957年，第41页。

来，就不可能有劳动力作为商品，也就不能有资本主义生产。因此，马克思说："……农业劳动不只是农业范围内的剩余价值的自然基础，并且是其他一切劳动部门所以能够独立化的自然基础，从而是各个部门所创造的剩余价值的基础。"[1]

资本主义工业化是从轻工业开始的，轻工业的发展有赖于农业提供原料，资本主义还要有国内市场，而农业中资本主义的发展乃是资本主义国内市场形成的基础。

以上情况，正如马克思所明确指出的："本国农业或者外国农业的一定发展程度，是资本的发展的基础。"[2]农业的发展，资本主义经济的产生与发展，特别是在以发展轻工业为主要内容的资本主义工业化初期，起了一定的积极促进作用。

但是，由于资本主义生产的目的，是为了占有更多的剩余价值，而不是为了满足人民的需要，资本主义下广大劳动者极其低下的购买力，从根本上限制了农业生产的规模，使农业不可能得到更大的发展。在资本主义制度下，农业在以仅足以糊口的粮食、肉类、乳类等产品提供给劳动者的场合，是如同农场主给他的役畜种植牧草一样，只不过是作为维持供资本榨取的劳动力的手段。正因为如此，尽管农业这一部门是广大劳动人民的生存与健康之所系，但是这一部门的发展，在资本主义制度下从来也不可能受到关切与重视。同时，由于资本主义土地私有制与地租的存在，农业中有大量的过剩人口，以及前资本主义的生产关系的存在等因素，更阻抑了农业中技术进步的过程，使农业的发展日益落后于工业，使乡村日益落后于城市。特别是

---

① 马克思：《剩余价值学说史》第1卷，三联书店，1957年，第42页。
② 马克思：《剩余价值学说史》第1卷，三联书店，1957年，第42页。

到了帝国主义时期，金融资本对农村变本加厉的剥削，与长期持久的农业危机，更是加剧了农业落后于工业的过程。农业发展的缓慢性、不平衡性，与再生产过程中农业与工业的严重脱节，乃是马克思列宁主义政治经济学中所揭明了的资本主义农业发展的客观规律性。农业落后于工业的绝望的状态，在资本主义制度下是不可能克服的，它成了资本主义的"致命伤"。正如列宁所说："假如资本主义能推进现在到处都远远落在工业后面的农业的发展，……资本主义就不成其为资本主义了，因为发展上的不平衡和大众的半饥半饱的生活水平，是这种生产方式的根本的、必然的条件和前提。"[1] 归根到底，资本主义生产方式的本质，是与农业这一部门的不断的更大的发展不相容的，在资本主义国民经济中，农业的作用与地位是不断降低的。农业的日趋没落，最典型的莫过于英国了，这个国家在当前只有4%的居民从事于农业。即使是在资本主义国家中拥有最大国内农业的美国，农业衰落的过程也是在不可抑阻地进行着。如美国农业净产值在国民收入中的比重，在1929年为14.4%，而在1954年已降为7.6%，美国农村人口1933年为全国人口的25.8%，而1957年只占12%。

由于资本主义制度下广大劳动人民消费水平的低下，因而使资本主义国民经济畸形发展，出现了第Ⅰ部类脱离第Ⅱ部类，重工业脱离轻工业而发展的趋势。列宁指出了这种现象的根源："生产的发展（因而也是国内市场的发展）主要靠生产资料是令人难以置信的，并且显然是有矛盾的。这真正是'为生产而生产'，生产扩大了，而没有相应地扩大消费。但这种矛盾并不是教条，而存在于实际生活中；这正是一种同资本主义的本性和资本主义的社会经济制度的其他各种

---

① 《列宁全集》第22卷，人民出版社，1958年，第233页。

矛盾相适应的矛盾。"①而由于资本主义农业发展的限制性，因而资本主义国民经济的畸形性又表现在工业脱离农业而发展上。当前的资本主义国家有着发达的大工业，但是资本主义农业却是日益萎缩，工业发展所必要的农业基础遭到越来越严重的破坏。这种情况，以英国最为突出，英国不仅农业居民极其稀少（只占全国人口的4%），而且国内大量可耕地也长期荒废着。而国内所需要的1/2以上的粮食却要依赖自海外进口。农业的严重落后性，进一步限制了轻工业的发展，也限制了重工业的正常发展，它使重工业的发展越来越依赖于军火生产的支撑，从而使资本主义经济的畸形性变本加厉。同时，农业落后于工业，使资本主义再生产的必要比例关系遭受破坏，因而使资本主义经济发展越加缓慢。

由此可见，在资本主义经济确立时期，随着资本主义缓慢地侵入农业与农业生产力的提高，农业曾经起了促进资本主义大工业确立与发展的历史作用，马克思对于资本主义农业的作用的肯定的评价，正是从资本主义生产勃兴期农业所起的客观作用着眼的。但是这并不是说，在资本主义制度下，农业促进资本主义工业，从而整个国民经济发展的作用是经常的，恰恰相反，随着农业的日益落后于工业与农业的不断衰落，农业所起的积极作用是越加削弱，越来越不稳定与成为偶然的。资本主义国民经济在农业不断衰落的基础上日趋缓慢与畸形，乃是资本主义经济发展的客观规律。正因为如此，在资本主义经济中，便谈不上什么农业是国民经济发展的基础。那种将"农业是国民经济发展的基础"的命题，用来说明资本主义国民经济中农业所起的作用，并把它当作是一般适用于资本主义的命题，是不正确的。持这种看法的同志，实际上是离

---

① 《列宁全集》第3卷，人民出版社，1959年，第35页。

开了毛泽东同志经常提醒我们的要对具体事物做具体分析的正确方法，
这些同志只是看见资本主义社会与社会主义社会的农业所具有的某些
"共性"，而看不见它所具有的"特性"，看不见在这两种根本对立的
社会制度下，农业发展有着根本不同的客观规律。归根到底，是混同了
社会主义经济与资本主义经济的原则区别。

二

在社会主义制度下，农业在国民经济中的作用和意义与资本主
义制度下有根本的不同。社会主义生产方式赋予农业以特殊重要的意
义，农业这一生产部门得到了最迅速与最充分的发展，并由此促进与
推动整个社会主义经济的发展，成为国民经济发展的积极因素。

农业在社会主义经济中的重要意义，首先是由社会主义基本经济
规律的作用决定了的。在社会主义制度下，社会主义生产的目的在于
最充分地满足全体社会成员的不断增长的物质与文化的需要，它首先
要充分满足广大劳动者在资本主义制度下不曾得到满足的基本生活需
要（如食品、衣服等），而这些都是直接地由农业来提供，或是由以
农业原料进行生产的轻工业来提供的。因此，社会主义生产的目的，
便决定与赋予农业这一部门以从来的一切社会形态中所未曾有过的意
义。社会主义国家要通过大力发展农业，克服资本主义经济中形成的
农业的发展缓慢与落后状态，来保证有充裕的粮食、肉类、蔬菜，以
及保证轻工业有必要的原料，来使人们的物质文化生活丰富多彩。农
业这一部门的繁荣发展，乃是社会主义基本经济规律获得发挥作用的
更广阔场所的直接条件。与资本主义经济束缚着农业的发展，特别是
帝国主义国家军火生产抑制着农业发展的情况相反，社会主义生产的

本质决定了农业这一部门无比兴旺地发展。社会主义国家重工业的发展，从其根本意义上来说，也还是要服务于农业（以及轻工业）的发展，以达到消费品日益丰饶的目的。如果说，社会主义阶段已经赋予农业以极其重要的意义，那么，随着社会主义向共产主义的过渡，农业（以及所有提供消费品的生产部门）的这种重要意义将更鲜明地体现。只有在农业更加高涨的基础上，才能有某些最重要的消费品（粮食、肉类、乳类、糖、衣服等）的极大丰富，也才能在这些消费品的分配中实现按需分配的原则。从这种意义上来说，农业的发展乃是促进社会主义向共产主义过渡的极其重要的条件。

农业在社会主义经济中的重要意义，另一方面是由社会主义经济的高速度发展规律所决定了的。社会主义经济高速度发展，一方面要求优先发展重工业，因为只有在重工业优先发展的基础上，才能有用来进一步扩大重工业本身所必要的生产资料（机器、设备、原材料等），才能以先进的技术来装备国民经济各部门，特别是农业，归根到底，保证重工业的优先发展，是社会主义经济高速度发展的物质技术基础。社会主义经济高速度发展的另一个重要方面，是要迅速发展农业。因为，社会主义工业（及交通运输业）的高速度发展，不仅需要重工业所提供的越来越多的技术设备，而且还需要用以发动这些技术的更多的劳动力，还需要用以满足日益增加的工业劳动力与城市人口需要的主副食品，轻工业的发展需要有更多的农业原料，日益扩大的工业生产还需要有广大的国内市场，还需要有更多的资金积累，而另一方面，农业不仅是工业的强大的粮食、原料基地，而且农业中拥有雄厚的劳动力资源，农业又是国内最广大的工业品市场，而且是提供资金积累的重要源泉，这种情况决定了社会主义工业（以及交通运输业）高速度扩大再生产的诸种必要的因素与前提，只有在农业迅速发展的基础上才能更充分地具备，农业越是迅速地发展，农业中用以支援工业的力量就越加充沛，而社会主义工业就能以更高的速度发展。由此可见，在社会主义经济发展中，农业是一个经常起积极作用的因素，正确处理农业与工业的关系，保证农业迅速发展，充分发挥农业在社会主义国民经济发展中的积极作用，是实现国民经济高速度与按比例地发展的重要前提。

由上所述，可见农业在社会主义经济中的重要意义及其在国民经济发展中的积极作用，是社会主义制度本身，是社会主义的经济规律所决定了的。列宁在许多地方都强调指出了农业在社会主义经济的发展与巩固中的重大作用，而斯大林更是曾经提出："如果说工业是主脑，那么农业就是工业发展的基础。"[①]这即意味着农业在社会主义国家乃是国民经济发展的基础，斯大林这一论点乃是对于农业在社会主义经济中的作用的有名的概括。

在那些人口多，农业在国民经济中有更大比重的社会主义国家，农业在国民经济中的作用与意义，自然是分外重大的。我国便是这样的一个国家。我国拥有6.5亿人口，要满足6亿多人吃饭穿衣的需要，便不是一个简单的事，而要保证充分地满足全国人民（还要考虑到今后人口的不断增长）的多方面的不断增长的需要，这更必须要有一个规模空前巨大，为先进技术装备起来的社会主义农业。我国是一个土地辽阔、气候温和的大国，我国农民勤劳勇敢，并有着数千年积累起来的农业生产的丰富经验，这一切都是我国农业进一步发展的有利条件，在目前我国有5亿多农业人口，在今后随着社会主义工业化进一步发展，农业人口会趋于减少，但是在相当长的一个时期内，农业中还

---

① 《斯大林全集》第11卷，人民出版社，1955年，第218页。

会有数亿居民，农业依然会是我国拥有人口众多的一个部门。这一切都表明了农业在我国的特殊重要性。

在我国，由于农村人口占全国人口80％以上，因而农业在国民经济发展中具有举足轻重的地位。毛泽东同志说："我国有5亿多农业人口，农民的情况如何，对于我国经济的发展和政权的巩固，关系极大。"①我国的具体条件，决定了农业在促进工业发展，带动整个国民经济发展中的更加强大与突出的作用。这是由于：首先，我国社会主义工业化要求变农业国为工业国，要根本改变5亿多人搞饭吃的落后的局面。毛泽东同志指出："如果中国需要建设强大的民族工业，建设很多的近代的大城市，就要有一个变农村人口为城市人口的长过程。"②我国社会主义工业化的巨大规模要求从农村输送数千万，甚至上亿的人口到工业中去。1949年至1958年我国职工增加3731万人，而单单1958和1959两年我国就增加职工2000万人，其中大部分来自农村（城市只输送340万人），显然地，只有在农业发展的基础上，才能从农村输送更多的劳动力到工业中去，也才能满足工业发展对粮食的日增的需要。其次，农业是轻工业的原料基础，我国轻工业所需要的原料在第一个五年计划初期90％来自农业，而当前还有60％～70％要来自农业，整个工业中以农业为主要原料部分约占工业总产值的50％，毛泽东同志说："大家知道，轻工业和农业有极密切的关系。没有农业，就没有轻工业。"③第三，农业是我国最大的国内市场，在我国不仅是轻工业品的70％是销售于农村，而且重工业也是以农业为重要市场，毛泽东同志指出："重工业要以农业为重要市场这一点，目前还

① 毛泽东：《关于正确处理人民内部矛盾的问题》，人民出版社，1964年，第16页。
② 《毛泽东选集》第3卷，人民出版社，1953年，第1078页。
③ 毛泽东：《关于正确处理人民内部矛盾的问题》，人民出版社，1964年，第37页。

没有使人们看得很清楚。但是随着农业的技术改革逐步发展，农业的日益现代化，为农业服务的机械、肥料、水利建设、电力建设、运输建设、民用燃料、民用建筑材料等将日益增多，重工业以农业为重要市场的情况，将会易于为人们所理解。"[1]第四，在我国农业是创造国民收入最多的部门，在1959年农业所创造的国民收入仍然略高于工业。而在国家财政收入中，来自农业和受农业影响的50%左右，这种情况表明只有在农业发展的基础上，才能给工业，特别是重工业积累更多的资金。毛泽东同志说："为了完成国家工业化和农业技术改造所需要的大量资金，其中有一个相当大的部分是要从农业方面积累起来的。"[2]第五，我国重工业所需要的一部分设备，也还是要靠农产品出口去自国外换得。第六，农业的迅速发展，关系着我国5亿多农民的创造性与积极性的发挥，关系着农民生活的逐步改善与工农联盟的巩固，而工农联盟乃是关系着我国社会主义建设胜利的头等重要问题。

正是由于上述原因，因而在我国，农业在社会主义国民经济发展中有着极端重要的意义。农业这一个领域，从各个方面关系着我国国民经济的高速度发展，成为我国国民经济高速度发展的一系列矛盾的纽结。农业的迅速发展是我国国民经济高速度发展的重要的关键。

我国社会主义建设的具体实践，充分证明了农业的发展对于工业以及整个国民经济发展的决定性的影响：

---

① 毛泽东：《关于正确处理人民内部矛盾的问题》，人民出版社，1964年，第37页。
② 毛泽东：《关于农业合作化问题》，人民出版社，1964年，第24页。

年代	农业较上年增长	年代	工业产值较上年增长	财政收入较上年增长	基本建设投资较上年增长
1952	15.3%	1953	30.2%	22.6%	84%
1955	7.7%	1956	28.2%	13.1%	59%
1958	25%	1958	66%	35%	70%
1959	16.7%	1959	39.3%	29%	24.5%
1954	3.3%	1955	5.6%	0.8%	3%
1956	4.9%	1957	11.4%	6.8%	−7%

从上表我们看见在我国第一个五年计划期间，两次农业大丰收（1952年、1955年）都引起了下一年国民经济的"大跃进"，而1958年与1959年我国国民经济的持续"大跃进"，更是在农业"大跃进"的基础上出现的。而另一方面，我国1954年、1956年农业歉收，而下一年度国民经济发展便慢一些。我国经济建设的实践证明：农业发展了，一切经济工作就好办了，轻工业好办了，重工业也好办了。事实证明：搞好农业是我国进行经济建设的极其重要的出发点，通过农业的发展，促进与带动工业与整个国民经济的发展，是加速我国经济发展的客观规律。

毛泽东同志将马克思列宁主义的普遍原理和中国社会主义经济建设的具体实践相结合，根据我国社会的具体条件与矛盾的特殊性，一贯注意与强调发展农业在我国的极端重要意义。在我国工业恢复与发展时期，毛泽东同志就指出了，农业发展必须适应社会主义工业化的需要，在关于《论十大关系》的报告中，毛泽东同志更将正确处理工业和农业关系作为加速国民经济发展的首要问题，而在《关于正确处理人民内部矛盾的问题》一书中，毛泽东同志更提出了"发展工业必须和发展农业相并举"的原理，并将这一点提到"我国工业化道路"的高度，在1958年与1959年两年"大跃进"，再次证明了农业对我国国民经济发展的分外重大的促进作用的条件下，毛泽东同志更进一步阐明了"农业是国民经济发展的基础"这一命题。这里需要着重指出的是：这一命题并不是毛泽东同志突然提出来的。毛泽东同志在关于我国农业在国民经济的作用的论述中，早就包括有后来明确提出和进一步阐明了的农业是国民经济发展的基础的思想。这一命题是对农业在我国国民经济高速度发展中的极其重大的客观作用的最完整、最深刻的概括，是10年来我国社会主义经济建设的经验的科学总结，毛泽东同志的这一天才的理论概括，是根据社会主义经济建设实践，创造性地发展了马克思列宁主义政治经济学的原理的光辉范例，这一理论结论给马克思列宁主义理论的宝库增添了极其珍贵的财富，它有着极其重大的理论意义，同时，这一结论又给我们指出了进一步促进国民经济高速度发展的明确的途径，它成为党在确定国民经济发展的各项方针与措施的科学基础，从而拥有无比重大的现实意义。毫无疑问，在我国经济建设中，进一步贯彻以农业为基础的方针，必然会成为促进国民经济持续跃进的根本保证。

"农业是国民经济发展的基础"，乃是我国农业在国民经济中所发挥的极其重大作用的最完整的理论概括，"农业是国民经济发展的基础"这一命题乃是反映了我国农业在社会主义国民经济中的一贯的客观作用，是客观实际的完整的理论概括。因而，否认我国当前农业是国民经济的基础的看法，乃是脱离实际的，并且是极其有害的观点，这种观点，实质上是否定或者怀疑我国农业中的社会主义关系与广大农民的革命觉悟与积极性，在农业生产力发展中的决定性的作用。当然，并不能由当前农业已经是国民经济发展的基础，便可以得出农业技术改造是不重要的事情的结论来。恰恰相反，正是农业技术改造的积极推行与我国农业现代化的实现，农业这一个我国国民经济发展的基础将更加巩固与雄强，农业在推进我国社会主义经济全面高涨中的作用将进一步显示出来。

克服了重农学派的错误与局限性的科学论点①

——就三个论点与邓克生同志商榷

读了邓克生同志在《经济研究》1962年第2期上的《不能用重农主义学派的观点来说明农业是国民经济基础的原理》一文，以及苏星同志在1962年3月12日《光明日报》上的《并非重农学派的观点》一文，我是基本上同意苏星同志的意见的。目前对于常引用来阐述毛泽东同志提出的农业是国民经济基础的原理的马克思的几段话，在许多同志的理解中是颇有分歧的。因此，我觉得对马克思的这些话的含义，还有进一步加以讨论和明确的必要。下面提出个人的一些粗浅看法。

在邓克生同志的文章中，引证了马克思在《剩余价值学说史》第1

---

① 原载《江汉学报》1962年第5期。

卷和《资本论》第3卷中的两段话[①]，并归结为三个问题：

第一，关于农业劳动是农业范围内的剩余价值的自然基础的问题。第二，关于农业劳动是其他一切劳动部门所以能够独立化的自然基础问题，也就是关于超越于劳动者个人需要的农业劳动生产率是一切社会的基础问题。第三，关于农业劳动是各个部门所创造的剩余价值的基础问题，也就是农业上的剩余价值是一切剩余价值的源泉问题。

按照邓克生同志的看法，以上三者只不过是马克思对重农学派观点的复述，它并不是马克思的观点，不可以纳入马克思主义理论体系。这是值得商榷的。在这里我们也按以上三个问题的次序来发表一些意见。

一、关于农业劳动是农业范围内的剩余价值的自然基础的问题

"农业劳动是农业范围内的剩余价值的自然基础"这个观点，最初的确是由重农主义者所提出的。马克思明白地指出："和学说史有关的结论是：依照重农主义者的见解，剩余价值应归功于一特种劳动

---

① 这两段话是："因为农业劳动不只是农业范围内的剩余价值的自然基础，并且是其他一切劳动部门所以能够独立化的自然基础，从而是各个部门所创造的剩余价值的基础，所以，很明白，如果被视为价值实体的，是一定的具体的劳动，不是抽象的劳动和它的量（劳动时间），农业劳动就一定会被视为剩余价值的源泉了"。（马克思：《剩余价值学说史》第1卷，三联书店，1957年第42页）"并且，重农主义派还有这个正确点：实际上，农业劳动的生产率，是一切剩余价值生产的自然基础，从而也是一切资本发展的自然基础。如果人一般在一劳动日内，不能超出他自身再生产的所需，生产更多的生活资料（所以在最狭义上，就是生产更多的农业生产物），如果他全部劳动力每日的支出，只能再生产他个人的需要所不可缺少的生活资料，一般说来，就说不上剩余生产物，也说不上剩余价值。超越于劳动者个人需要的农业劳动生产率，是一切社会的基础，尤其是资本主义生产的基础。"（马克思：《资本论》第3卷，人民出版社，1953年，第1024~1025页）

即农业劳动的生产力。"①重农学派这一观点中包含有重要的有价值的科学因素，但也有错误与局限性，正如马克思说："在重农主义者的场合，这种正确的见解，却是和那种错误的表象，结合在一起的。"②

重农学派的农业劳动是农业范围内的剩余价值的自然基础的观点所包括的理论内容，表现于以下两个方面：

第一，这一观点表明了重农学派是将农业范围内的剩余价值看作是农业劳动者所创造的。马克思说："在农业劳动的范围之内，重农主义派很正确地把握住了剩余价值，因为他们把剩余价值看做工资劳动者的劳动的生产物。"③

在重农学派以前的重商主义者，是从流通领域中去寻找剩余价值的源泉的：他们将剩余价值归结于让渡利润，归结于一方因另一方的损失而得到的"所得"的增加。而重农主义者却是把剩余价值起源的研究，由流通领域移到生产领域中来。马克思说："首先他们有这个大贡献，就是和重商主义相反，由那种只在流通领域内发生机能的商业资本，回到生产资本上面来。"④在生产领域中，在农业劳动者的劳动中来寻找剩余价值的源泉，正是重农学派这一论点中所包括的有价值的科学因素。不过，尽管重农学派得出了农业劳动者创造剩余价值的正确结论，但这一正确结论却不是建立在科学分析的基础上，这正好又是重农学派的局限性的一个表现。因为，要科学地理解剩余价值的起源，必须要立足于劳动价值论的基础上，即将价值实体归结为劳动时间，将剩余价值归结为为资本家白白占有的必要劳动时间以上

---

① 马克思：《剩余价值学说史》第1卷，三联书店，1957年，第48页。

② 马克思：《剩余价值学说史》第1卷，三联书店，1957年，第243页。

③ 马克思：《剩余价值学说史》第1卷，三联书店，1957年，第56页。

④ 马克思：《资本论》第3卷，人民出版社，1953年，第1023页。

的剩余劳动时间。但是重农学派却尚未达到这一科学认识，因为他们还没有正确的价值论。他们将价值当作是"物材"，即将价值归结为使用价值的特殊形态；因而，他们是从农业劳动者除去自身的消费以外，还能提供出多余的使用价值这一事实出发，来将剩余价值归结为农业劳动者的剩余劳动的。正如马克思引证过的布隆基在其所著《经济学史》中所指出："他们（指重农主义派——引者）是在剩余价值所依以表现的使用价值的姿态上，考察剩余价值。"[①]由此可见，重农学派只不过是通过了一个不科学的与迂回的途径来达到上述那个正确的结论的。

由于重农学派是通过使用价值的形态，具体说是通过"物材"的增长来把握剩余价值的，而"物材"的增长在当时的工业生产中是很难看出来的，因而重农学派便将剩余价值的生产局限于农业领域，否认工业劳动能创造剩余价值。这是他们的观点的局限性的另一表现。

第二，重农学派在得出农业劳动会产生剩余价值的结论时，看见了农业劳动具有特殊生产力的自然基础。重农学派既然是在生产领域中来寻求剩余价值的源泉，那么，他们必然便会得出这样的"正确"见解：剩余劳动和剩余价值的可能性，是以一定的劳动生产力为前提，这种生产力，使劳动者能生产出一个超过他的生活需要以上的余额。重农学派将剩余价值的生产与一定的劳动生产力联系起来考察，这是他们的一个理论功绩。同时，重农学派还认定这种一定的劳动生产力首先是在农业中存在的，这也是一个正确的见解。因为，人类劳动生产力，大体说来是取决于劳动的社会条件（如分工、协作等），劳动工具的状况和劳动的自然条件三个方面。而在人类劳动生产力由

---

① 转引自马克思《剩余价值学说史》第1卷，三联书店，1957年，第49页。

极低下的水平发展到足以提供出剩余产品的水平这一过程中，劳动的外部自然条件起了很重大作用。只是由于更充分地利用了自然力（地力、水力、风力、动植物本身的有机作用等），才使人类劳动生产力达到足以提供剩余劳动与剩余价值的水平。而这种对自然力的大规模的应用，首先是在农业生产上发生的。马克思指出："在农业上面，大体说，自始就有自然力在协同发生作用；在农业上面，人类劳动力自始就由自然力这一个自动体的运用和利用，而被增进。但自然力在工业上面的大规模的利用，却是依大工业的发展，才表现出来。"①因此，认为农业劳动中，由于有自然力的作用，使农业劳动生产率能够具有提供剩余劳动（从而剩余价值与剩余生产物）的客观可能性的见解，是正确的。

但是，在这个问题上，重农学派的观点还是有错误的：（1）他们看不见农业中的自然力只有在劳动力加以掌握、运用时，才能转化为劳动的社会生产力；因而，重农学派把农业劳动的生产力，完全归功于自然力，归功于自然的恩惠，这就不正确了。马克思在论述农业劳动生产率时，是将这一种生产率看作是劳动的主观条件与自然的客观条件的结合，是社会劳动的生产率与劳动的自然生产率的结合；换言之，是把农业劳动生产率作为社会的人的生产力与自然力的统一来把握，而决非只有归功于自然力的。马克思曾指出："资本关系当作基础从以出发的已有的劳动生产率，并非自然的赐物，而是一个包括几十万年的历史的赐物。"②（2）尽管在农业生产中有自然的协力，但是自然力所参与的只能是使用价值的生产，而剩余价值只能是劳动者

---

① 马克思：《剩余价值学说史》第1卷，三联书店，1957年，第42页。
② 马克思：《资本论》第1卷，人民出版社，1953年，第629页。

的剩余劳动所创造。重农主义混同了使用价值与价值，认为剩余价值是自然的恩赐，从而掩盖了资本家对劳动者的剥削。（3）重农学派只看见自然力参与农业生产而看不见自然力参与工业生产，这也是一个片面的错误的观点。因为，尽管工业生产中更大规模地利用自然力，较之农业为晚，但是，即使是在手工业生产中，也还是利用了客观自然物质的自然力的，例如锤子的敲击、锥子的锥刺、风箱的鼓风、打铁炉的煅冶等，都是客观物质诸物理的、化学的作用与力量的应用；而在大工业确立以后，对于机械力、电力、原子能等的应用更会把工业劳动提到能提供更多剩余劳动的水平。所以，不单农业劳动能提供剩余价值，从而是生产性的劳动，工业劳动同样能提供剩余价值，也是生产性的劳动。

综上所述，我们发现"农业劳动是农业范围内的剩余价值的自然基础"这一观点，就重农主义原来的理论内容来看，是既有科学的见解，也有错误的因素；这一观点，就本来意义来说，自然是一个重农主义的观点。但是，这并不是说就必须完全抛弃"农业劳动是农业范围内的剩余价值的自然基础"这一命题。因为，这一命题，经过马克思主义的批判，克服其中的重农主义的错误，而代之以马克思主义的科学分析，便成了马克思主义体系中的一个理论元素。正因为如此，对于经过马克思批判、改造和赋予科学内容的"农业劳动是农业范围内的剩余价值的自然基础"这一论点，便不是如邓克生同志所主张的那样是错误的、必须加以抛弃的，而是一个可以用来阐明农业是国民经济的基础这一科学命题的论据。

二、关于农业劳动是其他一切劳动部门所以能够独立化的自然基础的问题

"农业劳动是其他一切劳动部门所以能够独立化的自然基础"这一见解，的确也是重农学派首先提出来的。在著名的重农主义者杜尔阁的著作中，就曾经明确地提出了这一种思想。马克思对杜尔阁的这种思想做了如下的概述："农业劳动是唯一生产的，所以如此的第一个理由，是：这种劳动，是其他各种劳动所以能独立经营的自然基础和前提。"①

重农学派把农业劳动当作其他一切劳动部门所以能独立化的自然基础的论点，是从下列两重见地出发的。首先，农业乃是作为提供生活资料的部门，只有这一个部门具有更大的劳动生产率，才能腾出更多的人手来从事非农业的生产活动，才能有工业和其他生产部门的发展。斯杜亚就曾指出，能脱离直接生活资料的生产而用之于其他生产部门的"'自由的手'的数目，是取决于农业劳动者在他们自身的消费额以上，能够生产多少农产物"。②重农学派的这一见解，应该说是正确的。因为谁都知道，人类要生存，首先要有食品、衣服等生活资料，而生活资料的生产，用马克思的话来说，乃是人类"生存与一切生产一般最先决的条件"；③而从历史上来看，最初的农业劳动——马克思指出包括单纯地采集、狩猎、捕渔、畜牧等——是都以"食物的占有和生产作为目的"④。即使是农业氏族的生产活动中已经分化出织

---

① 马克思：《剩余价值学说史》第1卷，三联书店，1957年，第52页。
② 马克思：《剩余价值学说史》第1卷，三联书店，1957年，第41页。
③ 马克思：《资本论》第3卷，人民出版社，1953年，第829页。
④ 马克思：《资本论》第3卷，人民出版社，1953年，第826页。

和纺等在性质上与严格意义上的农业活动有别的"工业活动"以后，这织和纺等活动由于它"起先是当作农业的副业来进行"，[①]并且与严格意义上的农业一样是以提供生活资料为目的，因之，在广泛的意义上，也可以称之为农业劳动。[②]农业劳动既然主要地是提供生活资料的劳动，而生活资料的生产又是人类"生存与一切生产一般最先决的条件"，因此，农业劳动也就是一切劳动的最先决的条件与基础了。人类社会经济发展的进程，证明了只有随着农业劳动生产率的提高，随着有更多的剩余农产品的出现，人们才可能腾出更多的人手和时间来从事工业及科学艺术等方面的活动。马克思在《资本论》中曾指出："古代埃及的大建筑与其归功于人口之多，宁可归功于它当中有一个大的比例，可以自由利用。就个别劳动者来说，必要的劳动时间愈小，他所能提供的剩余劳动就愈大。同样，劳动人口中必须用来生产必要生活资料的部分愈小，得利用来做其他工作的部分就愈大。"[③]无论从哪一个社会形态，我们都可以看见这样的一个规律性，即农业劳动生产率规定了社会能分出多少劳动者与劳动时间来从事工业及其他活动的最大界限，规定了工业及其他部门发展的最大界限。无论是哪一个社会，工业及其他部门的发展都不可能超越农业劳动生产率所规定了的限界。正是由此，所以马克思肯定了重农学派最初提出的这一见解："超越于劳动者个人需要的农业劳动生产率，是一切社会的基

---

① 马克思：《资本论》第3卷，人民出版社，1953年，第826页。

② 邓克生同志将马克思在《资本论》第3卷第829页上所讲的"经济学上最广义的农业劳动"，理解为工业劳动（只要是生产生活资料的）也包括在内，这是对马克思原意的误解。马克思所提到的可以归属于最广义的农业劳动之中的生产生活资料的劳动，乃是指农业氏族、家庭共同体或家族中作为农业的副业的织与纺等劳动，而不是指近代工农业分工后工业中的轻工业生产。如邓克生同志那样去理解，则工业与农业的界限便不存在了。

③ 马克思：《资本论》第1卷，人民出版社，1953年，第630页。

础，尤其是资本主义生产的基础。"①这表明，农业劳动，就其提供最基本的生活资料这一重要地位着眼，说它是其他一切劳动部门所以能够独立化的自然基础，并没有什么错误。

但是，在重农学派的这一观点中，也包含有一个错误见解。这就是：他们认定只有农业是生产的部门，从而对于像工业等"非生产部门"占有一种自然的优势，并成为后者的基础。重农学派认为，农业中所生产出来的"纯生产物"形成社会唯一的工资基金，不仅工业劳动者要从农业部门领取工资，而且工业资本家的利润也不过是一种较高级的工资，也是要由农业"纯生产物"支付的。按照重农学派的观点，没有农业中这一"纯生产物"，工业劳动者便不可能取回他们劳动的代价，工业资本家也得不到他的利润；因而重农学派认定，作为不生产阶级的工业劳动者与工业资本家的活动是依附于作为生产阶级的农业劳动者的劳动，并以后者为基础的。杜尔阁就说过："他的（农业劳动者的）劳动，在社会各分子分别担任的劳动的序列中，保持着一种优势。"②重农学派的这一见解，自然是十分错误的。因为，如果从劳动价值论的立场出发，工业劳动者的必要劳动所创造的价值正是他们的工资的来源，而他们的剩余劳动所创造的剩余价值，正是工业资本家利润的来源，这里根本不存在工业劳动者及工业资本家从农业部门领取工资的问题。同时，如果从生产剩余价值的劳动是生产的劳动这一正确的见地出发，不仅农业劳动是生产的，而且工业劳动也是生产的，这里也不存在农业劳动对工业劳动的"优势"。因此，重农学派以农业劳动是唯一生产的劳动，是其他部门劳动者工资基金

① 马克思：《资本论》第3卷，人民出版社，1953年，第1025页。
② 转引自马克思《剩余价值学说史》第1卷，三联书店，1957年，第52页。

的来源来论证农业劳动是其他各种劳动部门所以能独立化的自然基础和前提，便是完全错误的。

但是，重农主义这一错误阐释，已经被马克思纠正过来，从而重农学派的"农业劳动是其他一切劳动部门所以能够独立化的自然基础"这一观点，已经成为马克思主义的科学命题了。因此，对于这一命题，就不应当予以抛弃，像邓克生同志所主张的那样。

三、关于农业劳动是各个部门所创造的剩余价值的基础问题

"农业劳动是各个部门所创造的剩余价值的基础"的问题，邓克生同志把它归结为"农业上的剩余价值是一切剩余价值的源泉"的问题，我认为这是不正确的。因为，农业劳动是各个部门所创造的剩余价值的基础，只是表明一定的农业劳动生产率是其他一切部门的剩余价值生产的先决条件或前提，而不是说农业劳动是一切剩余价值的源泉。

其实，关于农业劳动是各个部门所创造的剩余价值的基础这一论点，乃是包括在上述第二个问题中的，是上述第二个论点的必然结论。重农学派既然认识到了农业劳动是其他一切劳动部门所以能独立化的自然基础，而在资本主义生产方式下，其他的部门（如工业部门）只能是生产剩余价值的部门，因而，根据这一理论前提，必然会合乎逻辑地引出农业是其他一切部门剩余价值生产的基础的结论。如重农主义者认为农业劳动生产率决定了能够投入工商业的劳动者的人数，这种观点事实上是承认了其他部门的剥削规模——剩余价值生产的规模是决定于农业劳动生产率。所以，马克思指出："并且，重农主义派还有这个正确点：实际上，农业劳动的生产率，是一切剩余价

值生产的自然基础，从而也是一切资本发展的自然基础。"①但是，也必须指出，重农学派只是在农业劳动是其他一切劳动部门所以能独立化的自然基础这一观点中蕴含了这一个必然结论而已。由于他们站在只有农业劳动才是唯一生产劳动的错误立场上，因而使他们不能从上述观点中，引申出农业劳动是其他部门剩余价值生产的基础的科学结论，却走向了"农业劳动是一切剩余价值的源泉"的错误结论中去。

重农学派由于混同了价值和使用价值，他们是从使用价值，具体说是从"物材"的增长上来把握剩余价值的，因此他们认为农业劳动是唯一创造剩余价值的劳动，而其他部门则是不创造剩余价值的，是不生产的部门。在他们看来，只有地租是剩余价值的一般状态，产业利润与借贷利息只不过是从地租中分割出来的；也就是说，农业劳动乃是一切剩余价值的源泉，其他部门的劳动不创造剩余价值，只是分占农业劳动的成果。重农学派从上述错误观点出发，他们就不可能真正深刻地认识到农业劳动与其他部门的剩余价值生产之间的内在联系。因此，重农学派并不曾得出农业劳动是其他一切部门的剩余价值生产的基础这一明确的论点。这一论点的形成，应该归功于马克思。

农业劳动是其他一切部门剩余价值生产的基础或先决条件，不仅表现在超越于劳动者个人需要的农业劳动生产率，是从农业中解放出更多的劳动力与生产资料以在工业中扩大剩余价值生产的规模的前提，而且还表现在农业劳动生产率，在很大程度上（特别是在资本主义发展的初期）决定着劳动者生产自身生活资料的必要劳动时间的界限，从而规定着相对剩余价值的界限。谁都知道，农业乃是提供生活资料的重要部门，农业劳动生产率的提高，会直接引起生活资料的价

---

① 马克思：《资本论》第3卷，人民出版社，1953年，第1024~1025页。

值、从而劳动力价值的下降，并由此引起相对剩余价值的增长。由此可见，农业劳动生产率的提高，不仅关系着其他部门剩余价值从外延方面的增长，即通过劳动者数量的增长而增长，而且关系着其内涵方面的增长，即通过相对剩余价值的提高而增长。因此，马克思指出："本国农业或者外国农业的一定发展程度，是资本的发展基础。绝对剩余价值和相对剩余价值，在这限度内，是一致的。"①

由以上的分析，我们可以看到，农业劳动是各个部门所创造的剩余价值的基础的论点，是马克思在分析批判重农学派的观点的基础上得出来的一个正确结论。这个论点是不可以将它和"农业上的剩余价值是一切剩余价值的源泉"这一重农主义的观点混为一谈的。因此，把这一个论点当作是错误的论点加以抛弃，像邓克生同志所主张的那样，这是我所不能同意的。

综上所述，我们可以看到邓克生同志所指出的以上三个论点，确实是与重农主义学派有着直接的和密切的理论渊源，但是它们却不是如邓克生同志所认定的那样，仅仅是马克思对重农学派观点的简单复述。这三个论点，在我看来，乃是马克思在彻底批判重农主义观点的错误和克服其局限性的基础上所形成的马克思主义的科学论点。尽管这些论点最初看来似乎与重农学派的一些论点相近，但其实质已经根本不同。这种情况也是很容易理解的，因为正如列宁所指出的：马克思的学说"绝对不是一种什么离开世界文明发展大道而产生出来的偏狭顽固的学说。……他的学说是直接继承那些伟大的哲学家、政治经济学家和社会主义者的学说而起的。"②马克思的政治经济学就是在批

---

① 马克思：《剩余价值学说史》第1卷，三联书店，1957年，第42页。
② 列宁：《论马克思恩格斯及马克思主义》，人民出版社，1956年，第64页。

判和根本改造古典经济学（包括重农主义学派）的基础上，继承了后者的科学因素而建立起来的。在研究马克思所建立的科学理论的体系时，我们不能忽视马克思某些论点的理论渊源，但是更不能忽视马克思的某些论点与直接先驱者的论点的原则区别。因此不能把马克思业已根本改造过的前人的某些论点，错误地当作是马克思对前人的思想的简单复述。资产阶级学者曾经宣称马克思在研究中使用的不过是黑格尔的辩证法而已，而马克思的答复是："我的辩证法，在基础上就不只与黑格尔的辩证法不同，并且是它的正相反对。"①这些话对我们进一步深入研究和体会马克思的理论，是很有教益的。

基于以上的分析，我认为，用以上所讨论的三个论点来体会农业是国民经济的基础的科学命题，我们才能深刻地体会毛泽东同志是在严格遵循马克思列宁主义的科学原理的基础上，总结了社会主义革命和社会主义建设的经验，进一步发展马克思列宁主义。

---

① 马克思：《资本论》第1卷，人民出版社，1953年，第17页。

凯恩斯主义的破产[①]

....

当前，一场严重的经济危机席卷了整个资本主义世界。这次经济危机来势猛，并发症多，波及广，震荡深，成为战后最严重的经济危机。在危机不断深化、步步加剧的险恶局势下，资产阶级及其御用经济学家手足无措，一筹莫展，惊呼用来救治危机消除失业的药方——凯恩斯主义"出了毛病"，无法解释当前通货膨胀和"萧条"同时出现的"怪症"，他们抱怨至今未能编造出抢救垂死资本主义的新的"经济理论"。尽管凯恩斯主义已经破产，在危机中越陷越深的资产阶级仍然继续抓住凯恩斯主义的"反危机"政策做救生圈。与此同时，现代修正主义者与帝国主义者一唱一和，他们宣扬在凯恩斯主义救治下的资本主义发生了"质变"，胡说当前西方经济危机是"能源危机"引起的"经济困难"，拼命掩盖经济危机不断深化的真相，妄图麻痹群众的革命意志，反对和破坏无产阶级革命。现在揭穿资产阶级宣扬的关于凯恩斯主义"消灭"危机、"消灭"失业的骗局，进一步批判凯恩斯主义，是当前思想战线上的一项重要任务。

---

① 原载《四川大学学报》1975年第1期。

凯恩斯主义是帝国主义时代垄断资产阶级经济理论的主要流派，是第一次世界大战后国家垄断资本主义迅速发展条件下产生的庸俗经济学说，特别是1929～1933年资本主义经济危机大爆发，资本主义进一步腐朽没落条件下出现的辩护理论。

资产阶级庸俗经济学从来是资产阶级麻痹群众，为资本主义制度进行辩护的工具。18世纪末19世纪初，随着西欧资本主义机器大工业确立，经济危机初露端倪以来，资产阶级御用经济学家如萨伊、马尔萨斯等，就开始编造了形形色色的危机"理论"。他们先是用局部失调为借口（如萨伊），拼命否认资本主义制度下有产生普遍生产过剩的危机的必然性。在经济危机越发明显无法否认的情况下，他们进而编造了什么"消费不足论""信用膨胀论""心理因素论"，将危机归之于资本主义经济某些局部方面或个别过程的暂时的"失调"与"缺陷"，千方百计地掩盖危机产生的根源。与此同时，他们还大肆宣扬资本主义自由竞争的自发作用就能消除"失调"，克服危机，为资本主义制度涂脂抹粉。

在帝国主义时代，特别是第一次大战后，资本主义的固有矛盾越加深刻，市场问题越来越严重，周期性的经济危机越加频繁和沉重，企业开工不足与大规模的失业已经成为经常的现象。特别是1929～1933年爆发的经济危机，震撼了整个资本主义世界，资本主义世界工业生产下跌44%，失业人数达到3000万人。1932年美国完全失业人数达1380多万，失业率达48%。经过这次危机的袭击，整个30年代世界资本主义更加一蹶不振。1937年在原来的危机尚未克服的情况下，新的危机又一次来临，在美国失业率达37%。恩格斯说：危机是政治变革的最强有力的杠杆之一。严重的经济危机引起了西欧北美工人运动的高涨。空前严重和无法摆脱的经济危机，暴露了资本主义制度的腐朽，证明了资本主义经济的自发活动已根本不能克服危机，这就公开宣告了传统的危机理论的破产。在这种情况下，资产阶级迫切地需要新的辩护理论来掩盖垄断资本主义的深刻矛盾，寻找克服危机、抢救资本主义的政策和措施，需要一套新的骗术来麻痹群众，反对马克思列宁主义，妄图扑灭危机点燃的无产阶级革命的怒火。就是在这种条件下，垄断资产阶级的辩护理论——凯恩斯主义就"应运而生"，出笼上市了。

凯恩斯适应垄断资产阶级的需要，使用马尔萨斯等传统庸俗经济学家的论点，将这些陈腐发霉的论点用凭空编造的概念、编造了一个关于"有调节"的资本主义的神话，宣扬通过国家的"调节"措施就可以从根本上消灭危机，消灭失业，从而使资本主义起死回生，永远繁荣发展。凯恩斯将他这个东拼西凑起来的乱七八糟的庸俗经济学说成是"修正"了传统理论的"崭新"的理论；其实他的理论和传统的庸俗经济学是一路货，只不过是更狡猾，更虚伪，更隐蔽罢了！

凯恩斯关于失业和危机的理论，是立足于他的"有效需求"原理之上的。凯恩斯认为，资本主义经济中的就业总量取决于社会的"有效需求"，有效需求包括社会用以购买消费品的消费支出和用于购买生产资料的投资支出。凯恩斯说在没有国家干预经济的条件下，社会的有效需求就会不足，一部分产品就卖不出去，就会产生失业和引起危机的爆发。凯恩斯进一步用主观唯心主义的"心理因素"论来证明"有效需求"的不足。第一，他说人类的"天性"总是爱好储蓄，不愿将收入花光（即凯恩斯捏造的"消费心理的规律"）。收入越多，储蓄在收入中的份额就越大，消费的份额就越少，因而产生了消费支出的不足，从而引起消费品销售困难。第二，他说利润率取决于资本家的心理活动（即"利润率取决于对未来收益的心理预期的规律"），只要资本家对未来生意做悲观估计，利润率就降低，就不愿意进行投资。他又说人们天生喜爱持有现金（即"灵活偏好"的规律），因而宁肯将钱存入银行去领取利息，不愿意扩大投资活动，这两方面原因就引起了投资支出的不足，使大量生产资料卖不出去。凯恩斯就从他捏造的莫须有的三个基本心理规律出发，说资本主义制度下社会的需求不足，以致使生产出来的消费品和生产资料销售不掉，就会引起生产缩减和失业，在"有效需求"猛烈下降时，就会爆发危机。

凯恩斯将失业和危机归因于"有效需求不足"，归因于消费支出不足，就是彻头彻尾的谎言。马克思列宁主义阐明了经济危机是生产过剩的危机，危机的根源在于资本主义制度，在于资本主义的生产社会化与生产资料的私人占有制的矛盾。只要资本主义制度存在一天，就不可避免地要周期地出现这种生产过剩的瘟疫。凯恩斯将危机说成是"需求不足"和"消费不足"所引起，不过是重复马尔萨斯的"消费不足"论的老调，其目的是为了掩盖危机的真正原因，掩盖资本主义制度固有的矛盾。列宁曾指出：我们所谈到的两种危机理论，对危机的解释完全不同。第一种理论用生产和工人阶级的消费之间的矛盾来解释危机，第二种理论用生产的社会性和占有的私人性之间的矛盾来解释危机。……试问，第二种理论是不是否认生产和消费矛盾的事实，消费不足的事实呢？当然不否认。它完全承认这种事实，但是把这个事实放在应有的从属的地位，并且看做只是和资本主义总生产的一个部类有关的事实。它认为这种事实不能解释危机，因为危机是由现代经济制度中的另一个更深刻的基本矛盾，即生产的社会性和占有的私人性之间的矛盾引起的。

凯恩斯将需求不足说成是三大基本心理规律决定的，是人类先天固有的"本性"决定的，这种赤裸裸地用人们的心理状态与心理活动来说明社会需求，表明凯恩斯主义是立足于彻头彻尾的主观唯心主义之上，表明了这一最新"危机"理论比传统的理论更加庸俗，也暴露了凯恩斯费尽心机地为资本主义制度固有矛盾进行辩护的良苦用心。

凯恩斯从它的失业来源于有效需求不足的原理出发，进一步制定了一整套旨在刺激消费和刺激投资以增加社会需求的"反危机"政策和措施。主要有：

第一，金融政策。这即是要国家采取和运用各种金融政策，利用银行信贷机构，压低利息率扩大对工商业和私人的贷款，来刺激投资和消费。

第二，赤字财政和通货膨胀政策。这是凯恩斯主义"反危机"政策的主要杠杆。凯恩斯提倡直接用政府的开支来刺激社会总需求，他号召政府胡花乱用，奢靡浪费，说这些支出都能达到增加就业、克服危机的效果："建造金字塔，甚至地震、战争等天灾人祸，都可以增加财富。"凯恩斯特别重视政府的公共投资的作用，认为这是补偿私人投资不足，并进一步刺激和带动私人投资的手段。凯恩斯特别颂扬政府的军事开支的作用，说这是克服危机的有效手段，鼓吹战争"解决"了危机和就业问题，"对人类进步有贡献"，费尽心机地为帝国主义的扩军备战和发动战争制造"理论"根据。政府为了进行公共投资，特别是推行国民经济军事化，需要大量开支，这就必然引起政府的支出超过收入，从而出现财政赤字。但凯恩斯说，这可以通过举债和印发钞票，即通过通货膨胀来加以弥补。可见赤字财政政策实质上就是通货膨胀政策，这个政策正是凯恩斯主义"反危机"政策与措施的主要支柱。

凯恩斯有鉴于实行通货膨胀可以提高物价，从而压低实际工资，提高利润率，因而他就大肆宣扬通货膨胀对提高社会总需求、增加就业的神妙作用。凯恩斯认为："假设货币可以像农作物一样生长，或像汽车一样制造，则不景气（即危机）可以避免或减少。"这种依靠通货膨胀来刺激投资活动和制造"景气"的政策，是将危机进一步转嫁到工人阶级头上的手段，也是凯恩斯"反危机"措施的实质。

第三，对外扩张政策。凯恩斯重新拣出了早已发霉的封建主义时代重商主义的破烂，主张限制商品输入，鼓励商品输出；同时，鼓励资本输出，说这样就可以增加国内的"有效需求"，从而增加就业。这是对外进行经济扩张，向外转嫁危机的强盗逻辑和辩护理论，是帝国主义侵略政策的"理论依据"。

综上所述，凯恩斯主义打起"充分就业"的旗号，他宣扬的是资产阶级庸俗经济学理论，提出了一套将危机转嫁到工人阶级头上的经济纲领。这个30年代上市的经济理论，完全适合了垄断资产阶级的政治需要，凯恩斯从而成为垄断资产阶级的宠儿。凯恩斯主义这个从各色各样庸俗经济学中东拼西凑和凭空捏造出来的理论，也就被西方资产阶级吹嘘为经济思想中的"凯恩斯革命"。

自从30年代凯恩斯主义出笼以来，西方凯恩斯分子将他们这一套理论与政策吹得天花乱坠，说成是克服"危机"与消灭"失业"的仙丹妙药。而在严重的经济危机中走投无路的西方资产阶级也押宝在凯恩斯主义上。但是凯恩斯主义是注定要破产的。这是因为，凯恩斯主义的一整套政策与措施，其实质是将危机转嫁到工人阶级和广大劳动人民的头上，加强对国内外劳动人民的剥削，因而这就必定要加深劳动人民的贫困化，使生产过剩更加严重。这一系列人工的"刺激"和"打气"的措施，纵使暂时地创造出"虚假繁荣"，但在这种"虚假繁荣"下，一方面生产能力进一步盲目扩大，另一方面工人阶级的实际工资却进一步下降，从而使生产能力的增长与群众购买力相对缩小的矛盾更加尖锐，势必要引起更严重、更猛烈的危机的爆发。归根到底，凯恩斯主义的"反危机"措施正如马克思和恩格斯所指出：这不过是资产阶级准备更全面更猛烈的危机的办法，不过是使防止危机的手段愈来愈少的办法。

事实也是如此。美国是资本主义政治、经济矛盾最尖锐的国家，也是积极推行凯恩斯主义"反危机"政策与措施的国家。第二次世界大战以来，美国政府加紧采用金融政策，千方百计地扩大消费者分期付款信贷来刺激消费支出。在这种赊销方式下，广大劳动者为赊购销费用品寅支卯粮，债务缠身，1974年8月分期付款债务已达1400亿美元以上。劳动人民不但为此遭到惊人的高利盘剥，而且为了还债不得不勒紧裤带，省吃俭用。一旦失业，赊购的消费品立即为资本家收回，而且连作为抵押的财产也被没收。这一切表明，凯恩斯主义的"刺激消费"，只不过是最精巧的盘剥广大劳动群众的手段，它必将加深无产阶级的贫困化，导致劳动人民消费支出的进一步缩减。

第二次世界大战后，美国政府大搞赤字财政政策和通货膨胀政策，将它作为"反危机"的主要杠杆。在战后美国经济危机越加严重的情况下，美国凯恩斯主义者越是高唱政府支出的作用。他们为了给国民经济军事化制造舆论，大肆宣扬赤字财政和通货膨胀"有益无害"论，攻击稳定物价的主张是陈腐的"教条"，拼命反对削减政府开支。如美国汉森、萨缪尔逊等，他们炮制了种种谬论，否认通货膨胀与物价上涨之间的因果联系，编造了工资与物价"螺旋上升论"，掩盖物价上涨的真正原因，为垄断资产阶级掌握的国家实行的通货膨胀政策开脱罪责。美国联邦政府预算支出50年代平均每年支出694.9亿美元（在20世纪初每年不到10亿美元，占国民生产总值不到5%，30年代推行凯恩斯主义时期每年平均75亿美元），60年代平均每年支出达1281.5亿美元，而70年代进一步猛增，头4年平均达2230.2亿美元，占国民生产总值20%以上。1974～1975年度的联邦政府支出竟高达3054亿美元。美国政府的军事开支更是迅速地滚雪球似的增长。从1946年到1970年美国直接军费共达1.1万亿多美元，平均每年在450亿美元以上。70年代，军事开支进一步增长，1970～1974年的直接军费平均为642亿美元，1974～1975年的直接军费高达877亿美元，比第二次世界大战期间的平均数增长1倍。

但是，这一系列的膨胀政策与刺激措施，不但没能救治资本主义，反而更加深了经济危机。在庞大的政府支出，特别是在滚滚而来的军火订单刺激下，出现了暂时的虚假的"战争景气"。在这种情况下，资产阶级加强了他们的投资活动，这样就使得早已过剩的生产能力进一步扩大；而另一方面，广大劳动人民的购买力却因物价飞涨、垄断价格、债务负担、苛捐杂税等重重征取而越来越相对地萎缩。这样，市场的扩张赶不上生产的扩张就越来越严重，生产能力就越来越过剩，它表现为企业的开工率越来越低，经常闲置不用的机器设备越来越多。如美国在整个50年代制造业平均开工率只有87%。在60年代末期（1965～1970），在侵越战争的刺激下，开工率平均数只达86.8%。70年代开工率更进一步降低，1971～1973年平均为78.8%。失业率也一直增长。70年代头几年的最低失业率比60年代末的最高失业率还要高。这一切表明凯恩斯主义早已经走到了反面，它不但没能起救治作用，反而进一步加深了资本主义的基本矛盾，使危机更加严重，更加频繁，并导致当前这场战后最严重的经济危机的爆发。政府开支的刺激作用，如同打吗啡针，需要不断地注入和增加剂量，否则就会失效。因而反危机的"刺激"政策势必造成政府开支越来越大，财政赤字越来越多。美国1974～1975年度财政赤字将近350亿美元，1975～1976年度的财政赤字更将达到500亿美元的数字。为了弥补庞大的财政赤字，美国政府除了增加税收和增发国债而外，主要是求助于印钞机滥发钞票。从1945年到1972年美国的货币供应量增加1.6倍。60年代货币发行量平均每年增长78.8亿美元，70年代货币发行量增长更快，1971～1974年，3年平均每年增长近121亿美元。这样滥发钞票，加上其他膨大信贷的措施，必然要造成严重的通货膨胀和引起物价飞涨，并最终导致当前危机中严重通货膨胀与生产过剩的危机共同并发的特异症状的出现。此外，由于美国政府对外实行侵略战争政策，海外军费开支激增，而国内通货膨胀，物价高涨，增加了商品成本，这就降低了在国外市场上的竞争能力，使贸易逆差连年出现，国际收支赤字达到巨大规模，引起了美元危机爆发和不断深化，并导致了当前危机中生产过剩的危机与金融货币危机的并发。

总之，战后资本主义经济危机的频频发生，特别是当前这场战后资本主义世界最严重的经济危机的爆发，宣告了凯恩斯主义的大破产。这一次经济危机的沉重缠绵与多样症状并发，险象环生，完全不是偶然的，它是垄断资本主义固有矛盾激化的表现，是垄断资产阶级实行的凯恩斯主义种下的怪胎。

凯恩斯主义的大破产，这对帝国主义统治集团是沉重的打击，他们在当前生产过剩危机与通货膨胀面前惊慌失措。他们先是叫嚷"通货膨胀"是主要敌人，说要采取紧缩的措施；现在又惊呼"萧条有越来越大的危险"，又开始乞灵于膨胀政策。他们的思想界更是众说纷纭，莫衷一是，一片混乱。

第二次世界大战后帝国主义统治集团，在进退维谷的困境中，还要继续抓住凯恩斯主义不放，他们还要继续乞灵于"刺激"措施，进一步将危机转嫁到劳动人民头上。他们越是陷入困境，越是要倒行逆施。但是这只会进一步加深资本主义固有的矛盾和危机。

危机、调整与东亚经济的重振①

一、一场始料不及的缠绵而持久的金融危机

东亚金融危机是继1994年墨西哥金融危机以来又一次新的金融危机。这场危机传染性强、不断反复、缠绵持久，迄今还在发展之中。危机爆发始于1997年7月泰铢贬值，此后迅速蔓延到新加坡、马来西亚、菲律宾、印度尼西亚，此后发展到韩国。西方一些人士曾认为，危机会在年底告一段落，但是实际上股市、汇市风暴反复出现，1998年春出现新一轮汇市滑坡，5月危机不断深化，波及面不断扩大，6月中旬出现日元的大动荡和日本经济的严重不景气，日元与美元比价达到146日元：1美元，日本经济因金融动荡进一步衰退。一年来，这场始发于东南亚的金融危机，表现出迅速传染和不断加剧的特征，它先转向东北亚的韩国，以及向经济大国日本挺进，演化为一场亚洲金融危机，并波及俄罗斯和向全世界扩散。

这场金融危机带来了灾难性的后果，银行倒闭，企业破产，工人

---

① 载《经济改革与发展》1998年第9期。

失业，物价飙升。国际货币基金组织和西方大国开出的处方和提倡实行的"休克疗法"进一步加剧了经济困难，激化了国内的政治社会矛盾，泰国、印尼等国出现了政府危机。金融危机打断了东南亚新兴国家15年来以8%～10%的高速度持续增长的局面，1998年一些国家经济出现负增长，经济倒退5～10年，多年享受到高增长成果的广大群众一下子又陷入贫困，印尼1998年将有9580万人，占印尼人口48%，处在贫困线以下。

东亚金融危机，无疑是1929～1933年世界经济大恐慌以来的一场最严重的危机，是人们始料所不及的突发的危机。尽管个别人士曾经指出，泰国1996年的国际收支和银行债务的可虑的情况，但是没有人曾经对1997年亚洲的这一场金融龙卷风暴的发生做出预见。在危机发生后，一些国家出现仓皇失措，泰国花去200亿外汇储备救市（外汇市场），损失惨重，一些国家在逆转的形势下屈从于国际货币基金的江湖医生药方，从而使危机更加恶化。在东亚和"四小龙"30年的"奇迹"似的发展中，人们忽视了理性的思考，缺乏对大繁荣后出现大萧条的可能性的辩证思维，在金融风暴中人们对于危机的起因也认识不一，一些人把它归结为国际投机家的非道德的行为。东南亚国家的政治家如马哈迪尔，对国际炒家进行了激烈批判。一些人认为危机的发生是实行了对国际资本开放和金融自由化，一些人提出应该对泰国近年的大规模引进外资和扩大对外开放的得失进行重新评估，在我国的评论者中也存在着这种疑惑。一些西方人士则将危机归结为政府主导的东亚模式和东方文化思维，认为实行完全的自由市场体制是消除危机再次发生之途。

可见，无论是基于对这一场突发的危机加深理解，或是基于进行危机的救治和基于对今后可能再次发生的危机的防范，人们都需要对这一场东亚金融危机的性质、成因进行深入的研究。对于一年来经受住了危机考验的我国来说，在当前迫切需要研究危机带来的影响，寻找对应的方法，特别是要加深对当代国际经济的认识，明确时代提供的机遇和风险，由此进一步搞好我国的改革开放和发展，因而对亚洲金融危机进行深入的理论研究就是十分重要的。

二、危机的制度根源：现代金融经济的运行机制和经济全球化的趋势

亚洲金融危机的爆发，尽管在各国有其具体的内在的因素：经济持续过热，经济泡沫膨胀，引进外资的盲目性（短期外债过量），银行体系的不健全，银企勾结和企业的大量负债，等等。危机也有其外在原因：国际炒家的"恶劣"行径。但是人们还应进一步追本求源，找到危机生成的本质因素：现代金融经济和经济全球化趋势。

金融危机是资本主义经济危机固有的内容，应该说，19世纪20年代以来周期性地发生的经济危机，都曾经表现为信贷的障碍、高利率、银行的倒闭等。1929～1933年的世界经济大恐慌，更是以严重的金融危机为先导。1994年墨西哥金融危机和1997年东亚金融危机首先发生于资本主义世界，可见，金融危机有其制度根源，是资本主义危机。但是不能认为，金融危机只是资本主义"制度病"，它也会波及社会主义国家，特别是实行市场体制的国家。应该说，金融危机的可能性孕育于市场体制，植根于自发性的货币交换，在出现赊卖和货币作为支付手段的情况，一旦支付链条断裂，经济运行危机就有可能出现。对此，马克思在《资本论》中就曾经加以论述。一旦经济的交换化、市场化的大大发展，银行制度、证券市场制度的大大发展，货币与资本交换中的矛盾也相应发展，借助于信用的融资与投资活动中的

不能支付，以及由此引起的运行危机就将难以避免。可见，金融危机的可能性存在于市场经济固有的自发性的货币信用机制，一旦金融活动失控，货币及资本借贷中的矛盾激化，金融危机就表现出来。

在现代市场经济运行中，金融的作用日益加强，它积聚资本、融通资本、加速周转、促进增长。斯蒂格里斯指出，金融不再是一般的"中介"，而是经济运行的"大脑"。因而，可以把现代市场经济称为金融经济。货币与银行信用的大发展，进一步强化金融经济是当代世界经济发展的重要特征。走向21世纪的市场经济，越加表现出金融经济的特征，其具体内容是，银行、金融业的空前大发展，股票、国债等多种多样的证券交易的大扩张，多样金融工具，包括金融期货等金融衍生工具的普遍地推行。计算机技术的利用，大大强化了银行和金融机构的信贷和证券交易，促使货币、资本的大流动。金融活动的大活跃，强化了支付危机与债务危机，特别是利用衍生金融工具的金融活动具有更大投机性和难以监管的性质。"巴林事件"表明了期货买卖中的深刻矛盾。可见，金融活动高度发达的现代市场经济本身是高风险经济，包孕着金融危机的可能性。

经济全球化和一体化是当代世界经济的又一重大特征。经济全球化是市场经济超国界发展的最高形式。第二次世界大战后各国之间商品关系的进一步发展，各国在经济上更加互相依存，商品、服务、资本、技术、知识的国家间的频繁流动，经济的全球化趋势表现得更加鲜明。经济全球化的主要内容是：（1）国际贸易的大发展。1989～1996年，商品、服务的国家间流动平均年增长6.2%，为世界的生产总值增长3.2%的两倍。（2）金融活动全球化。金融市场全球一体化，国际投资机构大发展以及电子计算机的应用于信贷投资和资金调动，使国际资本全球迅速流动。全球每日外汇交易达2万亿美元。

1980～1994年，外国直接投资从占国内生产总值的4.8%，增至9.6%；1970年国家间股票、债券交易占美、德、日国内生产总值的5%以下，1996年分别占152%、197%和83%。

金融活动的全球化是当代资源在世界新配置和经济落后国家与地区跃进式发展的重要原因，但国际信贷、投资大爆炸式地发展，其固有矛盾也大大深化，金融危机必然会在那些制度不健全的、最薄弱的环节爆发。

综上所述，现代市场经济不仅存在着导源于商品生产过剩、需求不足的危机，而且存在着金融信贷行为失控、新金融工具使用过度与资本市场投机过度而引发的金融危机。在资本主义世界，这种市场运行机制的危机又受到基本制度的催化和使之激化。

基于以上分析，我们就可以看见：金融危机不只是资本主义国家难以避免，也有可能出现于社会主义市场体制。金融体制的不健全、金融活动的失控是金融危机的内生要素。正由于此，在当前我国的体制转型中，人们应该高度重视和切实搞好政府调控的市场经济体制的构建，特别要花大力气健全金融体制，大力增强对内生的和外生的金融危机的防范能力。

三、在经济全球化时代，从兴利除弊出发，采取积极稳健的发展战略

经济全球化是市场经济发展的必然，是时代的大趋势。经济活动超越国界的发展，并不只是有利于发达国家输出过剩资本，而且，它也为发展中国家带来加快增长的机遇。人们可以看到，东亚"四小龙"的兴起，正是借助于稀缺的资本、技术的引进，使之与当地廉价的劳动力相结合，形成了富有竞争力的亚洲产业经济，由此带来亚洲

的崛起。但经济全球化并非对所有国家都带来经济持续地繁荣发展。在一些国家，如泰国由于短期贷款使用过度，对外资缺乏管理，大量外资涌入房地产与证券市场，造成经济泡沫的虚假繁荣。一旦经济预期逆转，在货币实行自由兑换下，国际资本大流入就转变为大外逃，造成证券市场大崩溃和汇价暴跌、货币贬值，并演化为深重的金融经济危机。国际资本大涌入—经济高增长—泡沫大泛滥—金融大动荡—经济大崩溃，30年来东南亚一些国家中呈现出的这一经济不良演变，成为当代经济全球化发展中的又一层面。这种经济发展的由繁荣到崩溃的演进，值得人们深省，它显示了国际资本毕竟难以驾驭，不当的运用方式——盲目引进，短期贷款过度使用，外债比重过高，条件不具备时实行资本项目自由化以及外资使用于虚拟资本领域，等等，均会成为经济由盛转衰的祸根。

金融危机的启示是：发展中国家在对待经济全球化上，应该实行兴利除弊的稳健的战略，要利用贸易自由化、金融国际化之利，充分使用国际经济的资源，为我所用。因此，一方面，要积极主动地适应于经济全球化的要求，推动本国经济与国际经济接轨；另一方面，又要基于经济全球化对发展滞后、经济体制不健全的国家带来大冲击的可能性，驾驭和掌握与国际经济接轨的方式和步骤，着眼于减少经济自由化进程所固有的风险，特别要防止大国势力集团浑水摸鱼的经济扩张和"经济的再次殖民地化"。

四、大力推进市场经济的制度建设

尽管索罗斯等国际投机家在东亚经济危机中的表现并不光彩和令人厌恶，但是人们不应该以道德准则来衡量和要求机构投资者的行为并认定危机是索罗斯造成的。对于发展中国家来说，更重要的任务是"反求诸己"，搞好现代市场经济的制度建设，特别是要致力于拥有风险防范能力的金融体制的建设。

尽管自发性的信贷与现代金融活动增大了支付、偿债危机的可能性。但是市场经济中上述危机不是注定要发生的，通过货币、信用、金融制度的完善，人们可以缓解内生的矛盾从而化解危机。在现代金融经济时代，借助于更为合理的金融制度，特别是更加严格的监督制度，人们可以有效防范金融危机，使金融活而不乱。

东南亚一些国家之所以发生金融危机，主要原因是制度的缺陷，首先是金融制度的缺陷。（1）银行体系的不健全；（2）监督体系的薄弱。亚洲银行的显著特征是资本充足力不足和大量坏账的存在，它使银行体系脆弱无力。坏账的造成在于银行经营方式的缺陷，首先是亚洲国家银行的封闭式经营，经营状况缺乏透明性，会计制度不逞硬，弄虚作假流行，使银行不良贷款不断积累；贷款中屈从于行政权力和受人情——即所谓"东亚情结"——等主观因素的影响，也是亚洲银行的特征。银行信贷往往缺乏严格的风险分析，在经济长期奇迹式发展的背景下，外国银行也往往只考察政府预算盈余，而不是公司收支平衡状况，从而表现出放贷的盲目性，由此火上加油地促使企业盲目上项目，"热点产业"膨胀和泡沫泛滥，在这种情况下，不良贷款的增加就不可避免。银行一旦不能获得国外短期信贷来维持支付时，就会发生危机。另外，中央银行监管十分乏力也是造成银行的信贷扩张的重要原因。

1997年10月危机爆发前，韩国借有外债1600亿美元，而半数以上是短期外债，占58.5%，后者大大超过韩国的外汇储备，对此中央银行却一无所知。且不说韩国、印尼等银行的缺乏外部审计监管，日本一家大银行机构也曾隐瞒26亿美元的亏损。可见，亚洲金融危机直接导源于银行制度的不健全。

另外，新兴国家初生期的证券市场存在着制度缺陷，投机性活动突出，听任国际热钱涌入证券市场，更促使股市投机活动猖獗，一旦出现风吹草动，在自由换汇的体制下，就会有国际资本的"大逃亡"和汇市的暴跌。

企业制度是否健全也影响到金融体制的合理运作。韩国的大企业集团，尽管多数是上市公司，但是其财务状况是不透明的，向其贷款的银行不了解其业务和盈亏，更不要说是公众了。以至于韩国危机爆发后几天，年销售数百亿美元左右的大企业如"三星""现代"就宣布它们已经无力还贷。

金融危机给人们的重要启示是：市场经济中金融制度缺陷会带来严重后果。东南亚一些国家在一片"金融搞活"声中，疏于金融制度建设，尽管这些国家外资逐年增长，外汇储备也不断增加。日本有强大工业实力，有2240亿美元外汇储备，有海外净资产9000多亿美元；韩国有现代大工业基础，危机爆发前还有着大量财政盈余，但是它们的经济实力强势也未能弥补金融制度的弱势。1997年韩国和1998年日本陷入危机，表明金融制度这个现代经济制度的核心和制高点上的缺陷，是致命的，即使是具有强大经济实力的国家，金融制度构建的失误，也会带来经济大厦的突然倒塌。

可见，正如人们所说：苍蝇不叮无缝的蛋，亚洲一些国家金融危机的爆发，很大程度上是在于制度的缺陷，首先是金融制度的缺陷。因而，为了治理和防范危机，必须从健全制度，特别是金融制度着手。我国正处在由计划体制到市场体制的转型期，加强以银行改革为核心的金融制度建设，对于我国来说，尤为重要。为防止金融风险，要切实推进金融体制的改革。我国银行制度的改革长期滞后，专业银行因政策性贷款和屈从于地方首长意志，难以实现自主信贷，负盈不负亏的体制，使银行缺乏自我约束；加之转型期国有企业固有的信贷扩张行为，这一切造成随意发放大量收不回的贷款，国有专业银行的不良贷款已达20%以上，而一旦强化金融秩序，又出现银行"惜贷"，缺乏经营积极性。因而，加大银行体制改革力度迫不及待。当前需要大力推进专业银行商业化的改革，建立起现代商业银行体系，使银行自主经营，自行发展，自求平衡，自负盈亏，同时，要解决好银行资本金的充足和不良贷款过大问题。银行改革的重要问题是加强中央银行实施独立的货币政策的功能和采取有效的措施，切实加强对银行和非银行金融机构的监管。

银行改革的阻力在于国有企业的机制缺陷，因而，要抓紧国有企业改革，通过现代企业制度的建设，完善企业体制，在实行自主经营、自负盈亏、自我发展、自我约束的基础上，形成合理的企业行为，克服转型期企业负盈不负亏机制下产生的投资冲动和消费亢进，由此从根子上解决转型期银行信用扩张和经济过热病，这也是解决国有商业银行的不良信贷的根本之途。除此而外，还要推进就业、社会保障体系、财税等领域的改革。总之，面对着国际金融高风险的发展势态，人们需要把着力点放在体制改革上，形成政府有效地进行宏观调控的市场经济体制，依靠制度的功能和活力，去化解内生的危机因素和防范外来的金融风险。

五、大力调整经济结构，促进产业升级

亚洲一些国家的金融危机的原因可以向深层追溯：产业结构的缺

陷。泰国借助于大量外资的拉动力，使经济多年保持8%以上的高增长率，成为20世纪90年代的"亚洲第五小龙"。但是泰国的经济繁荣，建立在出口导向的劳动密集型产业和房地产、证券等第三产业的快速发展上，由于劳动力成本的快速提高，加之以世界市场竞争的激化，特别是1995年日元贬值，泰国的出口竞争力受到削弱，出口贸易在1996年已经出现萎缩。基于当时泰国经济形势的变化，"量子基金"等投资机构已经开始策划压迫泰铢贬值的汇市大炒作。可见，泰国本国产业经济实力的薄弱，必然会导致投资者预期逆转，引发资金回流，这是亚洲金融危机的深层原因。

亚洲国家正在进行一场制度建设和结构调整。制度建设旨在完善生产关系使之适应于生产力；结构调整旨在完善产业结构和增长方式，增强产业经济竞争力。在走向21世纪的新形势下，对于亚洲发展中国家来说，产业结构的调整和增长方式的转变尤为重要，它是这些国家进一步吸引国际资本、技术使之与自身的资源相结合，形成富有竞争力的产业经济的前提。

东南亚国家近20年经济的发展，走了一条发展劳动力密集型产业和推进产业升级的道路。亚洲拥有具有比较优势的资源，使其廉价的劳动力与外国的资本、技术相结合，就能形成生产成本远远低于发达国家、拥有竞争优势的产业。人们看到，即使是西方发达国家拥有资本、技术密集的大工业，但瑞士的钟表仍然不敌于亚洲的电子表，欧美的电子元件不敌于中国台湾、新加坡的电子元件，欧美的轻工业产品，不敌于中国的纺织品、服装、鞋子。可见，亚洲劳动力密集型产业的大发展，符合于在竞争中扬长避短，是一项以廉取胜，为工业化积累资本的发展战略。

经济发展滞后的亚洲的工业化和现代化，需要经历工业化资本的积累与知识的积累——科技人员的培育和劳动者文化教育素质的提高——这是一个历史过程而不可能一蹴而就。产业发展中要经历一个由低到高，由劳动密集为主，到资本、技术密集和知识密集为主的不断升级。因此，把发展劳动力密集产业作为进一步推进产业升级的踏脚石，这是一项符合产业现代化规律的发展战略。人们可以看见，新加坡、韩国、中国台湾在发展劳动力密集型产业的同时，还使资本、技术密集型产业得到发展，特别是韩国建立起需要大资本投入的重型经济结构，至于中国近20年经济发展则更是表现为劳动力密集型产业和资本、技术密集型产业并举。

亚洲产业结构的缺陷是依靠外国资本和技术发展起来的出口导向型劳动密集产业，在劳动力价格变贵后，竞争力会削弱，这是亚洲高增长经济中固有的内在矛盾。许多亚洲国家还存在着产业结构单一，各国之间一定程度存在产业结构趋同的情况，马来西亚电子出口占出口额的30%，韩国电子及重化工产品出口占总出口的71%，这就更增大了产业结构的脆弱性。泰国产业经济的脆弱与竞争力的削弱最终表现为1996年的出口无增长（多年来出口年增长率为20%左右）。但是，在长期殖民主义统治下经济发展滞后的亚洲国家，在经济振兴中从来不可能一帆风顺，也不可能不交出一定的学费，东亚模式运行中的缺陷，并不意味着这一模式的失灵。我们不拟在此文中对西方学者有关亚洲模式失灵了的断言进行讨论。我们要指出的是：一些西方学者，如哈佛大学的保罗·克鲁格曼看到了东亚模式中产业结构上的缺陷，但是他对东亚国家外资、国外技术和廉价劳动力合成的产业结构产生的历史背景缺乏了解，对这一产业结构的竞争力和历史意义估计不足，他做出的有关"亚洲增长无奇迹"的论断，表现出认识的片面性和西方人士的傲慢。

亚洲产业结构和增长方式的优点，不是在一场危机中就归于消逝的，这一产业结构的竞争力在今天和更长一些时期仍将存在，东亚国家还可以在结构改革中更有效地加以利用。在世界走向知识经济的新时期，亚洲发展中国家要把长期的经济振兴，建立在产业结构的优化和升级上。亚洲各国应该以金融危机为契机，进一步推进产业结构的调整。如果说，亚洲国家在产业结构调整上的进展乏力，产业升级上步伐缓慢，一些国家满足于高增长速度，忽视投资结构与产业结构的优化，陶醉于表层的繁荣而忽视整体产业经济的竞争力，那么，这一场金融危机倒是进一步启动了产业结构的调整。在当前的大规模企业破产、兼并正在进行之中，特别是西方大企业加强了对当地企业的收购和重组，美国的汽车公司收购了韩国的起亚汽车，尽管这一场结构调整是痛苦的，但毕竟是起着促进亚洲产业经济结构优化和产业升级的功能。坏事也会变成好事，革新了的亚洲产业模式将会表现出它的竞争力和继续推进亚洲的崛起。

六、改革和完善政府的经济调控功能，充分发挥市场的作用

第二次世界大战后，60年代日本经济的重振和高速增长，或是70年代以来"四小龙"的奇迹似的持续高增长，以及泰国、马来西亚、印尼等国的走向繁荣发展，都鲜明地体现了政府主导型的市场经济的作用。亚洲国家在向市场经济转型中，不是使政府的经济作用消亡，而是使政府在产业政策的制定、引导资金投入、扶持大工业的发展、适当保护本国产业、支持企业扩大国外市场等方面，发挥"看得见的手"的作用。

尽管奉行新古典经济学的一些人对亚洲模式一直表示质疑，他们

宣称只有在一个没有管制的完全竞争的市场中，听任市场价格机制的调节和资本的自由流动，就能实现生产的最大效率，即帕累托最优，但是新古典经济学这一抽象的假定，脱离了市场竞争不完全的现实，特别是脱离了发展中国家经济的现实，在那里：（1）旧的经济、社会结构还压抑着向市场体制的转换，从而需要发挥政府的体制创新的功能；（2）转型经济存在市场机制作用不充分的空档时期和市场失灵，要求政府在微观活动——从基础设施到基础产业的兴建——中实行介入；（3）转型期的企业非理性行为和经济缺乏市场自我调控功能，由此带来运行矛盾和滞阻，要求政府发挥宏观调控的功能；（4）在大国主导全球经济及其竞争压力下，发展中国家幼弱产业健康成长和后来追上，不可能没有政府的支持。可见，政府主导产生于转型期的经济与市场的状况和产业后来追上的要求，听凭自由市场自发起作用，没有政府的"转制"（制度）、"校正"（市场）和引导（经济）的功能，发展中国家的市场化、工业化、现代化将会更加拖延持久，经济的持续高速增长是不可能实现的。近30年"亚洲奇迹"出现的事实，证明了政府主导的亚洲模式的积极作用。但是主要依靠市场配置资源，毕竟是市场经济的本质特征。政府的主要经济功能毕竟是创造体制以启动市场，设置参数以"校正"市场，但不可能以行政力量取代市场。东亚政府主导型的模式在其现实运行中客观存在着政府功能与市场机制的矛盾和冲突，甚至表现出政府功能压制和扭曲了市场机制，出现了政府的过度干预下企业经济活动的畸化和市场调节不灵下产生的结构畸化。在韩国，政府扶持大企业集团的产业政策，及其政府、银行、企业的紧密结合，促使在行政权力指挥下的资本向大企业集中，催生出的大企业，一开始就带有许多严重的缺陷：如负债率超过合理界限，工业的快速增长超过了市场容许的限度，出现了企业盲目扩大规模而却缺乏效益的状况。1997年，占用数百亿美元银行信贷的韩国十大集团的净利润只有7000万美元。金大中也称，韩国大企业是导致崩溃的罪魁祸首。至于在日本，政府扶持和保护下的工业企业的盲目发展，特别是银行在大量坏账下的继续信贷扩张，造成房地产、证券等行业的泡沫泛滥和经济结构的严重失衡。在韩国和日本经济发展中，的确，那种"政府对产业政策的行政性选择是一场危险性游戏"的批评是有根据的。在这里，我们还未谈到印尼政府的行政权力，孕育出一个家族裙带关系联结的缺乏效率与竞争力的大企业与银行体系。可见亚洲政府主导型模式存在着弊端，在当前亚洲国家进行的结构调整中，迫切需要进行政府功能的革新。但是这并不是要像某些西方人士那样，全盘否定亚洲的政府主导模式和按照它们开出的经济自由主义药方办事。重要的是要按照"市场办不了和办不好的政府办"的原则，实行更准确的政府功能定位。具体地说：（1）基于亚洲国家经济转型的需要，政府应致力于建设制度，要加快现代市场经济体制，特别是具有强的风险防范能力的金融体制的建立，以及各种法律及司法制度的加强，由此为更有效地吸纳和用好国际资本创造制度前提。（2）基于全球化时代的激烈竞争势态、国际经济和国内经济运行中风险增大的特征，政府应着眼于加强宏观调控，保持经济持续、协调运行，而不应一味追求速度，更不可好大喜功，只图短期繁荣而不顾日后的风险。（3）基于时代的特征和劳动密集型产业结构的技术、经济缺陷，政府应高瞻远瞩，要着眼于向知识新经济转型和制定一整套发展经济和科技、教育的政策。在产业政策上要致力于提高整体经济竞争力，积极鼓励产业升级和技术革新，并以追踪当代知识经济为目标。在产业经济上要保持清醒头脑，知己知彼，切不可不思进取，满足于现有低产业结构下的不稳的经济繁荣。亚洲的经济只有在卓有成效地追赶世界，在技术不断创新的条件下，才能有持续的经济振兴。（4）基于亚洲国家在转型过程中市场机制作用的薄弱和传统的政府结构下的行政干预偏好，人们应该在改革中把充分发挥市场机制的作用，作为主要目标，在当前的企业的兼并、银行的重组、产业结构的调整和升级中，要充分遵循和利用市场作用；要通过这一轮大调整创建一个市场在资源配置中发挥基础性作用的更有活力的市场机制，而且关键则在于政府结构的改革和功能的科学定位。亚洲需要有高能量、高效率的政府，但高能量、高效率不表现为政府对微观活动的干预，而在于在放手发挥市场调节的功能的同时，用恰当的方式搞好政府引导和宏观调控。这样的一轮政府改革和职能的完善和革新，是亚洲国家当前的重大要求，是在走向21世纪的新时期继续发挥亚洲模式积极作用的前提。

可见，亚洲国家在金融危机后的调整方向，不是亚洲模式的废弃，而是这一模式的完善。在亚洲产业结构的完善和政府功能的完善中，亚洲经济将获得新的动力，亚洲的前景也将更加美好。

金融危机防范与东亚经济重振[①]

东亚金融危机是继1994年墨西哥金融危机以来又一次新的金融危机。这场危机传染性强，不断反复，缠绵持久，迄今还在发展之中。事实上，金融危机不只是资本主义国家难以避免，也有可能出现于社会主义市场体制中，金融体制的不健全，金融活动的失控是金融危机的内生要素。正由于此，在当前我国的经济体制转型中，人们应高度重视并切实搞好市场经济体制的构建，特别要花大力气健全金融体制，大力增强对金融危机的防范能力，在经济全球化时代，兴利除弊，采取积极稳健的发展战略。

一、反求诸己，大力推进市场经济的制度建设

尽管索罗斯等国际投机家在东亚经济危机中的表现并不光彩，甚至令人厌恶，但是人们不应该以道德准则来衡量和要求机构投资者的行为，并认定危机就是索罗斯造成的。对于发展中国家来说，更重要

---

① 载《光明日报》1988年9月11日。

的任务是"反求诸己",搞好现代市场经济的制度建设,特别要致力于金融体制的建设。

尽管自发性的信贷与现代金融活动增大了支付、偿债危机的可能性,但是通过货币、信用、金融制度的完善,人们完全可以缓解内生的矛盾,从而化解危机。在现代金融经济时代,借助于更为合理的金融制度,特别是更加严格的监管制度,人们完全可以有效防范金融危机,使金融活而不乱。

东亚一些国家之所以发生金融危机,主要原因是金融制度和证券市场制度的缺陷。金融制度的缺陷主要表现为银行体系不健全和监管体系薄弱。亚洲银行的显著特征是资本充足率不足和大量坏账的存在,使银行体系脆弱无力。银行信贷往往缺乏严格的风险分析,在经济长期奇迹式发展的背景下,外国银行也往往只考察政府预算盈余,而不是公司收支平衡状况,从而表现出放贷的盲目性,由此促使企业盲目上项目,"热点产业"膨胀和泡沫泛滥。在这种情况下,不良贷款的增加就成为不可避免的了。银行一旦不能获得国外短期信贷的维持,就会发生危机。另外,中央银行监管乏力也是造成银行信贷扩张的重要原因。

另外,新兴国家初生期的证券市场存在着制度缺陷,听任"国际热钱"涌入,促使股市投机活动猖獗,一旦出现风吹草动,在自由换汇的体制下,就会有国际资本的"大逃亡"和汇市的暴跌。

金融危机给人们的一个重要启示是:市场经济中金融制度缺陷会带来严重后果。东南亚一些国家在一片"金融搞活"声中,疏于金融制度建设。尽管这些国家外资逐年增长,外汇储备也不断增加,但金融制度构建的失误,也会带来经济大厦的突然崩塌。因而,为了治理和防范金融危机,必须从健全制度,特别是金融制度着手。我国正处在由计划体制到市场体制的转型期，加强以银行改革为核心的金融制度建设，尤为重要。为防止金融风险，要切实推进金融体制的改革。我国银行制度负盈不负亏的体制，使银行缺乏自我约束；加之转型期国有企业的信贷扩张行为，造成随意发放大量收不回的贷款，一旦强化金融秩序，又出现银行"惜贷"，缺乏经营积极性。当前需要大力推进专业银行商业化的改革，建立起现代商业银行体系，使银行自主经营，自行发展，自求平衡，自负盈亏；同时，要解决好银行资本金的充足和不良贷款过大问题。银行改革的重要问题是加强中央银行实施独立货币政策的功能，切实加强对银行和非银行金融机构的监管。

通过现代企业制度的建设，形成合理的企业行为，克服转型期企业负盈不负亏机制下产生的投资冲动和消费亢进，解决转型期银行信用扩张和经济过热病，是解决国有商业银行不良信贷的根本途径。除此之外，还要推进就业、社会保障体系、财税等领域的改革。

二、大力调整经济结构，促进产业升级

亚洲一些国家金融危机的原因可以向深层追溯：产业结构的缺陷。目前，亚洲国家正在进行一场制度建设和结构调整：制度建设旨在完善生产关系使之适应于生产力；结构调整旨在完善产业结构和增长方式，增强产业经济竞争力。对于亚洲发展中国家来说，产业结构的调整和增长方式的转变，是进一步吸引国际资本、技术使之与自身的资源相结合，形成富有竞争力的产业经济的前提。

东亚国家近20年经济的发展，走了一条发展劳动力密集型产业和推进产业升级的道路。亚洲拥有比较优势的资源，使其廉价的劳动力与外国的资本、技术相结合，就能形成生产成本远远低于发达国家、

拥有竞争优势的产业。

亚洲的工业化和现代化，需要工业化资本的积累与知识的积累，即科技人员的培育和劳动者文化素质的提高。产业发展中要经历一个由低到高，由劳动密集为主到资本、技术密集和知识密集为主的不断升级。因此，把发展劳动力密集产业作为进一步推进产业升级的踏脚石，是一项符合产业现代化规律的发展战略。人们可以看见，新加坡、韩国、中国台湾等国家和地区在发展劳动力密集型产业的同时，还使资本、技术密集型产业得到发展，特别是韩国建立起需要大资本投入的重型经济结构。至于中国内地近20年经济发展则更表现为劳动力密集型产业和资本、技术密集型产业并举。

亚洲产业结构的缺陷是依靠外国资本和技术发展起来的出口导向型劳动密集产业，在劳动力价格变贵后，竞争力会削弱。这是亚洲高增长经济中固有的内在矛盾。一些国家和地区还存在着产业结构单一，一定程度上存在着产业结构趋同的问题。当然，东亚模式运行中的缺陷，并不意味着这一模式的失灵。

亚洲产业结构和增长方式的优点，不是在一场危机中就归于消逝的。这一产业结构的竞争力在今天和今后更长一个时期内仍将存在，东亚还可以在结构改革中更有效地加以利用。在世界走向知识经济的新时代，亚洲发展中国家要把长期的经济振兴建立在产业结构的优化和升级上。亚洲各国应进一步推进产业结构的调整。当前大规模企业破产、兼并正在进行之中，特别是西方大企业加强了对当地企业的收购和重组。尽管这一场结构调整是痛苦的，但它毕竟会促进亚洲产业经济结构优化和产业升级。

三、完善政府经济调控功能，充分发挥市场的作用

20世纪60年代日本经济的重振和高速增长，或是70年代以来"四小龙"奇迹似的持续高增长，以及泰国、马来西亚、印尼等国的走向繁荣发展，都鲜明地体现了政府主导型的市场经济的作用。亚洲国家在向市场经济转型中，不是使政府的经济作用消亡，而是使政府在产业政策的制定、引导资金投入、扶持大工业的发展、适当保护本国产业、支持企业扩大国外市场等方面，发挥"看得见的手"的作用。这是由发展中国家的经济现实所决定的：（1）旧的经济、社会结构还压抑着向市场体制的转换，从而需要发挥政府体制创新的功能；（2）转型经济存在市场机制作用不充分的空档时期和市场失灵，要求政府在微观活动从基础设施到基础产业的兴建中起介入作用；（3）转型期的企业非理性行为和经济缺乏市场自我调控功能，由此带来运行矛盾和滞阻，要求政府发挥宏观调控的功能；（4）在大国主导全球经济及其竞争压力下，发展中国家幼弱产业健康成长和后来居上，不可能没有政府的支持。近30年"亚洲奇迹"出现的事实，证明了政府主导型亚洲模式的积极作用。

但是，主要依靠市场配置资源，毕竟是市场经济的本质特征。政府的主要经济功能毕竟是创造体制以启动市场，设置参数以"校正"市场，不可能以行政力量取代市场。东亚政府主导型模式在其现实运行中客观存在着政府功能与市场机制的矛盾和冲突，甚至表现出政府功能压制和扭曲了市场机制，出现了政府过度干预下企业经济活动的畸化和市场调节不灵产生的结构畸化。亚洲政府主导型模式存在的弊端，在当前亚洲国家和地区进行的结构调整中，迫切需要进行政府功能的革新。重要的是按照"市场办不了和办不好的政府办"的原则，

实行更准确的政府功能定位。高能量、高效率的政府不表现为政府对微观活动的干预，而在于在放手发挥市场调节功能的同时，用恰当的方式搞好政府引导和宏观调控。

可见，亚洲国家和地区在金融危机后的调整，是这一模式的完善。在亚洲产业结构的完善和政府功能的完善中，亚洲经济将获得新的动力。

论过度金融化与美国的
金融危机[①]

2008年爆发的美国金融危机，并非是一项突发事件，它是资本主义周期性危机的新形式。金融垄断资本主推的经济过度金融化与虚拟化，特别是"有毒的"衍生金融产品的引进，使美国金融结构畸化和金融体系风险增大，并导致这场空前严重的金融危机的爆发。这场金融危机尽管是金融体系内在矛盾激化的直接产物，但其最深根子仍然是实体经济中不断扩张的生产能力与内生需求不足的矛盾。

一、一场百年难遇的、严重的金融、经济危机

2008年9月爆发于美国的危机，是一场自1929～1933年大萧条以来未曾有过的严重的经济危机。其特点是：（1）首先是一场金融危机，它引发银行、投行等金融机构大量破产，股市暴跌，银行信贷收缩，资金周转停滞，金融体系陷入瘫痪。（2）由金融领域危机演变为企业

---

① 载《经济学动态》2010年第4期。此文为《求是》2010年第14期摘要刊登。

破产，大规模失业。2009年3季度失业率为10.2%，达到数十年来所未有的高度。（3）是一次还需要不短的时日才能完全摆脱的十分沉重的甚至会有反复的经济危机。（4）危机严重冲击美国经济，美国经济核心阵地华尔街遭受重挫，美元发生贬值，人们担心滥印货币而发生美元危机。美元作为世界储备货币的地位和美国在世界经济政治中的独霸地位已经严重动摇。后危机时期为众多矛盾困扰的美国经济将低速发展，美国会走向衰落。世界的多极化，以中国为首的新兴国家引领世界经济发展，将成为新时代的特征。（5）特别是危机对世界资本主义体系带来一次大冲击，促使拉美社会主义兴起，社会民主主义思潮在欧洲获得势头，而奥巴马则在"变革"的口号下采用了一些罗斯福新政式的政策措施，如提出为3600万未有医保者实行医疗保险的社会福利措施。人们说：美国时钟的钟摆正在由自由市场经济摆向国家干预的市场经济。

可见，2008年9月在美国首先爆发的金融危机，在经济全球化的背景和机制下，引发和演变为世界各国无一幸免的国际金融危机，并且进一步发展为全面的经济危机，在一些国家引发政治危机和社会动乱。为应对危机，政府采用巨大财政赤字、零利率和信贷扩张等刺激计划，使后危机时期的美国面对着美元危机和滞胀等风险。

二、美国的金融垄断资本和经济的过度金融化

美国是当代垄断资本主义的典型和顶峰。垄断资本主义指的是：私有制的大企业在生产中占据很大比重，它们对价格形成施加影响和对广泛的经济生活进行控制。垄断价格有别于充分竞争价格，价格不是定于供给曲线和需求曲线相交点，而是位于其上，因而，它包含有

超出平均利润的垄断利润。其图表如下：

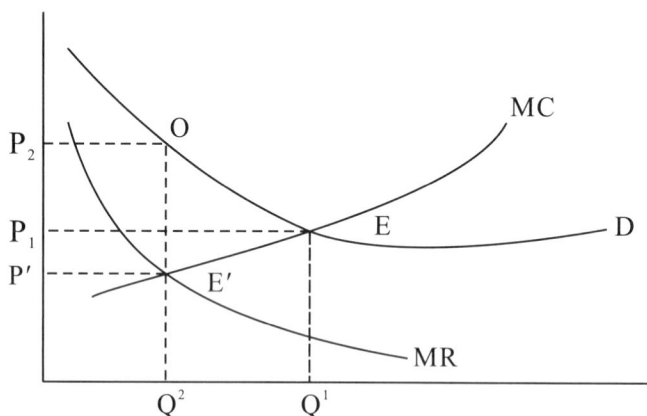

图中：MR为边际收益；MC为边际成本；P'E'OP₂为垄断利润。

垄断价格=成本+平均利润P₁+垄断利润P₂，它意味着大企业从市场价格中获得高额垄断利润。

美国早期的资本主义，是自由放任的市场经济，实行中小工厂主自由竞争。这是一种为充分竞争和竞争价格调节的经济，企业主获得的是平均利润。20世纪以来的现代美国资本主义，则是由福特（汽车）、美孚（石油）、花旗（银行）等工业和银行巨头不同程度控制的市场经济，在一些重要经济领域现实的价格形成中垄断的影响表现得十分明显，大企业获得高额垄断利润。私人垄断资本对生产、交换的支配，在美国有着最鲜明的表现。

现代美国资本主义，还具有金融垄断资本主义的性质。金融垄断资本主义指的是：（1）通过集中而形成具有市场垄断性的大金融公司对金融市场交易的控制。美国"3%的银行控制了多于70%的资产。16

家最大银行……控制着整个银行系统1/3的资产"[1]，一批金融巨鳄在金融活动中占有支配地位，他们从事于数额庞大的信贷与投资业务。（2）金融业获得更高的额外利润，成为金融垄断资本"淘金"的沃土。20世纪90年代以来，金融产业公司的利润比国内其他部门高30%，2009年产业总利润比1970年增大100%。[2]美国前10%的家庭的可支配收入中8%来自金融领域，在2006年提升为22.5%。格林斯潘也说："最近几十年中国民收入转移到金融、保险机构的份额急剧增大……有金融技巧的人员收入快速增长。"[3]畸高的额外利润是社会资本流入金融业、货币信贷活动活跃和不断扩张的驱动力量。（3）社会资本流入金融业和信贷、投资活动的发展，使金融业在国民经济中比重大大提升。1995～2005年，美国的金融资产与国内生产总值之比从303%上升至405%[4]。1929年美国银行信贷本息占国内生产总值的9%，2008年上升为70%，达14万亿美元。特别是资本市场不断发展和扩大，股市资产市值达到美国国内生产总值的1.5倍。

可见，经济的金融化是21世纪80年代以来美国经济发展的鲜明趋势，当代美国资本主义不仅是垄断资本主义，而且是金融资本快速发展和占据主导的资本主义。

---

[1] 斯蒂格利茨著，姚开建等译：《经济学》（下册），中国人民大学出版社，1997年，第204页。

[2] 《商业周刊》2009年5月。

[3] 格林斯潘：《动荡的年代》（英文本），潘根出版社，2007年，第369页。

[4] 麦肯锡全球研究院：《世界资本市场地图》。

三、经济过度金融化与虚拟化

金融业的快速发展和在产业中地位的凸显，是现代发达市场经济的特征。银行信贷是金融活动的重要部分，是发展现代化大生产所必要和十分重要的杠杆。没有银行信用制度就不会有19世纪下半叶英美等国的铁路交通和海轮运输业的发展。资本市场是现代金融体系的重要组成部分。没有发达的证券市场，就不可能有现代股份制企业的发展，没有20世纪末出现的创业板市场，就不可能有激励和孵育高技术经济的风险资本和科技性企业的快速发展。没有期货交易就不能发挥发现商品市场价格，稳定市价波动的功能，使市场适应发达商品交易的需要。没有衍生金融产品，就不能充分发挥这一新型金融资产的市场融资、再融资功能和充分释放金融市场的活力。

可见，发达的金融体系和发达的资本市场的形成和发展，起着积极促进产业经济发展的功能。在现代化、市场化、全球化大背景下，金融业的加快发展和趋于发达是一个大趋势。问题是货币信用事业的发展要适应实体经济的需要，而不能听任其自我膨胀，形成货币信用过度扩张。

信用，我们指的是银行的信贷，以及资本市场上的金融资产如股票、债券，以及衍生金融产品等的买卖活动，这些买卖总与货币有关，因而，确切地说，这是货币信用。我们把货币信用过度扩张规定为：（1）社会资本过多流入和集中于金融领域，特别是股市；（2）在金融自我循环中银行和金融事业机构的过度发展；（3）劣质或"有毒"的金融工具的使用和多次使用，即杠杆率过度增大。上述情况，意味着国民经济活动中超出实体经济发展需要的货币信用交易活动量的过度增大，特别是金融虚拟资产交易量的过度扩大。

显然，上述货币信用过度扩张，鲜明地体现在20世纪80年代以来美国经济的发展中。如：金融部门提供的信用1980年为5783亿元，2002年初达9.6万亿元，在国内生产总值中的比重由21%跃升为93%；消费者信用贷款2002年达7.9万亿元，占国内生产总值的77%。一方面是金融业的不断发展和信贷以及资本市场交易活动的急剧扩大，另一方面，制造业则出现萎缩和移至国外。美国1998～2006年工业产值不断下滑，工业中就业占总就业比重，50年代为50%，1998年下降为15%，2008年下降到10%以下，大量就业转移到金融，以及商业零售、旅游、物流等低端服务业，呈现出"去工业化"外观。

金融业的发展以及信贷与投资的扩大，意味着债务的增长和债务违约引发的信贷危机的产生。根据美国联邦储备委员会材料，美国1998年1季度至2008年1季度债务增长状况是：金融业为128%；家庭为97%，约为15万亿美元；企业为65%，约为24万亿美元；州及地方政府为61%，约为4万亿美元；联邦政府为9%，美国国债规模约为12万亿美元。美国总共债务规模达55万亿美元，为国内生产总值的3倍多，从而使美国经济成为高债务经济。特别是近10年中家庭债务翻番，其中住房债务的坏账，导致次贷危机的产生。

可见，美国经济出现了超过实体经济需要与承载能力的经济过度金融化和虚拟经济过度发展，与这种发展相伴随的是实体经济部门的萎缩。这种过度金融化和过度虚拟化的经济，成为美国市场经济模式的鲜明特征，可以称之为金融资本主导的市场经济。显然，经济金融化过了头，奥巴马也宣称要"重返实体经济"。

四、20世纪80年代以来美国的里根主义：金融过度扩张的政策背景

金融活动的过度扩张与政府的自由主义政策密切相关。1980年里根主政，实行放宽管制，听任市场自由活动，人们称之为里根主义。（1）美国1913年创立了中央银行制度——美联储。30年代美国加强了对银行信贷活动的管理，如建立储蓄账户的准备金制度，对银行信贷利率上限进行管制。1980年以后取消了上述规定，实行银行利率市场化，美联储对商业银行信贷的调控功能也由此减弱。（2）30年代设立联邦存款保险公司FDIC，政府为银行存款提供保险并在危机时处理银行破产事务。1933年实施的格拉斯·斯蒂格尔法（Glasss-Stegall Act）规定银行只从事存贷业务以保护存款人利益，严禁银行从事股权投资。这一法令在1999年被废止。主流金融理论片面宣称：实行商业银行业务多元化，有助于减少金融风险。（3）1971年尼克松政府中止美元与黄金挂钩制度。由于货币与黄金脱钩，一方面黄金自发调节货币供求功能丧失，另一方面货币信用的扩张更加容易。（4）在听任金融自由创新的政策支持下，金融机构热衷于开发衍生金融产品。一些大金融公司在高额利润驱使下制造出一些"有毒的"金融衍生产品，后者在金融市场中的炒卖增值，诱发出更多的"有毒资产"产生和入市，由此增大了金融市场体系的风险。衍生金融产品入市成为引爆金融危机的直接动因。（5）美国借助于美国霸权和美元作为世界储备货币的地位，保持大量进口和贸易逆差，也就是以债务融资形式维持其国内的过度消费。作为债务的资产——国库券、财政部担保债券——的大量发行，进一步扩大了国内外的信贷活动。（6）在当代资本主义经济、政治形势下，为了保持社会稳定和争取选民，政府对不可持续

的住房信贷实行自由放任和金融支持。1979年撒切尔提出"居者有其屋"，美国政治家、从里根迄至小布什的历届总统，在竞选中均做出保障居民住房的承诺。罗伯特·希勒说，政府"对居者有其屋的承诺不断加码"[①]，放宽住房信贷是政府"这一政策的直接后果"[②]。而且，应该看到美联储和政府听任高风险私人住房信贷畸形发展，与其说是为了满足居民的住房需求，不如说是适应了AIG等大公司获取垄断利润的要求。

五、虚拟经济运行机制与金融过度扩张

当代发达国家金融的过度扩张，其重要原因是市场经济中金融化、虚拟化的机制。对此，我们略加分析。

第一，金融活动包括：（1）银行信贷；（2）资本、证券、外汇市场交易；（3）保险业务。资本市场活动越加发达是现代市场经济的特征。在现代化、市场化、全球化大背景下，信用在发展中的作用更加强化。周期长的技术开发活动、新兴产业创业活动、小企业包括科技个体企业的兴办，等等，均有赖于银行信贷与资本市场的支撑。因此，促使现代金融业——包括从事资金信贷的银行业，从事资本市场交易的证券业和各种基金，吸收保费和进行资本市场营运的保险业，参与资本市场的养老基金等——的兴起，形成高效、有序和低风险的金融活动，是现代市场经济的特征和加快发展的需要。

第二，金融交易工具的增多和现代金融创新中的 m 扩张。证券交

---

① 罗伯特·希勒著，何正云译：《终结次贷危机》，中信出版社，2008年，第58页。

② 罗伯特·希勒著，何正云译：《终结次贷危机》，中信出版社，2008年，第58页。

易是现代金融活动的主要部分。实体经济主要通行的是物品与货币交换，即商—货—商，但在资本市场上存在证券与货币的交换，即货—证（券）—货。在发达市场经济下，适应着融资与发展金融业务的需要，出现了包括衍生金融产品在内的证券的多样化。进入金融市场的产品日益增多，包括国债券、公司债券、各种抵押证券、期货，特别是衍生金融产品，等等。这些产品能够在资本市场迅速变现，即实现为现金，由此发挥交易媒介功能，因而，它属于"准货币"性质。现代金融学使用$m_3 m_4$等术语来称谓这些金融工具。美国20世纪80年代以来，华尔街大公司在垄断利润驱使下不断实行花样百出的"金融自由创新"，多种金融产品，特别是衍生金融产品被创造出来和推向市场，如CDO，即债务抵押证券（Collateralized Debt Obligations），以及CDS即信贷违约互换（Credit Default Swap）等。我们称这种现象为现代金融创新中的m扩张，它意味着货币范畴内涵的扩大，反映了立足私有制的发达的市场经济中货币信用活动自我扩张趋势。

第三，虚拟资产交易具有自我膨胀的机制。证券是一种虚拟资产。股票、国债券、公司债券、期货以及衍生金融产品等都是实在资产价值的凭证。（1）证券的市场交易价格或市值，不等同其实在价值，它经常地高于实在价值，也会跌到实在价值以下。即使在较成熟的美国资本市场，其金融指数市场上的市盈率水平，1994～1999年上涨907%，在2001年又一落千丈。（2）虚拟资产市场交易，带有强烈的投机性，人们通过低价买进高价卖出，赚取投机利润。资本市场上的资产价格：决定于实在价值，更多决定于产品供求，特别地受到心理因素的影响。在人们预期良好时，会出现"牛市"，它实现高额投机利润、吸收大量社会资金入市。人们在市场上为哄抬虚拟资产价值而互相博弈，由此形成金融资产交易中资产价格膨胀和"泡沫化"的出现。虚拟资产的价格变动机制及其引发的资本市场自我膨胀，是当代发达金融经济的特征。

第四，衍生金融产品促进金融资产自我膨胀。衍生金融产品，是以一项基础支持资产，例如以住房抵押信贷为基础，开发出若干次的重复抵押证券。这样：一项始发债券交易，可以生长出为其实在资产价值达数倍、数十倍的后续衍生证券交易。如美国立足于12万亿美元房贷而开发入市交易的CDO、CDS市值达100万亿美元，为全球国内生产总值的3倍。金融企业可以用这种成倍放大的虚拟资产收益来改善其资产负债表，进一步扩大其信贷和投资活动。衍生金融资产的创造和引入资本市场，促使一种倒金字塔式的虚拟资产的不断自我扩大机制的形成，由此出现了快而大的泡沫化。

虚拟经济的快速自我膨胀总是会带来突发的收缩，也就是经济泡沫化导致泡沫破裂，即出现虚拟资产运行危机。虚拟资产市场交易具有投机性。投机性交易中对产品的需求和产品价格的决定，更多从属于人们的心理预期。在市场上人们心理看好时，就会有对资产的投机性抢购和价格的节节攀升，而在人们心理预期逆转时，则会竞相抛售和价格的不断下挫。这是一种更多地受心理影响的市场。而人们的心理，则决定于多种因素，包括：企业的经营和利润率、市场销售状况、宏观经济状况、调控政策的走向，甚至包括社会、政治状况与自然环境变化等。这种心理称为市场心态，它本身具有不确定性和非理性特质。市场心态的不确定性质，决定产品市价的易变性和资本市场的高风险，后者在本质上是不可计量的。

可见，金融虚拟资产交易，是一项高风险交易。特别是在出现泡沫化势态下，市场行情就更加不稳，在人们疯狂的市场博弈中，泡沫破裂就将发生。泡沫化到泡沫破裂应该是金融虚拟资产市场交易的客观规律。一些西方经济学家认为人们可以做到"理性预期"，或认为可以通过金融业务工具多元化消除风险，并且认为可以凭借数学模型精确计量风险。当代市场经济体频频发生的金融危机，证明了金融虚拟资产交易泡沫化到泡沫破裂，是不以人们意志而转移的客观必然性。[①]

第五，金融业中通行强激励机制，促使金融高管行为畸化，增大了虚拟资产市场交易活动的不确定性。国外的现代金融业是以高风险、高盈利、高报酬为特征。金融业萌芽期雇员的报酬（工资）不超过商业雇员的工资水平。当代华尔街金融高管层的工资却大大超过其他各产业的工资水平，金融行业雇员被称为"金领"阶层。特别是华尔街金融高管的年报酬，通常是中产者收入的数十倍。

一般地说，经理人员的高薪产生于人力资源的市场价格机制，它是管理者从企业良好业绩中获得的回报，实质上体现了现代市场经济中高管层对企业利润的分享机制，现代管理学称之为收入分配激励机制。金融高管以及科技创新尖子的高回报的产生，一方面，是由于现代金融运行的高不确定性，决定了金融企业高管活动是一项高知识含量从而高复杂性活动。这种人力资本形成，不仅需要有更多的学校学习费用，而且需要有更长的专业实践学习费用，因而，金融高管的工资属于复杂劳动报偿的范畴。更主要的是，金融高管作为公司以市场方式招募的人员，它的报酬是在市场竞争中形成，那些稀缺的人力资

---

① 里查德·邓肯在《美元危机：成因、后果与对策》一书中说：衍生金融产品交易"它本身就构成了一个产业，不但盖着神秘的面纱，而且也证明它是全球经济的'阿基里斯的足后根'……该市场所产生的任何系统动荡都有可能让美国政府付出昂贵的代价，甚至束手无策"，"衍生性金融产品市场的瓦解会导致全球银行体系的崩溃，而这种可能性是没有一个政府有能力补救的"。（里查德·邓肯著，王靖国等译：《美元危机：成因、后果与对策》，东北财经大学出版社，2008年，第94页。）

源就会获得远高于其自身价值的工资。特别是在从事投机性金融市场活动中，金融博弈能手成为最抢手的人力资源，这就是国外金融高管以及金融技术创新尖子，获得价格远远高出其内在价值的畸高报酬的现实依据。

实践表明，金融虚拟资产营运中的强激励制度是一把双刃剑。它一方面会提升金融经营管理劳动的效率，另一方面，它又导致经营决策行为的投机性与风险性。人们可以看见在华尔街，不少金融高管在天价式的报酬刺激下，头脑发热，丧失风险事业所必要的经营行为的谨慎性，千方百计寻找和设计出能"赚大钱"的金融工具，在金融活动中"不惜冒险一搏"。这种通行于金融行业的现代强激励机制不仅有悖于"劳有其值"之理，而且带来严重负效应：（1）它助长金融投机活动和"非理性繁荣"；（2）助长企业经营中的瞒报和财务作假——如2003年美国世通公司等的财务丑闻——因为只有捏造出业绩，公司经理层才能获得与业绩挂钩的巨额的薪酬；（3）助长追求短期的投机盈利，而不是谋取公司长期稳健的成长。总的说来，现代强激励机制激发出来的金融大公司的"畸化"行为，影响和造成金融活动中的不良势态，强化了金融泡沫化发展和金融运行的不稳定性。

综上所述，市场经济中货币信用活动具有自我膨胀机制，这比较像西方经济学所说的"货币乘数"作用。而越来越立足于虚拟资产之上的现代金融信贷活动，其自我膨胀机制就更加强化，金融运行的风险就更加增大。可见，在发展金融虚拟经济活动和利用其积极功能中，需要有效的制度约束、政府的宏观调控和管理。而听任金融自由创新，听任金融信贷自我膨胀，就会走向经济过度金融化和过度虚拟化，不仅引起经济结构的失衡，而且增大金融运行中的风险，最终导致金融信贷危机的发生。

六、过度金融化的深根是制度性的生产能力过剩

2008年的美国危机首先发生于金融领域，表现为金融危机。一些人认为，当前这一场危机纯粹是产生于金融运行失序，而与生产能力过剩的经济危机不相干。这是一种停留于事物表象的浅见。马克思阐明了资本主义实体经济中不断扩张的生产能力和市场需求不足的矛盾，是经济危机产生的根本原因，"市场的扩张赶不上生产的扩张，冲突成为不可避免的了，而且，因为它在把资本主义生产方式本身炸毁以前不能使矛盾得到解决，所以它就成为周期性的了"[①]。

我们认为，2008年美国的这场经济灾难，尽管是一场金融危机，是美国金融体系的内在矛盾激化的直接产物，但仍然与美国实体经济内在矛盾有关，其最深的根子仍然是资本主义制度下实体经济中不断扩张的生产能力与内生需求不足的矛盾。

20世纪80年代以来，在美国，一方面，科技革命与新技术的使用，使劳动生产率大大提高，总供给不断扩大；另一方面，资本主义所有制结构下的国民财富分配机制和人力商品制度下固有的收入重大差别，决定了居民有购买力需求的增长落后于生产能力的扩张。尽管30年代以来，特别是第二次世界大战后，美国加强了社会福利制度建设，一定程度治理和缓解了贫困化，但是国民收入分配向资本倾斜而不是向劳动倾斜的机制不曾改变。特别是由于美国存在大量低收入阶层，占劳动力40%的棕色、黑色人口中绝大多数从事于低收入工作，低收入层的实际收入增长长期落后于企业利润的增长。收入差距的拉大，两极分化越发凸显，是80年代以来经济高科技化时期的特征。

---

① 《马克思恩格斯选集》第3卷，人民出版社，1972年，第315页。

1978年占居民10%的最富有层的收入为低收入层收入的20倍，在2008年扩大为77倍。1990年美国有13.5%人口处于贫困状态，贫困人口中男性为32%[①]，美国基尼系数在1980年突破0.4，2005年为0.469，高于北欧、澳洲、加拿大和日本，收入分配差距居发达国家首位[②]。国外媒体称："美国贫富差距正在不断加大，比任何时候都严重，而赤贫人数攀升到近30年最高点。"[③]美国的净资产贫困人口，即没有收入，其净资产价值减去债务后剩余部分不足维持现有消费水平3个月的人，在1999年约占美国家庭的26%。美国存在上千万缺房户，他们依赖房贷来解决"居者有其屋"。

可见，财富富裕的美国资本主义经济，不断扩大的财富生产能力与贫困造成的内生需求不足的矛盾，不仅仍然存在，而且表现得十分鲜明。即使是像格林斯潘这样的美国自由市场体制的热烈歌赞者，2002年2月27日在国会做证词中也多次谈到美国生产能力过剩。在有效需求与供给能力的制度性失衡的大格局下，政府唯有借助于信用扩张——如消费信贷、房贷——来刺激大众消费和支撑有效需求。2001年网络危机后，出现技术创新低潮和技术转化为生产力和对经济增长驱动力的变弱，而房地产在经济增长中作用增大。为发挥房地产的拉动增长功能，2001年以来美联储一直以低利率来维持和扩大房贷。廉价的甚至无须首付的房贷，扩大了对住房的需求，也促使房价不断攀升，由此进一步推动了住房投资和促使住房生产能力扩大。房地产泡沫也由此出现，2007年发生的次贷危机也由此酿成。里查德·邓肯在2005年出版的《美元危机》一书中就已经指出："房地产市场繁荣不

---

① 斯蒂格利茨著，姚开建等译：《经济学》（上册），中国人民大学出版社，1997年，第534页。

② 斯蒂格利茨著，姚开建等译：《经济学》（上册），中国人民大学出版社，1997年，第534页。

③ 法新社华盛顿2007年2月21日电。

可能持续长久，……最后会在危机中结束。"①

可见，大众购买力的增长滞后和有效需求不足，是2001年以来美国住房信用扩大的现实基础，也是美国式的消费债务经济出现的深层原因。正如英国伦敦经济学院韦德教授所说："在美国人口中占90%的低层的收入没有增长的条件下，借助货币信贷来增大人们的消费。"②

可见，政府主导的货币信用的扩大固然能够在短时期内起着创造和扩大需求的功能，甚至能带来短期经济增长，而刺激和扩大货币信用也就成为一个有效需求不足经济中保持增长的外生力量和杠杆。但是货币信用的扩张毕竟不能消除生产能力扩张和有效需求不足的矛盾，特别是持续的货币信用扩张会滋生出一个过度金融化、虚拟化的畸化经济结构，这一结构导致：一方面，金融体系因其庞大芜杂，内在矛盾更加众多和更不稳定；另一方面膨大的虚拟经济与萎缩的实体经济的矛盾也更为凸显。这一过度金融化的经济的运行中不仅导致金融危机，而且也会使实体经济矛盾深化和演化为全面的经济危机。

综上所述，美国2007年爆发的次贷危机，其深层原因仍然是来自于实体经济的矛盾。也就是说，在实体经济中扩大的生产能力受困于不足的有效需求的情况下，为了支撑市场需求，经济过度信用化、金融化、虚拟化的趋势将难以避免，而这一畸化的经济结构的运行必将导致金融、经济危机的爆发。

---

① 里查德·邓肯著，王靖国等译：《美元危机》，东北财经大学出版社，2005年，第86页。
② 载《领导者》总第28期。

七、经济自由主义酿成的恶果

对于2008年的经济危机的发生，西方国家的人们普遍感到仿佛突然地祸从天降，当局在救市中仓促应对，政治家对于缓解失业、促进复苏的政策措施争论不休，这些充分暴露了人们对资本主义周期性经济危机的运行规律缺乏理论认识。而这种认识缺失的根源，在于西方主流经济学的缺陷和科学性的"贫乏"。第二次世界大战后西方主流经济学，在研究对象上使政治经济学变成了一门单纯研究经济运行琐细机制的学科，在研究方法上热衷于数学模型的搭建和使用。经济学家们不曾着力于剖析产生某种经济运行势态的体制基础，更摒弃对经济深层制度，即所有制的理论剖析，更不愿承认资本主义有其严重的内在矛盾。如经济学诺贝尔奖首位得主萨缪尔森自称，对于凯恩斯主义的有效需求不足和有非自愿失业的均衡命题，但他一直难以从内心加以接受。

第二次世界大战后在美国经济相对平稳发展的大背景下，特别是1980年以来，美国经济学思潮中出现了离弃凯恩斯的有政府调节的市场经济论，而向"市场自律论"回归。"市场自律论"即实行自由放任，认为放手听任市场机制自发调节，就能使资源配置达到均衡点，从而实现经济稳定增长并"自动熨平"周期波动。这种教义成为20世纪80年代以来美国的主流经济学说，并成为美国政府制定经济政策的理论基础。这一理论来源于马歇尔的一般均衡论。在这里需要指出的是对美国金融政策具有重要影响力的米尔顿·弗里德曼的货币金融理论。弗里德曼论述了取消政府干预的金融市场自我调节理论，这一理论成为现代金融学的基本原理，贯串在各种金融学教材之中。

弗里德曼阐述的现代货币主义理论，其基本观点是：（1）资本主义市场活动拥有自我调节能力和能使经济实现均衡，而无须政府加以干预；（2）在出现经济波动时，市场价格和工资伸缩性的机制会迅速地加以校正；（3）政府只需确定和保证货币数量稳定增长率，无须采用其他工具来管理市场，包括对过热的、泡沫化的资产市场的管理；（4）主张保持有一定失业的经济均衡。弗里德曼提出了一个"自然失业率"概念，认为失业是"自然的"和合理的。

弗里德曼否认1929～1933年的大萧条的原因是资本主义实体经济固有的生产能力过剩和"内需不足"，而认为是注入流通的货币不足导致萧条的产生。基于这一理论，只要当局根据经济运行事态调控货币，特别是采取降低利率，增加货币数量，就可以通过货币乘数以及信用的功能创造出需求和及时消除危机。这种货币增长消灭危机的理论，通行于《现代金融学》教科书中。发行量达数百万册的萨缪尔森《经济学》中，极力宣扬战后资本主义经济运行的可调控性，认为美国经济已经"不至于扩大成为长期持续的萧条状态，如果马克思主义者在等待资本主义在最后的危机中崩溃的话，他们就是徒劳的"[①]。主持美联储长达20年的格林斯潘，在2007年出版的格林斯潘回忆录《动荡的年代》一书中，充满了对美国"自由市场制度的优越性"的赞扬：宣称自由市场制度拥有的强大自我调适的功能；认为美国1956年以来50年的信贷扩张和各种债务——家庭、公司、政府——的增长"不值得担忧"，"这种担忧忽视了现代生活一项基本事实：在市场经济中，进步是与债务相伴的"[②]。这本书片面宣扬现代金融体系促

---

① 保罗·A.萨缪尔森著，胡代光等译：《经济学》（上册），12版，1993年，第330页。
② 格林斯潘：《动荡的年代》（英文本），潘根出版社，2007年，第147页。

进增长和减少了风险的美妙能力①。格林斯潘对美国20世纪90年代末的房地产与股市繁荣有一句经常重复的话："我们面临的不是泡，只是沫——大量细小的沫子，这种沫子不可能膨胀到对我们整个经济体制的健康产生威胁的那种程度。"而在他阐述的金融泡沫消散理论后不过两年，一场特大的美国金融危机就爆发了。

由于自由市场万能的教条束缚着人们的头脑，美国领导层"对美国存在的问题视而不见，……对资本主义体制的优越性过分自信，这种自信几乎接近宗教狂热程度"②。在2008年美国金融危机的严峻形势下，11月25日美国200多名教授，包括多位诺贝尔奖获得者，写信给国会，反对保尔逊的政府救市计划，除指责它安排操作上的不公平外，更认为对私人企业的政府干预的做法，会影响一代人以来通行的政策和改变美国的自由金融体制。

在市场自由主义理论影响下，人们对2008年危机的发生，感到十分突然，主流经济学家也不能对它做出理论阐释。危机发生之时，政府官员、总统、美联储主席互相推诿责任。一时间对金融危机的解释是：（1）华尔街经理的贪婪论。布什说：华尔街"喝醉了"，将金融危机的产生归之于金融高管的失误。（2）一些人则将危机归之于宏观金融当局，即格林斯潘个人决策的失误。（3）似乎成为共识的金融活动缺乏监管论，也只是着眼于个人造成的监管制度的缺失，人们并未能更深入一步去寻找造成放弃和疏于监管的制度性原因。

2009年美国政府换届后，不少人抨击奥巴马提出的救市新政——包括对金融业进行干预监管、救治失业以及扩大医疗保险的

---

① 格林斯潘：《动荡的年代》（英文本），潘根出版社，2007年，第360页。

② 罗伯特·希勒著，何正云译：《终结次贷危机》，中信出版社，2008年，第15页。

措施——为"搞社会主义",这也是以经济自由主义作为他们立论的依据。

总之,由弗里德曼等所宣扬的自由竞争和市场价格机制能使企业"自我约束",使它们从事的金融风险业务与它们自身的风险承担能力相当,这一条现代金融基本原理经不起实践检验。在实际生活中是:在经济自由主义旗号下,金融大鳄在市场上为所欲为,进行金融扩张和各种"非自律性"的冒险行为,推动金融运行的泡沫化。如果说,在早期资本主义自由竞争的市场经济条件下,经济运行中体现了企业自律作用,在那时期众多中小企业主使它们的经营行为从属于充分竞争市场的约束,那么,在当代金融资本垄断条件下,充分的、平等竞争实际上不再存在。而缺乏政府的规制和调节,大企业就利用其垄断地位和政府的"隐性支持",做出许多"非自律"的行为,包括将"有毒的"金融产品肆意批量推向市场。实践表明,听任市场机制自发调节和金融自由演化,恰恰是促使金融主体行为的畸化和金融运行的失序,并最终导致金融危机的爆发。

小 结:

第一,2008年的美国金融、经济危机,并非是一项突发事件,而是资本主义经济周期性危机的新形式,其初始表现是金融危机,后续表现是实体经济领域的危机。

第二,立足私有制的金融大资本主推的金融自由演化,导致经济过度金融化与虚拟化。有毒的衍生金融产品的引进,使金融结构畸化,造成金融活动脱离了实体经济的需要与承载能力,出现与加剧了金融运行与实体经济运行的矛盾。这一畸化的西方盎格鲁撒克逊式金融体系与金融运行的矛盾的积累，导致了这一场空前严重的金融危机的爆发。而20世纪80年代以来的金融的自由演化，则是美国政府实行经济自由主义政策所促成。

第三，危机迫使西方国家进行政策和体制调整。在各国政府大力救市和增加就业的实践中，国家调节的市场经济取代了经济自由主义，而加强对金融业的监管成为体制调整的中心环节。当然西方国家能否推出真正有效的金融监管和使金融体制完善化，人们还需拭目以待。而在资本主义制度框架下，人们难以做到制止由私人金融垄断主推的金融自由演化和经济的过度虚拟化，因而这一场危机后在发达国家的"体制调整"，仍将是停留在表层结构。资本主义基本矛盾将不会消失，制度性的周期性经济危机仍将是资本主义经济运行中难以摆脱的痼疾。

第四，金融体系是社会主义市场经济体制的重要组成部分。当前我国尚处在创建现代金融业的初始阶段，构建发达的、结构完备和完善的金融体系，是推进工业化、城镇化、国际化和推进科技创新加快发展的迫切需要。及早构建起完善的现代金融体制和机制，就能大大提升我国国民经济的活力和发展动力。基于金融产品的特殊性，特别是证券虚拟资产的市场流通中的自我膨胀——即资产泡沫化——和泡沫破裂的规律，这就要求我们：（1）寻找和构建起一种适应于社会主义市场经济性质和要求的完善的金融结构。要寻找活而不乱的银行模式与资本市场模式，要恰当处理好实体经济与资本市场的关系，防止金融虚拟经济的过度发展。（2）加强对金融活动的监管。金融活动需要放手发挥主体自主性，才能使金融运行生机勃勃，有效发挥市场的金融资源配置功能。但金融运行固有的风险性，要求有政府的严格规制和有效的管理。特别是对于金融虚拟资产市场运行状况要进行引导，对市场行情变动极端势态要进行有效的宏观调控，而不能听任金融市场泡沫自由发展、自膨自灭。总之，我们应该把构建具有强大投资、消费推动力的、"活而不乱"、能加以有效调控的现代发达金融体系，作为金融体制改革和创新的目标。

专著

刘诗白选集

原子能利用上的两条路线

重庆人民出版社，
1957年版。

原子能利用方法的发现及其意义

20世纪，是自然科学中有着非常众多的科学发现的时期。借助于过去伟大的学者与思想家们的贡献，特别是19世纪科学上的巨大成就，当代的科学家在探求宇宙奥秘的创造性的劳动上，取得了远远比过去更为丰富的收获。无线电的普遍使用、星际飞行、极地探测、雷达技术与无线电电子学的新发展、半导体的应用等——科学家们在多方面地发现自然界的规律的过程中，取得了许多新的成就。在今天，人们对自然界的知识是积累得更丰富，人们对自然界的认识是更深入了。

无疑地，在当代的一切科学发现中，原子能的利用方法的发现，乃是人类认识自然过程中的最重大的胜利。苏联科学院主席团委员杜比宁院士说："到现在为止已经解决的科学与技术问题之中，没有一个问题能像解放原子核的能量和把这种能量用来造福人群那样对人类的进步产生巨大的影响。"[1]

---

[1] 转引自《人民日报》1955年7月11日。

原子能的发现，并不是偶然的，它乃是过去世界科学家在物质构造方面所做出的许多有价值的贡献的基础上产生的。18世纪俄国科学家罗蒙诺索夫与法国化学家拉瓦锡发现了物质不灭定律，以及19世纪迈益耳·约耳与赫尔姆兹发现能量不灭定律，科学地确定了：实物与能可以互相转换。这便奠定了科学的原子论的基础。俄国科学家门捷列夫在1860年关于化学元素周期律的发现，揭明了原子间内在的有规律的联系，这一发现对于元素转化过程的研究的发展，有着极其重要的意义。

19世纪末，在这方面的伟大发现属于法国物理学家柏克勒尔与波兰杰出的科学家居里夫人和她的丈夫皮埃·居里。柏克勒尔在1896年发现了铀的放射能，居里夫妇发现了钍的放射性，并发现了放射性元素钋和镭。

放射性元素的发现，乃是人们去发现原子的复杂结构，及其内部的运动规律的具有重大意义的一步。它根本地打破了原子不变这一陈旧的观念，并且也揭示了原子中存在着巨大的储藏的能。在20世纪，世界科学家（包括1919年以来苏联科学家的研究）正是在这些杰出的学者的学说的基础上，经过辛勤的劳动，才在1939年第一次做出了解放原子核能的伟大发现。现在，人们可以在人工的条件下利用中子冲击铀原子核，由此引起连锁反应的过程，并在极短的时间内，放出大量的能量。这一发现，说明了科学家们在探索原子的内在秘密方面，已经跨越了具有决定意义的一步。它给进一步去了解核子的内在规律打下了巩固的基础。

原子能的发现，乃是人类在认识自然规律上具有全世界历史意义的事件。因为，它为原子核内所包含的巨大能量储备的利用，开辟了无限广阔的前途。人们由此寻找到了可供利用的无限丰富的、永远不枯竭的能量源泉。因而，它意味着人类在征服自然以服务于人类上，已经取得了一个划时代的胜利，它对于过去人类在认识、控制与征服自然上取得的成就，具有不可比拟的意义。

还处在原始公社时期，人类便有了"摩擦取火"的发现。在火的帮助下，人类扩大了生活资料的范围，增加了与自然斗争的能力。恩格斯说学会摩擦取火具有解放人类的伟大意义，因为，"……摩擦所生之火，首先使人能够支配某种自然力，而最后与动物界相脱离"[①]。但是人工取火仅仅只是代表人类利用自然力的最原始的第一步，无论是在原始公社中及此后时期，火的使用，还未能使人类摆脱求生的沉重的劳动。

利用水力转动磨轮，代表人类在使自然力服务于生产上的一个新阶段，但是这种对自然力的利用的方法，是带着中世纪的落后性的。

18世纪末蒸汽机的发明，标志着人类利用自然力的一个更进步与更高的阶段。人类利用蒸汽所蕴藏的压力，代替人类躯体的力量来推动杠杆转动机器。正是在蒸汽动力的基础上，有了近代工厂中的机器体系，它引起了机器大工业的出现，并使资本主义生产方式取得了决定性的胜利。以蒸汽推动的机器大工业，使人类社会生产力有了过去所未有的提高，产生了为手摇纺纱机时代人们所不曾梦想到的近代社会的庞大的物质财富。

19世纪末，电的发现以及电力（包括新型发动机）的广泛的使用，标志着资本主义生产方式下生产力的新的高涨。电力所提供的动力，不仅是更廉价的，而且是更强大的。由于可以远程输送，它更成为工业上与人们日常生活上能够普遍利用的动力。因而，蒸汽动力便

---

① 恩格斯：《反杜林论》，三联书店，1949年，第137页。

黯然失色。从此，20世纪前半期，便临到了电气的时代。电力成为技术发展的强大动力，成为各先进资本主义国家强大的工业（冶金、化学、石油、汽车制造业等）的动力基础。

但是，原子能作为一种新的动力源泉而加以利用，却有着为过去这一切动力源泉所不可企及的意义。

首先，作为动力源泉的煤、石油与水力等的自然蕴藏是有限的。在帝国主义阵营内，帝国主义国家由于扩军备战又将这些宝贵的能量源泉任性地浪费，因而，这些国家将越来越要为能量耗竭而担忧。事实上，在许多资本主义国家面前已经产生了燃料储备耗尽的威胁。而原子能利用方法的发现，便给人类提供了无穷无尽的不知耗竭的能量的来源。在目前，已经能从铀、钍、钚三种元素获得原子能，而铀元素具有最大的实际意义与使用价值。据美原子能委员会判断，资本主义世界已发现含铀量2500万吨，而这些天然铀中含可分裂的同位素铀^{235}约0.7%，据估计资本主义世界金属铀年产量为8500吨～1万吨，包含铀^{235}60吨～70吨，即等于1.2万亿～1.4万亿千瓦时的电力。[1]而美国在1945年勘探到的铀矿内所含的核能，如果用于和平生产，就足以满足美国200年内对一切能量的需要。况且目前的原子燃料，只是利用了占天然铀0.7%的铀^{235}所有的部分的能，如果将所余的99.3%的铀^{238}加以利用，生产一定动力所需的天然铀的量便可以减少到99%以下。[2]

由此可见，单是资本主义世界已发现的铀矿资源，在满足人类的对能量的需要上，就已经带来了极为乐观的前途。加之以印度、南美等地相当丰富的钍的储藏，这就足以保证世界动力的充分供应。况

---

① 桑塔诺夫：《美国垄断组织争夺原子原料产地的斗争》，载《国际问题译丛》1955年第6期。
② 布兰凯特著，明今、俞衡、艾纳译：《原子能的军事和政治后果》，世界知识出版社，1949年，第135页。

且，在社会主义阵营中，更有着极丰富的原子燃料。还必须考虑到，在不久的将来，当科学提供出掌握控制热核子反应的方法后，人们更将能获得供和平服务的永不枯竭的能量源泉。

其次，原子能作为动力源泉，有着许多优点。原子作为发电的燃料，与煤炭和石油不同，它在运输上只需要花费极少的代价，它不像水力发电要局限于水力资源所在，并需要长距离的输电。原子发电站可以设于平原、沙漠等任何地区。因此，只有这一动力源泉才真正提供了将强大的动力最普遍地与最广泛地服务于全世界各个地区、各个民族的技术上的可能性，这对于缺乏煤、石油及水力等动力资源的国家，将有着极重大的意义。因而这一新的动力的使用，将真正化瘠壤为饶土，变沙漠为绿洲，将成为全世界各个地区（特别是生产水平较低的国家）社会生产力迅速发展的强大因素。

最后，迄今人类所利用的自然的能力，乃是机械能或化学能，但由于原子核内部蕴藏的能是无比强大的，人们一旦发现了将这一强大的能解放出来的方法，这就给减轻与节约人类的劳动开辟了最广阔的途径。它由此给人类社会的发展带来的影响，将是极其深远的，这一发现的果实，将在共产主义社会得到丰收。对共产主义社会来说，它将为把劳动由维持生活的手段变成生活的第一需要，变成为光荣豪迈与愉快的事业提供巩固的物质基础。

由上所述，原子能在作为动力而服务于人类上，它的重要性与意义是不可估量的。人们终于获得了用来为人类工作的伟大力量，人们在和平生产上利用这强大的自然力，将能进一步提高社会生产力，加速技术进步，并在这一强大动力的基础上使人类有可能更快地从一切沉重的体力劳动中得到解放。

原子能利用的意义，不仅仅是在于动力方面，而且在工业、农业、医疗、日常家庭生活各方面，它都有着服务于人类的广阔的前途。

无疑地，原子能的利用，将人类在认识与利用自然上，引入一个新的领域，它将进一步推动科学与技术的向前发展，而且引起一个新的工业技术的革命。布尔加宁同志说："我们面临着新的科学技术和工业革命的前夕。这个革命就它的意义来讲，远远超过由于蒸汽与电气出现而产生的工业革命。"[①]

但是，原子能利用的意义，也还不仅仅在于它的促使生产力的进一步发展方面，而且，它在社会经济方面的影响更是极为巨大与深刻的。

从来一切伟大的发现与利用自然力的进步，都不曾使人类免于奴役状态。人工取火的发现，促使原始公社生产力的进步与分工的扩大，并成为后来公社生活解体与阶级奴役社会产生的一个重要因素。而自从人剥削人的生产关系确立以来，生产力的进步是在阶级对抗的形式中实现的。[②]以手力推动的磨坊，标志着人们还处在领主剥削农奴的封建社会；而蒸汽推动的机器大工业的出现，则标志着广大的劳动者又处在近代资本的锁链之下；电力的出现与广泛的使用，更意味着广大的劳动者正遭受着空前沉重的金融资本的奴役。

因而，在阶级社会中，人类在认识与利用自然的每向前跨进一步，基本生产者所受的奴役也就向前推进了一步。在过去人类的历史上，社会生产力的水平与性质的改变，只是引起新的剥削形式的改变。换句话说，一切人类智慧与科学的成就，只是造福于极少数的剥

---

① 布尔加宁：《在1955年7月苏共中央全会上的报告》。

② 恩格斯说，在社会中，随着生产的自发发展"每种新的生产的杠杆，必然转成生产手段奴役生产者的新工具"。（《反杜林论》，三联书店，1949年，第373页。）

削者，成为统治阶级进一步剥削广大劳动群众的手段。

但是原子能的利用，却是出现于完全不同的历史条件之下，当前一方面世界社会主义体系有着强大的发展；另一方面，资本主义体系正处在极其严重的矛盾与解体过程之中，资本主义经济缺乏一般的经济高涨与生产的正常扩张的条件。

由于原子能利用方法的发现，是在世界分裂为两个对立的经济体系的条件下，这就决定了对它的利用上的两条路线。一条是将原子能作为武器，作为进行瓜分世界市场与争夺世界霸权的战争手段的帝国主义路线；另一条则与此相反，它是用于和平生产以保证最大限度地满足全体居民的不断增长的物质、文化需要的社会主义路线。由此可知，这一现代科学的伟大成就的意义便与过去的一切发现有所不同，它一旦出现，就必然在社会主义经济体系中具备为劳动人民的需要而服务的广大的可能性。

在社会主义经济体系中，首先在苏联，原子能的利用将最快地引起生产技术的革命变革，将成为迅速提高劳动生产率与社会生产力飞速发展的强大动力。其结果，将促使社会主义经济体系的进一步壮大，成为使社会主义经济体系在与资本主义经济体系进行和平竞赛中取得彻底胜利的有力的因素。

但在帝国主义阵营中，早已陈旧的资本主义生产关系，成为和平利用原子能的巨大障碍。美帝国主义一贯地执行着将原子能用于反对苏联与人民民主国家的军事侵略为目的的政策，扩张原子弹的生产，进行原子讹诈，并企图发动将给人类带来空前惨祸的原子战争。但是原子能的这种使用，对资本主义体系带来的将不会是什么如意的结果。由于苏联已经有了强有力的原子武器，因而帝国主义的原子讹诈外交已经全盘败北了。在目前，美帝国主义仍然继续原子武器的生产，但这只能带来资本主义经济体系的进一步腐朽与停滞。再加之以美帝国主义所强制推行的牺牲其他资本主义国家的利益，与严重地威胁着人类文明的原子战争政策，必然会导致帝国主义阵营内在矛盾的日趋尖锐，与激发世界广大人民的愤怒，促使他们投身到反对资本主义制度的斗争中来。

原子能用于战争的目的，说明了资本主义生产关系的框子早已经不能容许这一强大的自然力的使用了。即使是在一定程度内利用于和平生产，它也只不过会带来资本主义基本矛盾的进一步加深，引起经济混乱与对广大人民的剥削的加强。

如上所述，原子能的发现及其利用，对人类社会的进程必然会发生深刻的影响：一方面，它越来越成为使社会主义经济体系繁荣壮大的有利因素，并由此向全世界人民显示出社会主义经济的无比优越性；另一方面，它的资本主义式的使用，只会促使资本主义经济矛盾的进一步加深。

第二章
社会主义制度开辟了和平利用原子能
的无限广阔的道路

在社会主义制度下，一切科学技术上有价值的成果，都有着使用于和平生产以服务于人类的无限的可能性。

在社会主义制度下，由于生产资料的资本主义所有制的消灭，资本主义的剥削关系与体现这一关系的资本主义的经济规律已不复存在。在生产资料公有制的基础上，在新的经济条件之下，产生了社会主义的基本经济规律：用在高度发达技术的基础上使社会生产不断增长与不断完善的办法，来保证最大限度地满足整个社会不断增长的物质与文化需要。

在社会主义制度下，没有资本主义所固有的生产能力与人民消费水平之间对抗性的矛盾，没有生产过剩的经济危机，没有阻碍技术发展的最大限度利润的动机；反之，社会主义生产方式的实质决定了科学技术与生产的密切结合，决定了生产技术的永远不停地改进与革新及生产方法的趋向于不断完善，决定了一切科学技术的成就对发展生产的可能性都会无阻碍地转变为现实性。社会主义经济体系的优越性，保证了社会生产力的不受限制的、无止境的发展，以达到最大限度地满足社会需要这一崇高的目的。正由于此，决定了拥有无限潜力的原子能将在社会主义的和平经济建设中获得最充分的利用。

社会主义的苏联，在和平利用原子能上，给世界做出了光辉的范例。

苏维埃国家自成立以来，就密切地注意了科学的发展。苏维埃国家的科学家1919年就已经从事于原子能的研究了。先进的苏维埃科学家早就曾大胆地想象到原子秘密的揭露，也许会打开科学服务于人类的新的局面。自从1942年世界科学家制成第一个原子堆后，苏联科学家在原子能的研究上的进步更是显著的。特别是在第二次世界大战以后的时期，苏联科学家在原子能的研究上更取得了光辉的成绩。

美国借助于欧洲科学家的力量，将原子能用于侵略的目的，在1945年初制成了最初的两颗原子弹。从此，美国违背了国际上的惯例，企图垄断原子能的"秘密"，并阻止其他国家，特别是苏联对原子能的研究。美国统治者低估了苏联的力量，认为苏联在1952～1957年前是不能掌握原子弹的生产的。[①]但是苏联在1949年就已经制成了原子弹，并开始利用原子能的爆炸力量来改变河道，兴建水电站、运河与公路。这就打破了美国的原子能的垄断地位，显示了苏维埃科学的高水平与先进性。

苏联在对待原子能上，是一贯地坚持了将它造福于人类的和平利用的方针，反对将它作为武器。只是由于美帝国主义坚持原子武器的

---

① 布兰凯特教授也认为1953年前，苏联不会有原子弹。（见布兰凯特著，明今、俞衡、艾纳译：《原子能的军事和政治后果》，世界知识出版社，1949年，第60页。）

生产，并准备发动对苏联以及整个社会主义阵营的原子战争，因而苏联才不得不进行原子弹的生产，以保卫自己国家的安全与维护世界的和平。斯大林同志在1951年10月6日答《真理报》记者问时说："美国人不会不知道：苏联不仅反对使用原子武器，而且还主张禁止原子武器，停止原子武器生产。大家知道，苏联曾经好几次要求禁止原子武器，但是每一次都被大西洋集团国家拒绝了。这就是说，一旦美国进攻我们国家，美国统治集团就将使用原子弹。就是由于这种情况，苏联才不得不备有原子武器，以便充分准备对付侵略者。"

苏联从事于原子武器的研究，与进行原子武器的生产，完全是美帝国主义在战后推行反动的原子战争政策这一情势下的产物，在美帝国主义张牙舞爪，挥舞原子弹来吓唬世界人民的情况下，苏联的保有原子武器，完全是必要的。在目前，苏联在原子武器与氢武器的生产上，已取得为美英帝国主义所不及的成就，这就给保卫社会主义阵营的安全，维护世界和平，提供了强有力的物质手段。

苏联一贯主张原子能的和平利用的路线，具体表现在1954年第一个原子能发电站建成与投入生产上。在1954年7月1日苏联部长会议发布了第一个原子能发电站开始发电的公报：

"苏联科学家与工程师已胜利地完成了第一个原子能工业电力站的设计与建筑工作，这个电力站可使用的发电能力为五千千瓦时。

"1954年6月27日这个电力站开始发电，把第一股电流输送给附近地区的工业与农业。不烧煤或其他燃料而用原子能——铀原子核的分裂——来开动工业用的涡轮机，还是第一次。

"由于原子电力站开始发电，在把原子能应用于和平目的方面就前进了一大步。苏联科学家与工程师正在设计发电能力为5万到10万千瓦时的原子能工业电力站的工程。"

苏联第一个原子能发电站的投入生产，具有伟大的世界历史意义。它表明在社会主义体系内，人类在充分利用原子核内部的能源来造福于社会的可能性已经成为现实。

在原子能发电站中，工业涡轮机第一次不是用燃料的化学能，也不是用流水的机械能，而是用人类所解放出来的原子核能来发动。这种核能是如此强大，使发电站每一昼夜只消耗30公升的铀^{235}（在具有同等发电功率的火力发电站，一昼夜的工作就得燃烧煤约100吨）。因而，第一个原子能发电站就清楚地展示了人类未来在动力利用上的远景，它标志了人类利用这新的无限的能源来改造自然、造福人类的开端。

原子核动能的掌握，将逐渐使苏联的工业技术发生本质的变化，新的生产方法将会使用，新的工业部门将会出现。因而第一个原子能发电站的发电，标志着在苏联已经进入了一个伟大的工业与技术革命的门槛。这一新的工业革命，无论在其内容的多样性与发展前途的广阔上，都是为过去的工业革命所不能比拟的。

第一个原子能发电站的发电，以无可辩驳的事实，证明了只有社会主义国家才真正关心将这一科学上的发现用之于和平生产。它说明了在两个体系的历史性的竞赛中，由于苏联是第一个掌握了作为生产力的原子能，因而是已经赢得了第一步。

尽管苏联第一个原子能发电站的发电，还只是原子动力工程的试验性的电站，但是凭借这一电站的经验，已经为在国民经济中进一步发展原子动力创造了有利条件。

美国垄断资本家为了替它们加紧生产原子武器做辩护，一贯的散布悲观论调，认为原子能发电缺乏经济上的意义。美国原子能委员会主席致国会联合会的报告中说，须经20年后，可分裂的物质才能同常规的燃料相竞争。[①]但是，苏联原子能发电站的经验，却驳倒了这一无根据的论调。诺维科夫说："一年来这个电站的使用情况证明：这类原子能的工作是完全稳定可靠的，而且同远距离采煤区或使用低级燃料的煤发电站差不多的一样经济。这就给这类原子能电站的实际应用（至少在个别地区说是这样的）开辟了美好的前途。"[②]别尔乌辛同志也指出："这座电力站的工作经验令人信服地证明，利用原子能来发电是可能的和合算的。"[③]苏联第一个原子能发电站的经验，证明了在距离燃煤来源远的地区，建筑这种发电站是完全有利的。因而即使是在目前，这一类发电站也可以有利地为国民经济服务，使它强大的功率来补充已有的能源。因此，在苏联的第六个五年计划中将建造一些总发电能力为200万到250万千瓦时的原子能发电站，每座发电能力为40万～60万千瓦时。这几乎达到俄罗斯电气化计划规定的建设全部电站能力的1.5倍。新五年计划中规定建设的五大原子能电力站，将先后于1958～1960年3年内供电，这一计划的实现，将使苏联在原子能的和平应用上跨进有重大意义的一步。

苏联第一个原子能发电站的成功的经验以及目前正在进行着的一批新的原子能发电站的兴建，就已经可以看出未来原子动力发展的美好远景。建立原子能发电站将强大的电力提供给工农业，将成为今后和平利用原子能的主要的与具有重大国民经济意义的途径。

以动力资源的天然蕴藏量来说，苏联本来是极其丰富的。像固体燃料、石油、天然气和水力这些能量来源已经探知的，如折算成标准

---

① 见维辛斯基1954年11月12日《在联合国第七届会议第一委员会关于在发展原子能和平用途方面的国际合作问题的发言》。

② 诺维科夫：《和平利用原子能的国际合作》，载《科学通报》1956年第1期。

③ 别尔乌辛：《在苏共第20次代表大会上的发言》。

煤共有1.59万亿吨；而可能利用的水力动力资源来说，其规模确定为
1.7万亿度。在这方面最有效的部分，即所谓经济的水力位能，估计为
1.2万亿度。苏联的水力动力资源从经济潜能上来说，几乎等于欧洲、
美国和加拿大的水力动力资源相应部分的总和。

尽管苏联具备非常丰富的动力资源，足以满足长时期社会生产的
需要，但是，在社会主义制度下，在发展动力事业上，如同机器的使
用一样，必须注意到用最少的劳动消耗而向自然索取最大限度的物质
财富，必须越来越考虑到动力事业的经济效果。而在这方面，原子能
作为动力来源是有着最远大的前途的。即使是在目前的技术条件下，
原子能发电站已经初步显示了它的经济价值，而在未来，当一些科学
与技术上的问题得到解决以后，原子能一定会提供出为一切其他动力
资源所不能及的廉价的电力。

同时，社会主义制度下，不像资本主义下生产力发展的缓慢因而
对动力的需要终归是有限的，而社会主义制度下动力的发展是极其迅
速的。比如说，美国的发电量由200亿度增加到1700亿度花了27年。
但苏联只花了14年。苏联在很短的时间内，发电能力由1913年前的19
亿度增加至1955年的1700亿度，稳居世界第二位。随着社会主义生产
的进一步高涨，面临着改造整个自然世界的更加宏伟的任务，对动力
需要的规模也会越来越大。到1960年，苏维埃国家将生产3200亿度电
力，大约经过25年，苏联蓬勃发展的国民经济所需电力每年将不下12
万亿度到15万亿度，这样大的需要是普通能源难以满足的，因而新的
能源的发现，就有着很大的意义了。由此，决定了发展原子动力工程
的必要性。

特别是在目前，苏联正处在向共产主义过渡的时期，必须进一步
加强共产主义物质技术基础。为此，就要保证国民经济各部门技术迅

速地进步，而要实现工农业生产上的全面机械化，电气化乃是基础。

苏联共产党在第20次代表大会上，向全国人民提出了一项重大任务：要大力从事于解决苏联的基本经济任务，要在历史上一个短短的时期内，在和平的经济竞赛的道路上使生产量按人口计算方面赶上并且超过最发达的资本主义国家，以保证在两个世界性的社会制度的经济竞赛中取得胜利。为了完成这一任务，便要用提高劳动生产率的办法来大大地扩大生产，而劳动生产率的提高是与劳动的电气装备有着密切的联系的。因而苏联共产党提出了要在比较短的时期内大力发展动力，要在电力生产上赶上美国。无疑地，在完成苏联基本经济任务中，原子能发电站所提供的电能将发挥不可缺少的作用。可以想见，在进一步发展共产主义物质技术基础的过程中，原子能发电站将起到越来越重大的作用。

苏联对于和平利用原子能的路线是坚定不移的，并且在目前已取得了初步的成绩。但在广泛发展原子动力上尚依存于技术上与社会政治上的因素。在技术方面必须进一步改进原子堆的构造，原子能电力站反应堆的原子工艺、类型与结构的完善与否，是直接决定所获得的电力的成本的。在苏联科学家与世界科学家的共同努力下，原子堆的构造的改进，并不存在着不可克服的困难，而且可以想见，使用原子能发电的更雄伟的远景，将随着对热核子反应过程的控制方法的解决而打开。别尔乌辛同志说："如果能找到对合成轻元素的热核子反应过程的控制方法，那么人类就会得到更多的能源，在这种反应过程中产生的能量比铀的分裂时产生的能量要大几倍。苏联科学家和工程师必须大力加紧进行在获取控制热核子反应方面的科学研究工作，并且寻求解决这个极其重要的问题的方法。我认为苏联科学家是有能力解决这个问题的，而且一定会解决这个问题。这个问题的解决将是科学上一个极其重大的胜利。这将为未来的共产主义社会建立取之不尽的动力的基地打下基础。"[1]

在目前，苏联科学家在控制热核子反应过程上，已经取得了很大的成就，我们相信，彻底解决这一问题不会是太久远的事情。

社会政治方面的因素，乃在于在美帝国主义的战争政策下，苏联不得不将一定数量的浓缩铀与钚用在军事上，因而阻碍了将这一材料用在产生动力上。[2]

但是在目前，在世界社会主义体系的力量空前壮大，世界各国人民反对战争维护和平的运动普遍开展的条件下，国际的局势已经有着根本的变化；各国人民普遍要求原子能和平地运用，因而，随着全世界人民的制止原子弹生产，将原子能用于和平的愿望越早实现，原子动力也将越早地取得广泛的发展。

由上所述，可以明白地看出，苏联原子动力事业的发展，事实上有着无限广阔的前途。

社会主义经济制度，保证了这一能源在使用上是合理的和符合于整个社会生产的经济效果的。但是，原子动力的广泛发展，并在全部电力供应中占支配地位，将不是短时期（15～20年）所能实现的，因而在这一时期内，原子能发电站将与水力、火力发电站相并存。

在社会主义下，不存在资本主义制度所固有的竞争与先进企业排挤落后企业的现象，这就保证了这一崭新的动力将与旧的一切动力最合理地配合。在苏联，对于有着很大经济效果的水力资源与丰富的煤的蕴藏，在一个不短的时期内还尽量要加以利用。在社会主义经济条

---

① 别尔乌辛：《在苏共第20次代表大会上的发言》。

② 参考诺维科夫：《和平利用原子能的国际合作》，载《科学通报》1956年第1期。

件下，将保证把各种动力——原子能、水力、煤炭、石油、风力、海流、地层深处能力、日光等——的发电站所发出的电力，联合在国家的总动力系统中去，以服务于和平的经济建设。而这各种各样的动力在国家的总动力中所占的地位与作用都将尽量根据节约社会劳动的消耗，并保证对社会最丰富的动力供应这一原则来加以计划。这就将保证大自然所能提供的一切能源，都毫不浪费地用于为人类服务。

在社会主义制度下，原子能的和平利用的范围是极其广泛的，而不仅限于动力方面。目前，苏联对自核子反应堆中产生的大量放射性同位素，在国民经济中已有广泛的应用。如在工业中用于机械的调整与控制，以及金属品缺陷的探测；在农业上用于根外追肥与消除虫害；在医学上用于癌症与肿瘤的诊断与治疗；在生物学中，对动植物机体所进行的各种不同的生理过程的机能的研究，更是广泛地使用着。无疑地，随着和平利用原子能科学研究的进一步发展，将开辟原子能利用于国民经济的最广泛的前途。

显然，在社会主义下，随着原子能的和平利用范围的不断扩大，将使社会主义生产空前高涨，社会财富猛增，从而保证全体人民物质与文化福利的大大增长。这也就表明了原子能的利用，将给社会主义国家的人民带来一个新时期，在这一时期中，社会主义基本经济规律的作用将获得最充分的发挥。

对原子能的和平利用，苏联科学家正在展开极其多方面的研究工作，苏联科学家在这方面拥有着贡献他们的智慧的一切条件。在苏联研究机关中有着供研究与实验用的最新式的装备。在苏联科学院核子问题研究所中，世界上最大的同步稳相加速器已经工作5年多了。在目前，苏联建造的100亿电子伏特的新的同步稳相加速器已经成功，开始使用的日子已经不远。现在苏联正在着手设计更大型的，可以得到具有500亿电子伏特动能的质子加速器。

无疑地，由于苏维埃科学的先进性，由于党与苏维埃政府对发展原子能的和平利用的科学研究的无比关怀，苏联科学家在揭露原子核构造的秘密，进一步改善和平利用原子能的方法方面，将获得更大的成就。

在原子能问题上，苏联还一贯主张建立原子能和平利用上的国际合作，使科学技术上的伟大成就普遍地用于造福于人类。在这方面，苏联的态度与美国的态度是正相反的。美国垄断资本一贯阻碍与拖延原子能和平利用上的国际合作，企图将科学技术作为它的私有财产，当作"商业秘密"保存起来。因为任何其他国家在原子能方面的成就，都是与华尔街的利益相敌对的。

苏联在发展原子能的国际方面，做出了光辉的范例。1955年1月17日苏联部长会议发表声明，建议在和平利用原子能方面，对中华人民共和国、波兰、捷克、罗马尼亚、德意志民主共和国提供广泛的援助，以便使这些国家能独立地、不依赖任何国家地在原子能的和平利用方面发展自己的研究与探索。苏联政府并表明还可以扩大援助国家的范围。在1956年初，苏联又与南斯拉夫达成了在和平利用原子能方面进行合作的协定。

在1956年2月，苏联、中国、阿尔巴尼亚、保加利亚、匈牙利、德意志民主共和国、朝鲜、蒙古、波兰、罗马尼亚与捷克斯洛伐克缔结了成立原子研究所协议，这一国际组织的成立，标志着在和平利用原子能方面国际合作一个新阶段的开始。

在1955年8月20日日内瓦和平利用原子能的会议上，苏联拉弗里谢夫教授说：苏联不把援助看作是商业上的事情。科学技术资料和经验是无代价提供出来的。获得帮助的国家支付的实际上仅仅是所提供的设备的制造费。[1]

苏联对各人民民主国家所提供的援助，正体现了对社会主义阵营国家的兄弟般的真诚无私的关怀，正体现了使原子能广泛地为人类服务这一崇高的目的。在苏联的大力援助下，我国以及各人民民主国家将更早地与卓有成效地来发展和平利用原子能的事业[2]。我们深信，由于社会制度的优越性，原子能将会在不远的将来，在社会主义世界体系中广泛地为国民经济服务，并促使世界社会主义经济体系的进一步繁荣。

苏联对刚刚摆脱殖民地地位的国家以及其他落后国家的经济的独立发展，也是无比关心的。因而表示在发展原子能和平利用方面，可能对这些国家提供援助。在最近，苏联与埃及在这方面已达成了协议。苏联将帮助埃及建设原子堆，埃及专家可以在苏联学习。

对于已经掌握原子能的资本主义国家来说，苏联是一贯主张扩大国际科学合作，以便促使各国科学家在和平利用原子能方面的研究的进展。在1955年8月召开的和平利用原子能的国际会议上，苏联向各国提出了关于第一个原子能发电站及其工作情况的报告，向各国传播苏联积累的经验。1956年5月，苏联库尔查托夫院士向英国科学家公布了苏联在控制热核子反应方面的经验。这一切，都是苏联在促进和平利用原子能的国际合作方面，做出的有价值的贡献。

苏联在和平利用原子能方面的光辉成就，以及在发展原子能和平利用方面的国际合作上所做出的贡献，对全世界是有着极其重大与深刻的影响的。它最生动地显示了社会主义生产方式的实质——保证空

---

[1]　参考诺维科夫：《和平利用原子能的国际合作》，载《科学通报》1956年第1期。

[2]　1956年8月玉门油矿已经在我国历史上第一次利用原子能探测石油，即利用原子能放射性测井。

前高度的社会生产力以造福于人类。它更显示了社会主义经济体系的优越性。因为马克思列宁主义科学地揭示了在两个世界体系中，只有社会主义体系下原子能的和平利用才有无限广阔的前途。社会发展的客观规律，使我们有根据地深信，既然，苏联目前在和平利用原子能方面，已走在资本主义国家前头，那么将来，在这方面社会主义体系必然会占有更优越的地位，并获得资本主义国家所远不能及的成就。

第三章

资本主义经济关系是
和平利用原子能的根本障碍

在资本主义国家中，原子能的利用完全是另外一番图景。这一拥有造福于人类的无限可能性的伟大自然力量，在历史上，最初却是在具有强大杀伤力的战争工具的形式下出现于资本主义世界的。人们应该记得德国法西斯在第二次世界大战时曾经企图制造原子弹，它的未成功的企图后来却被美帝国主义者实现了。1945年8月，日本广岛、长崎的22万和平居民的伤亡，繁荣的城市化为废墟，便是资本主义制度下原子能的最初利用的结果。

在资本主义制度下，原子能的利用是以一种史无前例的灾祸出现，并不是偶然的。这一现象也不能单纯理解为是战争条件下所引起的。它是有其深刻的社会经济的根源，是决定于现代资本主义的本质，及其所处的时代条件的。

原子能的利用成为可能是在40年代之初。由于第二次世界大战正展开了资本主义总危机的第二阶段，德国法西斯在对苏联的战争中越来越陷于困难，日益临近覆灭，因而它们曾经一度指望制成原子弹以赢得第二次世界大战的胜利。

但是，美国制造原子弹却完全不是出于军事上的必要，因为自1942年起，希特勒由于在挪威的重水工厂的失去，已经失去制造原子弹的可能性了。美国在第二次世界大战末期，正当苏联战场军事上取得胜利，战争的胜负大致已经确定的时候，却更加紧制造原子弹，是由于下列两个基本原因所引起的。

第一，美帝国主义是怀着夺取世界霸权的目的来参加战争的，它企图在战争中削弱苏联，以便进一步地消灭社会主义经济体系。早在战争末期，美帝国主义就已经将苏联当作它未来的大敌，并准备在以后发动反苏的第三次世界大战，而原子弹的生产正是为了执行它反对苏联以及恫吓全世界人民的这一目的。

在日本帝国主义失败的局势已经注定了的情况下，对日本和平居民使用原子弹，正是为了这一政治上的目的。正如英国著名物理学家布兰凯特教授说："老实说，我们便归结到原子弹的投掷，并不太像是第二次世界大战的最后一次军事行动，而倒像是现在进行的对苏外交冷战的第一次行动。"[1]

由此可见，原子能作为武器，是在两个体系的力量正在发生激剧变化的条件下出现的，它乃是作为垂死的资本主义用以反对蓬勃发展的社会主义体系的侵略工具，它表现了垄断资本想用炸弹力量来改变社会发展规律的狂妄愚蠢的想望。

第二，原子能作为武器而利用，是与资本主义的基本矛盾——生产社会性与占有的私人资本主义形式——进一步加深有着关联的。这

---

① 布兰凯特著，明今、俞衡、艾纳译：《原子能的军事和政治后果》，世界知识出版社，1949年，第172页。

一蕴含着强大动能的自然力的被控制，是在资本主义总危机进一步加深的历史条件下，资本主义经济早已失去正常经济高涨的可能了。尽管在第二次世界大战时，美帝国主义借助于战争带来的广大市场而扩大了生产能力，但是，1929～1933年的严重的生产过剩的危机与30年代的特种萧条与经济停滞的阴影，还是使资本家记忆犹新的。因而，对于美国垄断资本家，特别是对于控制了电气、石油、煤炭等既得利益的集团来说，原子能的和平利用不能不成为对它们的严重的威胁。

18世纪末，蒸汽机的发明及其在生产中的广泛使用，是资本主义前进时期经济迫切需要的产物。电力是在19世纪末以来普遍使用的，它是作为当时蓬勃发展的新的工业部门——重工业——的动力基础。尽管当时资本主义已开始进入衰落时期，但是它给生产发展所提供的可能性却比总危机时期以来要大得多。在1890年至1913年，世界工业生产平均每年扩张5.8%；而1913～1936年，资本主义世界工业生产每年扩张仅仅为1.5%了。因此，在40年代，资本主义国家的基本矛盾进一步尖锐化的条件下，原子能的和平利用一开始便受到阻抑，而用之于武器的生产，正是有着深刻的社会经济的根源的。其实质，在于务使这一科学上的新成就不至于发生不利于垄断集团的后果，并保证给它们带来最稳当与最大的利润。因而原子能在资本主义下最初的利用，就已经是在后来获得了进一步具体化与发展的路线的开端——即原子弹生产与原子战争的路线——这一条路线正是垄断资本主义经济中深刻矛盾的必然产物。

可以看出：原子能之所以以破坏与毁灭的武器的形式出现于资本主义世界，正是体现了垄断资本主义对生产力的不停止的发展的抑阻，它说明了资本主义经济的软弱无力。

尽管在日本投掷原子弹，已经招致美国有良心的科学家、和平人士以及全世界进步人类的谴责与反对，甚至连许多为美国统治者所信任的科学家，也对美国政府的这种政策表示不满。但是，战后时期，美帝国主义却将这不祥的开端发展成为一条完备的路线：即加紧原子武器生产，发动原子讹诈外交，对人民发动原子迫害，而其最终目的在于对以苏联为首的社会主义阵营进行原子战争！美帝国主义在战后，在原子能问题上是一贯奉行这一反动的路线，拼命地反对原子能的和平利用；即使在1949年当美国的原子垄断地位已经丧失以后，美帝国主义仍然不知悔悟，反而变本加厉地实行"氢弹"战争，加紧氢弹生产；直到目前，美国的这一立场并未改变。

在美国对原子能和平利用的悲观论调是极其流行与散布广远的。1954年有人问美国原子能委员会主席斯特劳斯："关于原子能为和平使用，要多少时间才能实现？"斯特劳斯回答道："假使我们没有战争，我相信要在10年到20年的时间。我或许过分乐观，但这是我的猜想。"[1]1950年7月，出席在伦敦举行的第四届动力大会的美国全国委员会代表华德·大卫逊说：在今后数十年期间，利用核子能的动力厂，在动力成本方面将不能与用煤或其他燃料的动力厂或与水电动力相竞争。他并表示为和平目的发展与利用原子能，只有在创造原子弹所产生的副产品获得利用时才有可能。像康普登、佛米、劳伦斯、奥米海姆等科学家，也认为原子能用于研究将比用于发展动力事业的益处更大些。这一些，无疑是代表垄断资本的观点。

在美国广为散播的这一些为各种各样所谓"论据"打扮起来的观点，其实质在于反对原子能的和平利用，辩护原子武器的生产，企图为政府搜寻"科学"根据以欺骗人民。

---

[1] 转引自《美国新闻与世界报道》1954年12月17日。

在这种观点的支配下，美国在发展原子能的科学研究上，是集中在武器方面，而尽量拖延与阻碍原子能和平使用上的研究工作。美国原子能委员会前研究处主任凯纳同·西·披策博士在报告中认为：美国原子能委员会在1954年以前对原子电能学方面的研究，丝毫没有尽力，而它们所感兴趣的却是"原子能潜水艇"这一类的研究。英国著名科学家贝尔纳教授指出："除去咨嵩地分出几公撮留作生物学与医学目的示众物质以外，事实上在美国，原子能几乎没有用于和平的目的。"①

战后美国在和平利用原子能上的大敌，首先乃是那一小撮掌握着电力、石油与煤的供应的垄断资本家（摩根、洛克菲勒等集团）。由于美国有着丰富的煤、石油、水力资源，因而这一小撮既得利益集团还有着扩张动力供应的潜力。而在战后美国资本主义经济极不稳定的情势下，存在着的不是动力供应不足的问题，却是动力生产上随时可能招致的过剩的情势。尽管第二次世界大战以后，由于战争经济的刺激，美国电力工业有较快的发展，发电量在1937年至1955年间扩大了3倍多，但是对于非常不稳固的美国经济来说，生产过剩仍然是随时可能出现的。因而，在垄断资本家心目中，最主要的任务是防止新的竞争者的出现，防止生产的过度扩张。布兰凯特曾表露了这一思想："在今日，美国由于易于开采的煤的丰富与巨大的石油与天然气的区域性的蕴藏，动力的代价已经这样低，以致原子动力至少在一个长时间内很可能显得不经济了。"②但是布兰凯特缺乏对资本主义经济实质

---

① 引自1950年12月12日《维辛斯基在联合国大会第五届会议关于禁止原子武器及管制原子能问题的发言》。

② 布兰凯特著，明今、俞衡、艾纳译：《原子能的军事和政治后果》，世界知识出版社，1949年，第132页。

的了解，因为原子动力对垄断资本并不是不经济的问题，而是害怕它带来的严重的竞争与现有固定资本的贬值，以致经济危机的征象越是显著，它们的这种恐惧也越是加深。正是这一小撮金融寡头，为了防止廉价电力的竞争，在过去40年中阻碍了圣罗伦斯河水力发电站的发展，[①]而现在任何将原子能用于和平方面的企图，自然是会成为它们的垄断利润的最大威胁了。[②]

事实确系如此，资本主义经济规律的作用，必然使在经济上更有竞争力的先进企业排挤掉落后的企业，实力强大的集团打垮实力薄弱的集团。无论是在美国和英国，铁路的竞争都使水路运输处在悲惨的境地，使大部分的运河及其设备归于陈旧，并逐渐趋于无用。因此，不难想见，在未来原子动力在工业上如果以一个新的竞争者的姿态出现，将会给既有的动力工业带来怎样不利的后果！从这里，我们也可以窥见美国的既得利益集团拼命阻挠原子能的和平利用的经济根源了。

美国垄断集团对原子能的和平利用的阻挠与反对，不仅仅是从那些为它们所掌握的、经过长久发展起来的工业部门（煤、石油、水电站等）出发，而且更因为它们又是在第二次世界大战以来出现的一个全新的工业部门——原子工业（原子武器工业）——的所有者。这一工业已经成为它们的亿万利润的新的源泉。这一工业越是发展，在这一工业中所投下的资本越是多，从这一工业中所赚取的利润越是大，

---

① 塞尔德斯说："不到一千个人阻挠了圣罗伦斯河的发展，阻挠了美国的进步。"（塞尔德斯著，杜若等译：《豪门美国》，世界知识丛书，1949年，第44页。）

② 美国垄断组织阻止电力工业的革新，许多发电站上还保留着陈旧而又不合算的机器设备，1949年全部透平发电机几乎有一半（就能力来说46%）已使用了20年以上，约有1/4（能力23.8%）使用25年以上，10.5%使用35年以上，因而电力高昂害怕竞争。

那么从这一现实基础上产生的对原子能的和平利用的障碍也就越是大了。

美国的原子武器工业，是由国家从预算资金中投资建立的，国家的拨款不断地增长。1947年为止拨款为22亿美元，此后4年中政府投资为26亿美元，1950～1951年拨款为9.08亿美元，1951～1952年拨款为16.08亿美元，1952～1953年拨款为18.02亿美元。[1]在1954年会计年度，投资竟达到100亿美元以上的数字，大大超过了通用汽车公司、美国钢铁公司、杜邦公司、伯利恒钢铁公司、美国铝公司和固特异橡胎公司的投资总额。原子武器工业本部雇用人数达20多万。

在艾森豪威尔的氢弹战略之下，这一工业还在继续不断地扩充。艾森豪威尔更宣布1956～1957年度的（原子武器工业）经营费用将增加到空前最高数额。

原子武器工业的扩张的规模与速度，在美国工业中都是空前的。正如J.艾伦说："原子工业目前的扩展已到达了它历史上的顶峰。"[2]它在战后以来短短的时间中，就已发展成为美国经济中的最大部门之一，这一庞大而复杂的机构，在美国几乎与全国一切较大的研究机构与工程机构有着业务上的联系，而且它的势力更扩张到海外，在12个国家中劫夺铀矿与其他的原子燃料。如果，我们再考虑到这一工业部门在帝国主义政治与外交上的作用，那么，可以说，这一工业的地位，是居于其他工业之上，乃是美国最重要的一个部门。

尽管原子武器工业形式上属于政府，实际却是属于一小撮金融寡头。在美国原子武器工业中，占统治地位的乃是通用汽车公司、孟山

---

① 库兹明诺夫：《国家垄断资本主义》（俄文版），人民出版社，1957年，第153页。

② 《原子能会议》，载《大公报》1954年7月3日。

都化学公司（属摩根家族）、杜邦公司、联合碳化合物公司（洛克菲勒）以及威斯汀豪斯电气公司（梅隆集团）等。在目前，摩根家族与杜邦占有优势地位。这些大资本家从原子武器工业的承担建设与经营管理中获得了亿万的利润。

如以几家与原子弹生产有关的企业来看：通用电气公司在1950年第一季纳税后所获得的净利润就超过3680万美元，而在1949年第一季为2670万美元；杜邦公司利润1952年为2亿2400万美元，而1953年为2亿3550万美元；威斯汀豪斯电气公司1950年7月至1953年6月利润为13亿4800万美元；美国钒矿公司（联合碳化物公司子公司，属摩根）1952年利润为1938年10倍。

美国垄断资本既然在原子武器的生产中，找到了有如甘霖一样的滚滚利润，自然是要竭尽努力来阻止原子能的和平利用了。因为后一种利用方式的发展，是与武器生产根本不相容的。

在战后时期，垄断资本对原子能的和平利用的反动，是与美国经济越来越不稳定、经济危机的阴影日益迫近这一情势不可分的。美国在第二次世界大战期间使其生产能力进一步扩大了。战后美国工业生产约占资本主义世界工业生产的58%。但是在资本主义总危机进一步深化，在统一的世界市场瓦解，与国内劳动人民贫困加深的情势下，经过短短三年的虚假"繁荣"时期，经济危机的征象又复出现。因此，垄断资本便乞灵于扩充军事生产，以政府的不断增长的军费支出来撑持市场，以刺激生产的上升来延缓危机的爆发。美国进步经济学家卢墨尔指出："今天在美国发生的新奇事情，是在和平时期采取大规模军事支出的办法，它又是以作为引起暂时经济繁荣的一种紧急措施，而是作为国民经济中经常的一部分，其目的在于企图完全避免周期性的经济危机。"①

原子武器的生产，在这一种有限度的、局部的备战经济的维持中，是有着重大作用的。因为一方面，借助于煽起原子战争的威胁，制造国际紧张局势，正是扩大军事支出，将其维持在一定高度水平的必要条件。另一方面，用于生产原子武器的浩大拨款本身，在维持市场、刺激生产上升中也是一个有力的因素。因而，在垄断资本家心目中，原子弹又是充当了应付危机的"万灵丹"。每当经济情况恶化之时，就会有原子战争的狂热叫嚣与原子武器的加紧生产，这之间的关联并非偶然的。

垄断资本的这一伎俩，在1954年3～4月美国氢弹试验后《美国新闻与世界报道》刊载的一篇《氢弹对企业意味着什么》的文章中暴露了出来。该文写道："致命的氢弹在太平洋上爆炸后，就开始在美国商业上发生深远的——并且是奇异的反应。在任何地方都有这迹象，战略物资囤积的订货单增加了。武器的消耗可以保证要提到一个高水平上，新武器的研究要加强。结果可以预料得到的是商业活动的增加。""许多商品的市场在最近氢弹试验后稳定住了……先前过剩的武器和战略物资有负担不了的样子，但是在一个充满危险的世界里，已开始对它们更有好感。这仅仅是开始，在今后若干年内，新型原子弹的效果会日益增加的。"这也就说明了，原子武器与氢武器的生产，大规模的氢武器的试验当中，隐蔽着垄断资本以此来维持其商业积极性的企图。

由上所述，我们可以看出，战后美国将原子能用于武器生产，阻碍它的和平利用，是在总危机进一步尖锐条件下，生产关系已经不适

---

① 卢墨尔：《美国战争经济与危机》，世界知识社，1955年，第5页。

合于生产力的水平与性质这一情况所决定了的。

在帝国主义阵营中，制造原子武器的国家不只是美国一个国家。原子武器的生产是所有主要帝国主义国家的共通愿望。英国已经掌握了原子弹与氢弹的生产方法，在目前更是积极扩大这种武器的生产。英国曾经不止一次地在澳洲举行了原子武器与氢武器的爆炸。法国在发展原子武器的研究方面，也是正在加强。欧洲原子联营计划的创导人，法国工业家路易·阿蒙对法国《费加罗报》记者说，"谁能生产原子能，谁就能制成原子弹"，这里也就显示了帝国主义者的真正的用心。特别值得注意的，是自1954年"巴黎协定"以来，联邦德国加紧地走上军国主义的道路。不仅联邦德国军队可以装备原子武器，而且联邦德国政府还在更积极地发展原子武器的生产。

西欧帝国主义国家热衷于制造原子武器，一方面是与美帝国主义所推行的对社会主义阵营的侵略战争的计划有关，但是，另一方面，西欧帝国主义还企图用这种武器来吓唬殖民地人民，企图以此来压倒殖民地人民解放斗争的浪潮，以维持其腐朽的殖民奴役制度。此外，在帝国主义国家间极度尖锐化的市场争夺战中，在帝国主义经济与政治矛盾日趋尖锐的情势下，帝国主义国家也企图依靠这一武器来壮大自己的实力，以作为国际斗争中讨价还价的资本。

在帝国主义国家，原子能的被掌握的结果，是一个空前庞大的战争手段的工业的出现，是历史上空前未有的战争工业的顶峰。这一事实，只是说明了垄断资本主义使这强大的能源禁锢于恐怖的毁灭性的武器之中，而阻止其解放出来和平地服务于人类。这也就无可辩驳地说明了，资本主义制度乃是和平利用原子能的最根本的障碍。

无疑地，生产资料的私人资本主义所有制，堵塞了和平利用原子能的广阔前途。但是，如果认为资本主义国家在和平利用原子能上不可能有任何成就，这一诊断，无论在理论上与实践上都是极端错误的。列宁早就阐明了垄断资本主义所引起的腐朽与停滞的倾向，并不消灭技术进步的可能性。这一论点也可以适用于原子能的和平利用的场合。因为垄断绝不能消灭竞争，在暂时的协定与稳定之后，各垄断集团之间以及垄断组织与局外企业之间的你死我活的激烈的竞争又会出现。因而垄断组织为了降低成本，必然会采用新技术。

在垄断资本主义下，新技术的采用，服从于唯一的原则：保证垄断资本获得最大限度利润。只要新技术能保证垄断资本获得最大限度利润，资本家就使用新技术，否则，就会将它束之于高阁，而不管这技术在节约与减轻人类劳动上的意义有多么大。

原子能的和平利用，在目前的技术条件下，已经证明它在经济上是有利的，而它未来的前途，则有更大的希望。这一点，美国许多人士也注意到了。1955年8月在日内瓦举行和平利用原子能的国际科学技术会议中，美国赖因认为原子能发电站的成本"过15～20年后完全可以同1975年前建立的一切发电站竞争"。赖因这一看法不能不认为是过于保守的，以目前在这方面技术发展的情况与其前途来看，我们认为在10年以后，原子能发电的成本也将可能降在普通发电站之下。因而这一技术条件，决定了在资本主义原子能和平利用于提供电能的可能性的存在。假如在未来，当原子能发电的成本大大降低以后，在它们所显示出来的空前高度的利润的机会的诱饵之下，原子能发电站未尝不会大大地普遍发展起来，并且像电力压倒蒸汽动力一样，将现有的一切发电站抛在后面。

不能不注意到资本主义国家在和平利用原子能方面的可能性，将因苏联在和平利用原子能方面的成就，以及苏联的一贯坚持原子能和平利用并发展其国际合作这一路线的胜利而增大起来。苏联的维护世界和平，反对原子战争，主张禁止原子弹的生产，使原子能广泛地为人类服务这一正义的立场，已经越来越获得世界广大人民的同情与支持。在全世界进步人类对原子战争政策的一致谴责下，原子武器生产越来越招致更多人民的反对，并使这一条路线成为走不通的死巷。随着社会主义阵营力量越来越壮大，世界维护和平力量更进一步发展，并使那一小撮原子狂人遭受彻底失败的条件下，将使原子能的和平利用有更多的可能性。

在目前，特别是苏联第一个原子能发电站供电以来，资本主义国家对原子能发电及其他的和平利用方面，正在进行着相当广泛的研究。据美原子能委员会委员柴寇特指出，1954年欧洲各地在设计和建设原子动力反应堆的至少有15处。而值得注意的是，近年来美国对原子动力的研究是加强了，而英国在这方面也取得了一定的成绩。

根据目前各资本主义国家在发展原子动力方面的态度及所采取的措施，我们已经可以看见，由于各资本主义国家经济状况的不同，这就决定了原子能和平利用在各国获得发展的不同的机会。

例如在英国，由于：（1）实行了煤炭与电力的国有化，在这方面垄断巨头的利润已经获得了可靠的保证，因而在发展原子动力方面的阻力便减少了；（2）战后英帝国处于严重的危机中，垄断资本极力设法扩大生产，增加输出（包括煤炭的输出在内），因而英国需要扩大电力生产，以便为垄断组织保证廉价的电力，以加强英国商品的竞争能力而巩固英国垄断资本在国外市场上的地位；（3）英帝国主义由于落后国家对原子动力的增大的需要，未尝不想在将来，借供应原子动力工厂去作为奴役殖民地的新的工具。①因此，英国政府加强了原子动力的研究与建设，在1956年10月17日，英国的（也是资本主义世界）第一个实验性的原子能发电站开始了送电，其总发电能力为10万瓦。英国哈威尔原子能研究所所长科克洛夫特说：英国在1970年时，新建的电力站中，原子能电力站将占优势，而1975年英国所需电力的一半将由原子电力站发出。

对一些动力缺乏而拥有原子燃料的国家，对发展原子动力也是迫切希望的。在1955年日内瓦和平利用原子能的国际会议上，巴西、阿根廷等国学者的发言中，就表露了各国发展原子动力，用以提高经济水平的迫切希望。在这一类国家中，除了帝国主义势力的阻碍而外，民族资本的利益也要求原子动力的发展。显然，在这些国家中原子动力的发展乃是从属于并决定于反对帝国主义侵略，争取民族独立这一总的任务的。

值得欣喜的是一些已经走上独立自主的落后国家，已经走上发展原子能和平利用的探索与研究的道路，比如印度的第一个原子堆已在1956年8月4日投入生产。

在资本主义国家中，发展原子动力的阻碍最大的乃是美国。事实上在建设原子动力工厂以及对控制热核子的研究方面，英国早已经走在美国前面了。1955年1月18日英国《泰晤士报》说："英国第一个原子能电力站最早也要到1957年才可望建成，而在美国，原子能的和平设备，比英国要落后18个月。"在原子武器的生产上，美国在资本主义国家中的优势地位是相当巩固的，但在其和平利用方面，它却未必

---

① 布兰凯特指出，输出原子能工厂到拥有铀或钍矿的国家，可以为英国保证好几十年的市场。（见布尔凯特著，明今、俞衡、艾纳译：《原子能的军事和政治后果》，世界知识出版社，1949年，第134页。）

能占先。据估计在1975年以前，美国原子能发电站的发电量在总发电量中的比重将不会超过1%～15%，这里，正显示了资本主义发展不平衡规律的作用。

当然，原子能的和平利用，不仅限于动力方面。在资本主义国家中，原子能也开始应用于医疗、农业、工业及其他方面（尽管其使用的规模与其可能性是远不相称的）。

尽管在目前个别资本主义国家中，原子能的和平利用还只是初露端倪，因而其社会经济后果还不可能立即显示出来，但是我们可以预见，在资本主义国家中，原子能和平利用的发展，也并不能带来人民生活水平的上升，使劳动者摆脱贫困与被奴役的地位。反之，它依然是垄断资本奴役广大人民以求得最大限度利润的一种手段。

首先，它会加强对广大劳动人民的剥削，并给他们带来空前的灾祸。在目前，无论是在美国或是英国，原子工业的发展，都是借助于国家的预算资金，也即是靠广大人民负担其建设费用，这就促使国家垄断资本主义的进一步发展，使国家机关进一步从属于垄断组织，并加重对广大劳动者的租税剥削。特别是不能不看到原子动力发展以后，对工业技术上所带来的极为深远的后果，它必然会将更多的劳动力排除于工厂之外，引起失业者的增多，因而，便不能更广泛地使用。这只不过使垄断资本家获得一个向工人阶级进攻，以降低其生活水平的新的强有力的物质手段罢了。

其次，原子能和平利用的发展，一方面会引起垄断集团为夺取这一有利可图的企业的残酷的斗争，从而使垄断组织之间的矛盾发展到一个新的阶段。在原子动力获得发展后将出现的竞争的局面，从目前美国原子武器工业中摩根、杜邦、洛克菲勒等集团的尖锐的争夺战中，已经可见其端倪。另一方面，它又将因工业技术上的革命变革而排挤一系列的陈旧的工业部门，从而带来资本主义经济中更深的混乱与垄断集团间的更剧烈的利害冲突。

最后，原子能和平利用的发展，也不可避免地会引起资本主义国家间的尖锐的矛盾。首先是在争夺原子燃料上的矛盾。目前资本主义国家中尖锐的原子燃料争夺战中，美国已经巩固了自己的阵地，夺取了资本主义世界铀矿的绝大部分。随着原子动力在将来进一步发展，对铀、钍的争夺还将更趋于激化。此外，帝国主义国家将动力作为增加其商品在世界市场上的竞争能力的手段，也必然会使资本主义市场上的争夺战加强起来。加之以帝国主义国家在帮助落后国家发展与建设原子动力工厂的幌子下向落后国家进行殖民奴役的斗争也将会激化。[1]

这一切意味着，在资本主义下，即使是在未来，可望原子能在工业与国民经济中有一定程度的使用，但这也不可能使劳动人民摆脱它们所遭受的奴役状态，也不可能使他们的生活水平得到提高。

综上所述，我们可以得出如下结论：在当前资本主义危机进一步尖锐化的条件下，资本主义生产关系已经成为和平利用原子能的最大障碍，因而把原子能作为武器而生产，乃是资本主义下利用原子能的基本倾向，尽管资本主义在和平利用原子能方面也是可能的，但是其使用程度与范围，必然是为这一过时的制度所束缚，从而与科学技术上所提供的可能性大不相称。

---

[1] 目前美国、联邦德国正在加紧生产与输出原子锅炉。

第四章

反对原子武器与氢武器生产，为和平利用原子能而斗争是世界人民的迫切任务

由于原子能利用方法的发现，全世界在技术上与经济上迅速发展的新纪元已经来临了。

但是，在对待原子能这一空前强大的自然力上，存在着两种不同的态度，两种不同的利用方式，两种不同的结果。美帝国主义为了取得世界霸权，为了满足贪得无厌的欲念，采取了"实力地位"政策，拼命扩张军备，奉行原子弹与氢弹拜物教，使亿万人民的生命以及人类文明遭受到严重的威胁。而在苏联与人民民主国家，原子能正在以越来越大的规模服务于社会进步、人类繁荣的无比宏伟的共产主义的事业。

原子能在利用上的两条根本不同的路线，无比鲜明地显示了两个体系的对立，令人信服地显示了社会主义体系的无比优越。

科学家发明了利用原子能的方法，但在垄断资本的意志下，这却变成了无止境的原子弹生产，这说明科学是被滥用了。依靠千百万劳动人民的劳动，人们才做到了驾驭原子能，但是原子能却被用来反对

人民。而人们更不会忘记，人类是在日本数十万和平居民生命的毁灭中而进了原子世纪的门槛的。

原子能被一小撮垄断资本家所滥用，必然给人类带来巨大的痛苦，而且它还可能导致更不堪设想的灾害，因而，反对帝国主义的军备竞赛，反对原子武器与氢武器的生产，为原子能的和平利用而斗争，便有了极其重大的意义。这一斗争正是为反对帝国主义的战争阴谋，为缓和国际紧张局势，巩固持久和平的正义斗争的一个重要步骤。

美帝国主义一贯对苏联进行污蔑，叫嚣什么来自苏联的原子弹"袭击"，但是苏联在战后是一贯主张禁止原子武器生产的。正是由于苏联的发起，联合国大会早在1946年就通过了关于普遍裁减军备和禁止原子武器的决议，但由于帝国主义的反对，这一决议迄今还没有实现。即使是在苏联掌握了原子弹与氢弹的生产后，苏联更是主张销毁这一拥有巨大破坏力的武器，以巩固世界和平。但苏联的这一切倡议都被美国无理地拒绝了。

1956年2月赫鲁晓夫同志在苏共第20次代表大会上说："我们将继续为结束军备扩张以及禁止原子武器和氢武器而努力，在就裁军问题的主要方面达成协议以前，我们愿意采取某些局部措施，例如停止热核子武器试验，不容许驻扎在德国的军队有原子武器装备，削减军事预算。"苏联反对原子武器生产，为原子能的和平利用的正义立场是一贯的，并且为了达成协议而做了各种努力。

可是美帝国主义者，仍然抓住早已破产的"实力政策"不放，在目前还在加紧军备扩张，积极进行原子弹与氢弹生产，继续推行早已破产的原子讹诈外交。在1955年2月英国提出了生产氢弹计划。1956年5月2日起，美帝国主义更不顾全世界人民的反对，在太平洋地区大规模地进行氢弹试验，企图维持国际紧张局势，并以此来吓唬世界人民。1956年8月英国也在澳大利亚进行了氢弹爆炸。

无疑地，反对帝国主义（特别是美帝国主义）的原子弹与氢弹生产，反对原子能用作毁灭人类的武器，为原子能的和平利用而斗争，这正是当前全世界人民的迫切任务！在目前，参加到这一斗争中来的，不仅仅是社会主义阵营的广大人民，而且资本主义世界的一切进步人类都参加到这一斗争中来了，亿万人民都纷纷地谴责原子战争的罪恶！

1956年4月3日在我国北京举行的世界科协执行理事会上，表现了世界科学家反对滥用科学，争取科学为人类谋幸福的意志，表现了全世界人民反对原子武器生产，发展原子能和平利用的共同愿望。尽管帝国主义反动势力还在继续推行其侵略战争政策，还不曾打算放弃生产原子武器这一方针，还正在动员他们的一切宣传机器（报刊、艺术、科学等）来加紧使舆论同情原子武器生产的计划。可是，近几年来的国际局势已经有了根本的变化，和平力量已经成为强有力的因素，不仅仅拥有防止侵略的精神手段，而且具备了防止侵略的物质手段，因而，防止战争的可能性是存在着的。这种情况决定了禁止原子武器与氢武器生产的更多的可能性。

1956年10月底，由于英法帝国主义发动了对埃及的侵略，国际紧张局势又有所加剧，各国人民面临着第三次世界大战爆发的危险。只是由于埃及人民的英勇战斗，由于近东各国人民，以及全世界和平民主力量的支援，特别是苏联采取的坚定的措施，才迫使战争贩子停止了对埃及的军事行动，并迫使他们同意将侵略军撤出埃及。这一事件就已说明侵略者卑劣的打算已根本失败。这也再清楚不过地表明了关心维护和平与坚持制止侵略的力量是多么伟大。

苏联政府在1956年11月17日发布了关于裁军和缓和国际紧张局势问题的声明，再一次地呼吁停止军备竞赛，禁止原子武器与氢武器的使用以及试验这些武器。这也再一次地证明了苏联是世界和平的捍卫者，它坚定不移地为和平解决国际争端而斗争。苏联的这一声明，受到了社会主义与民主阵营，以及一切爱好和平的力量的拥护。

在当前的局势下，各国人民必须进一步加强反对侵略战争和维护和平的斗争，赫鲁晓夫同志说："各国人民保卫和平的斗争越积极，防止新战争的保证就越大。"[1]我们深信，全世界人民反对军备竞赛、反对原子武器与氢武器生产、维护世界和平的日益高涨的浪潮，将会给帝国主义原子狂人以沉重打击。全世界人民维护和平的斗争将有效地制止原子战争的威胁，并为争取和平利用原子能创造更有利的条件。

---

[1] 赫鲁晓夫在苏共二十次代表大会上的报告。

帝国主义殖民体系及其危机

上海人民出版社，1957年版。

引　言

　　什么是帝国主义殖民体系？谁是殖民地的真正主人？殖民地经济的落后状态与人民生活贫穷的根源在哪里？对这一些极其重要的问题，在反殖民主义的浪潮空前高涨的今天，是不难回答的。

　　无论是南非金矿中的苦工、阿尔及利亚的栽种葡萄的农业工人、沙特阿拉伯的石油工人，或是拉丁美洲种植咖啡的农民，马来亚橡胶园中的雇工——总之，在今天还生活在殖民地与半殖民地国家中的广大人民，根据他们切身经受的痛苦生活的体验，他们是越来越清楚地获得了对这一些问题的解答。他们越来越看清楚了：使他们的国家屈从于殖民地被奴役地位的，正是帝国主义金融资本的锁链，而一小撮帝国主义金融寡头（以及本国封建主），正是他们的大敌。

　　但是对帝国主义殖民体系的系统的与深刻的理解，还必须经过缜密的科学研究与仔细的思考，才有可能求得。

　　我们对帝国主义殖民体系的研究，要从历史的回溯出发，因为殖民地与殖民剥削，并非仅仅是帝国主义时期所特有的现象。列宁指出："殖民政策和帝国主义在资本主义最新阶段以前，甚至在资本主义以前就已经有了。"①当前帝国主义的殖民体系正是从垄断前资本主义时期的殖民制度的基础上发展与变化的结果。因此，为了更深刻地研究帝国主义殖民地的经济政治问题，必须回溯资本主义殖民制度的发展，探究资本主义生产方式发生与胜利时期殖民剥削的动机、方法与结果的变化。

前资本主义的殖民制度，不属于本文研究的范围，但是我们要在这里说明的是，在较广泛的意义上说，殖民制度乃是阶级社会产生以来，对抗性的生产方式的内在矛盾的产物。殖民制度表明一国统治阶级不仅仅要剥削本国人民，而且通过对其他民族建立军事或政治统治，使其他民族从属于自己，并由此剥削其他民族。殖民制度，如果就这一范畴的完整意义来讲，是包括体现这一种特定的阶级剥削的经济关系与政治文化上层建筑的总和。②早在奴隶社会，已经有了殖民制度的出现，古代罗马就实行了殖民政策，建立了庞大的殖民帝国，对地中海和东方广大领土上的其他种族的人民，进行了"帝国主义"的掠夺与奴役。

但是，殖民剥削与扩张的具体动机，以及殖民地的性质及其所起的作用，在各个不同的生产方式下是不同的，它是取决于各种生产方式的本质的。因而考察殖民制度，应与特定的生产方式及其发展的阶

---

① 列宁：《帝国主义是资本主义的最高阶段》，人民出版社，1964年，第74页。

② 殖民制度与帝国主义殖民体系是有区别的，不能混为一谈。殖民制度是指殖民国家对殖民地进行剥削的经济、政治、文化等结构的总和。因而殖民制度是自殖民剥削开始以来就存在的。帝国主义殖民地体系，或指受帝国主义国家压迫和奴役的殖民地附属国的总和，或称为帝国主义殖民体系。它只在帝国主义阶段形成。（参考本书第二章）但是许多小册子在这一名词的使用上有着很大混乱。比如中央人民广播电台广播稿政治经济学讲座"帝国主义的殖民制度"（吴健著，中国青年出版社出版）中说："帝国主义的殖民制度就是受帝国主义国家压迫的殖民地和附属国的总和"，这便将殖民"制度"与"体系"这两个不同意义的概念混同了。这种提法是错误的。

段联系起来。例如建立在奴隶制基础上的古代希腊罗马的殖民制度，就与现代帝国主义阶段的殖民制度有本质的区别。资产阶级学者忽视社会经济形态的根本区别，从形式出发，将"大罗马与大不列颠"相提并论，无疑地，这种研究不仅不能发掘社会经济制度的本质，且正如列宁指出，必然会流于最空洞的废话与虚夸。

尽管在古代奴隶制的基础上，就已经有了殖民帝国的建立与殖民剥削，而且正是对殖民地人民的无情的掠夺与奴役，促进了古代社会奴隶制经济的繁荣，但是，只有在资本主义生产方式下，才开始了最广泛的与最酷烈的殖民剥削的时代。资本主义的殖民制度，对人类社会经济的发展进程，起了极其巨大的影响。它一方面使宗主国的经济机构越加腐朽，另一方面改变了拥有十多亿人口、占世界绝大部分土地的国家的历史发展过程，阻塞了这些国家社会生产力的发展，使世界广大领域长时期陷于黑暗愚昧之中。

资本主义国家对殖民地的剥削与奴役，就其对历史发展所带来的影响来说，绝不是古代奴隶社会的殖民剥削所能比拟的。在这方面，当代"文明"的橡胶园主、咖啡种植者或石油公司的董事所做出的罪行，也是远远超过古代极其残暴地从事殖民地掠夺的奴隶主的。因而，从这种意义上来讲，资本主义的殖民史，乃是人类历史上最黑暗的一章。

在本文中，我们将叙述这一段人类最黯淡的历史的一些大体情况，从而看到这人类历史的一页为什么必然会成为过去。由此进一步理解当前全世界风起云涌的反殖民主义浪潮的力量源泉。这一不可阻挡的力量还在发展壮大，它正在无比坚定地给这人类历史上黑暗的一章写结束语，而且已写到最终的几行了。

第一章

垄断前的资本主义时期的殖民制度

一、 地理大发现与资本主义殖民制度的开端

15、16世纪伟大的地理大发现，揭开了资本主义殖民制度的序幕。

近代欧洲先进国家登上殖民剥削与奴役的舞台的动因，在于封建社会内部资本主义生产关系成长所引起的新的需要。

在西欧，自从12世纪以来，商品—货币关系发展起来，城镇很快地兴起，自然经济趋于解体。商业资本的活跃及其不断地扩大，对封建生产方式起了重大的解体的作用，引起了行会制度的危机与封建农村的解体。在封建社会内部，资本主义经济形式出现了。在14世纪，地中海各国的工场手工业就已经有了发展。新兴的资产阶级——工场主、富裕的行东、商人——在城市中取得了政治权力，并在国家经济生活中，起着越来越大的作用。

地中海各国的资产阶级，自十字军东征以来，就已经与东方发生了经常的商业联系，他们靠东方贸易而获得巨大的财富。但到15世纪

下半期，土耳其人征服拜占庭，阻隔了欧洲商人越过小亚细亚及叙利亚到东方去的道路。剩下来的未被土耳其人占领的通往东方的道路，便是埃及和红海的道路，但是这条道路又为阿拉伯商人所独占。这样，与东方贸易联系的断绝，使地中海各国商人的利益受到严重的损害，因此，他们越来越关心去寻找一条绕过阿拉伯人，并避过土耳其人而通往印度的新航路。

资本主义经济的发展，产生了新的经济活动的动力——追求利润、发财致富成了支配各国资产阶级一切活动的原动力。在当时，欧洲各国封建制度尚未彻底崩溃，国内市场狭小，因而刺激着资产阶级去寻找新市场，去扩大贸易，并进一步扩大生产。新兴的商业资本家，渴望着扩大商业活动的范围，以便从海外贸易中获得更多的利润，这也促使他们致力于寻找新航路。

商品经济的发展，使货币成为交换的一般手段。货币地租的盛行，使农民需要换取货币，封建贵族间长年累月的战争，需要金钱。各国君主需要金钱去维持庞大的国家开支及奢靡生活的需要。而对新兴的资产阶级来说，货币，更多的货币，乃是他们扩展其营利事业的前提，以及他们整个活动的目的。这样，封建社会中长期的社会经济的发展与变革，使黄金与白银成为经济生活中不可缺少的、最迫切需要的东西。黄金对社会各个阶层，成为最富于引诱力的和最具有魔力的物品。寻求黄金的狂热，推动着欧洲的资产阶级、冒险家越过不可测知的凶险的海洋，去发现新的大陆。

正是以上的各种因素，引起了15、16世纪的伟大的地理发现。

地理大发现，对于西欧各国资本主义经济的发展有着极为巨大的影响。它引起了商业革命，便利于资本主义生产扩张的世界市场产生了。它又引起了西欧各国的"价格革命"，成为资产阶级积聚大量货币财富的重要因素。同时，它使贪婪的欧洲商人、冒险家，亲自接触到新大陆以及东方的富庶的国土，进一步激发了他们无厌的贪欲，因而地理大发现便成为近代对殖民地狂暴的征服与野蛮的掠夺的开端。

葡萄牙人是从事于地理大发现的先锋，同时也是进行殖民地掠夺资格最老的强盗。他们沿着他们所发现的通往印度的航路——即在亚洲与亚洲沿岸——建立了许多掠夺的据点。在16世纪初，他们在迪酉摧毁了自己的竞争者——阿拉伯人和埃及人的舰队，确立了对红海与波斯湾的出口的控制。葡萄牙人在1511年侵占马六甲，1512年发现了著名的香料群岛（摩鹿加群岛），这些岛屿是他们巨大财富的源泉。1516年葡萄牙人在中国沿海登陆，1542年在日本沿海登陆（在九州岛南岸）。

在侵占殖民地上，西班牙人也是不落人后的。15世纪末西班牙占领西印度群岛，当麦哲伦完成其第一次环球旅行时，西班牙人已开始征服美洲。1519～1521年，斐南多·科泰斯征服和掠夺了墨西哥，1532～1535年法朗西士科·皮撒罗征服了秘鲁和智利。

但是西班牙与葡萄牙的殖民优势是短暂的，到17世纪中期，拥有巨大的商船队，被称为"海上马车夫"的荷兰，占领了东方葡萄牙殖民地的大部分。1609年，荷兰人在毕章里、爪哇、安波那等岛屿建立了海外经理处，1641年扩张到马六甲海峡，1658年将葡萄牙人从锡兰赶走。到17世纪，以荷兰为首的尼德兰，树立了对殖民地的霸权，成为头等的殖民强国。尼德兰人的这种优势，用荷兰政论家尼古佛尔德的话来说，尼德兰人"自各国采蜜"。尼德兰人说，挪威是他们的森林，莱茵河岸和加那河岸是他们的葡萄园，德意志、西班牙和爱尔兰是他们的羊圈，普鲁士和波兰是他们的谷仓，印度和阿拉伯是他们的果园。

在17世纪，法国与英国资产阶级也和尼德兰并驾齐驱，参加到夺取殖民地这一有利的事业中来。法国在美洲掠夺了大量的殖民地（加拿大、路易斯安那），并开始征服印度内地诸邦。英国插足到争夺殖民地的战斗中，比葡萄牙、西班牙、荷兰要晚一些，但是它却较其他国家获得了更大的成功。英国在美洲有广大的殖民地——加拿大、北美洲大西洋沿岸的13个殖民地、西印度群岛与圭亚那；在非洲有冈比亚河口和塞拉勒窝内（今译塞拉利昂——编者注）海岸；在亚洲的印度也夺得广大的地区。英国扩展自己殖民地的版图，多半是从法国、西班牙与尼德兰的殖民地中夺来的。英国之所以能在资本主义原始积累时期的殖民地争夺战中取得胜利，并在18世纪基本上建立了不列颠殖民帝国，乃是由于它比起当时的其他国家，资本主义工业有了更大的发展。

这样，在1789年以前，即"资本主义在各先进国内胜利和确立的时期"，世界上的广大土地，包括整个美洲（北美合众国除外）、西印度、印度的3/10、印度尼西亚的大部分、非洲的西岸和南部以及澳洲的一部分，已经变成殖民地了。资本主义发生期（资本原始积累时期）的殖民制度由此确立了。

二、资本原始积累时期的殖民政策

殖民政策的内容与掠夺殖民地的方法，是由殖民国家社会经济发展进程中成熟了的客观要求所决定的。因此，在西欧殖民国家资本主义关系发展的不同时期，殖民政策与掠夺殖民地的方法，也就不同。

西欧国家走上殖民地掠夺的舞台，正是处在封建生产方式迅速解体，资本主义生产方式不断成长的过渡时期，即资本原始积累时期。

在这一时期之初，在各个殖民国家，一般说来，资本主义生产方式尚未取得社会经济的支配地位，从封建社会的母体中发展起来的商业资本尚未从属于产业资本，反之，却是在独立地发展，并且在一些殖民国家中（如荷兰），达到了空前繁荣的程度。因而，对于资本原始积累时期的殖民政策与殖民侵略，商业资本起了压倒性的影响。[①]

商业资本乃是历史上最古老的资本。无论在哪一种生产方式之下，只要有简单的商品与货币流通作为条件，商业资本就可能存在。商业资本是在流通领域内起作用的，它的职能是媒介成商品的交换。商业资本的经营活动的动机与目的，是追求交换价值，取得更多的货币财富。正是由于商业资本家追求的财富表现在货币（交换价值）的形态上，因而便赋予了商人的贪欲以永远无厌的性质，激发了他们采取一切手段来增殖商业财富。

作为资本原始积累时期殖民掠夺的先驱者的葡萄牙和西班牙，正是商业资本占压倒性优势的国家（英国、法国在资本主义发展的初期，商业资本也是发展的），工业资本家尚未充分成长，还没有作为独立的力量参加到殖民地掠夺中来，因而这一时期的殖民政策与殖民侵略的内在的动机，在很大程度上，正是直接体现了商业资本与商业资本家的要求。

从事殖民侵略的首批人物，乃是商人、奴隶贩卖者、封建君主和破落贵族。对于这些社会等级、身份都不同的人物，追求黄金、白银、宝石却成为他们共同的目的。古代社会奴隶主的殖民掠夺，除了猎取奴隶而外，是为了获得奢侈享乐的资料——大理石、黑檀木、金属、象牙、鸵鸟羽毛等；近代殖民者则是以攫取货币财富为目的。恩

---

① 参见马克思：《资本论》第3卷，人民出版社，1953年，第416页。

格斯说："葡萄牙人在非洲海岸，在印度，在所有远东寻找黄金，黄金成为那样有魔力的词语，它驱使西班牙人越过大西洋，黄金——这就是白人一登上新发现的海岸首先要求的东西。"①

在资本原始积累时期，掠夺殖民地的方法，也是决定于商业资本的性质的。大体说来，它可以归结于下列几种：

（一）通过垄断贸易，借助于不等价交换而占有殖民地人民的财富

商业资本的剥削，首先是通过流通领域内的买卖行为来进行的，在产业资本未占据统治地位以前，贱买贵卖是商业的一般规律，商业资本正是由不等价交换而侵占了买方与卖方双方的财产。马克思说："在商业资本是媒介未发展诸共同体间的生产物交换时，商业利润就不仅表现为侵占和诈欺，并且大部分是这样发生的。"②

自从地理大发现以来，西欧各国商业公司（如英国的东印度公司、皇家非洲公司、里凡特公司、哈德逊湾公司）等，都是这一时期设立的，如雨后春笋一样地簇生，这些公司正是对殖民地进行贸易掠夺的机构。这些贸易公司，千方百计地想达到完全垄断该地区的贸易的目的，以保证享有垄断的商业利润。

欧洲的商人，迫使土著居民卷入交换经济的旋涡中，特别是诱使与强迫殖民地的奴隶主、封建主和国家与他们发生交换关系，以便夺取土著居民与当地统治者长期累积的财富。在这方面，欧洲商人行为的卑鄙，达到令人难以相信的地步。他们只付出极微小的代价，或是以一些廉价购得的商品（如织物、钉子、皮革等），便换得了土著居

---

① 《马克思恩格斯全集》（俄文版）第16卷，第422页。
② 马克思：《资本论》第3卷，人民出版社，1953年，第408页。

民大量的贵重的商品。"金银，贵重的宝石，伊朗的华丽的锦，印度织工的精细制品，从印度及摩鹿加群岛来的肉豆蔻、肉桂、丁香、胡椒，从非洲来的象牙和鱼，中国手工业者的奇异制品——这一切如宽大的河流一样流到葡萄牙去。"①

对殖民地人民的不等价交换——掩蔽的劫夺——正是当时商业公司神话般利润的源泉。

（二）用暴力手段劫夺殖民地的财富

商业资本的掠夺，不仅依靠经济的手段，而且紧密地依靠超经济的手段，依靠毫不掩饰的暴力行为。

在东方及新大陆的许多民族，都具有高度发达的古代文化，巧夺天工的纺织品，各式的金银器皿，大理石的雕刻，喷水池，华丽的地毯，——这些土著贵族的享乐生活，使欧洲殖民者羡慕不已，因此，欧洲商人、冒险家与一切流氓骗子，不择手段地利用当时的先进武器（火器），对殖民地财富进行无耻的劫夺。

单只是两个西班牙人科泰斯与毕译罗，在墨西哥（1521）与秘鲁（1532）就劫取了国王的金银财宝约1.7亿金卢布。葡萄牙人为了夺得土著人民的金银，就去俘虏土著人民，然后强迫该地土著人民用金子来赎取。英国人在印度进行了长期的征服战争，每一个被征服的王公的国库与人民的财产都被抢得精光。这正如马克思指出："商业资本，在优势的统治地位中，到处都代表一种劫夺制度，而在旧时代的和新时代的商业民族内，商业资本的发展，也与暴力的劫掠，海盗，奴隶劫盗，在殖民地的征服，直接地结合在一起。迦太基，罗马，和

---

① 参见古柏尔等著：《殖民地附属国新历史》（上卷）第1册，读书出版社，1947年，第7页。

后来的威尼斯人，葡萄牙人，荷兰人等等，都是这样的。"①

（三）在殖民地实行奴隶制与农奴制的剥削

欧洲殖民者对殖民地人民的掠夺，不仅仅采取垄断贸易或直接的劫掠，而且往往直接地施行了奴隶制与农奴制的剥削方法。采取这种强制奴役政策的原因，一方面是为了以极低廉的代价去采掘殖民地地下蕴藏丰富的金银，一方面是为了强迫殖民地人民提供更多的为商人所需要的生产物——如印度蓝、香料、烟草等——以便在有利的市场上出卖，而保证高度的商业利润。

在这一时期特别流行的殖民地的奴隶劳动，主要表现在以奴隶进行生产的金银矿山与种植园经济中。西班牙人与葡萄牙人将美洲印第安人整个种族赶入金银矿山，印第安人所遭受的残酷的剥削，连古代奴隶制度也是远远不及的。16、17、18三个世纪以来，西班牙人从美洲榨取的贵金属，总数达280亿法郎之多。

以奴隶制为基础的种植园经济，在世界市场产生以后引起的扩大的需要之下，在西印度、印度与印度尼西亚等地有较广泛的发展。在种植园经济中，往往实行单一种植制，例如在印度尼西亚，荷兰人强迫当地农民只种植咖啡和甘蔗；在西印度群岛，印度蓝、糖、烟草等占了支配地位。

种植园经济是极其落后的。休耕制度占了优势，耕种土地是用最原始的工具进行，甚至耙也没有使用。由于劫掠式地使用土地，在一个地段地力枯竭后，种植园主就转移到新的地段上去，因此许多土地荒废了。在奴隶的强迫劳动的落后的劳动生产率之下，欧洲5个人可以

---

① 马克思：《资本论》第3卷，人民出版社，1953年，第409～410页。

完成的工作，在种植园要40～50个人来做。

欧洲人不仅将当地土著民族驱入矿山与种植园内进行奴隶的劳动，而且还从其他地方猎取奴隶，如西印度群岛和美洲就成了非洲黑人的奴隶牢狱。这些不幸的人们，在种植园主的残酷剥削下，经过五六年的劳动，就会精疲力竭而死。[①]

总之，以奴隶制为基础的矿山与种植园经济，保证了欧洲商人、封建主以低微的代价获得了巨量的金银及贵重商品，从而成为商业资本家繁荣发展的重要因素。

（四）奴隶贸易是商业利润的重大源泉

在矿山与种植园的奴隶经济，必须要有源源不断的奴隶劳动力的补充。奴隶贸易便因此发展起来。

欧洲的奴隶贩子，首先是英国人，在黄金的贪欲的支配下，不惜做出最卑劣、凶残无比的伤天害理的事情，大规模地进行抢人，将他们贩为奴隶。

非洲的土著居民，首先变成了资本原始积累的祭品。欧洲人自15世纪就已经开始在非洲获取奴隶，从此非洲就被转化为"商业性黑人的猎夺场所"（马克思），而在18世纪末期以前，奴隶贩卖乃是欧洲商人在非洲的殖民活动的主要内容。1680年，每年被输出的"非洲商品"达1.5万名，此后数目更不断增多。从1680年到1786年，英国人在美洲的殖民地与西印度，被运入213万非洲人。在牙买加群岛，从1700

---

① 恩格斯认为一个热带国家的奴隶的工作时期为6年。田宁鲍姆认为西印度种植场中黑人工人的寿命平均只有7年。（参考福斯特著，冯明方译：《美洲政治史纲》，人民出版社，1956年，第99页。）

年至1786年被卖了61万人。[①]

吸引着欧洲国家的商人、骗子以及一切败类来从事这一毫无人道的贸易的，是奴隶贸易的极其高的利润。譬如利物浦的奴隶贩子在1786年出卖31690个奴隶，赚得纯利298462镑。在1783年至1793年间，利物浦人所贩卖的奴隶达303737人，共赚得15186850镑，每个奴隶商人在这10年中平均获得300万马克的财富[②]。为了追求暴富，1791年欧洲商人单在非洲西海岸就设有40处美其名为"工厂"的奴隶站，而在奴隶贸易最兴盛的时候，有192艘英国船在做这一买卖，每航行一次要运送4.7万名非洲人。

奴隶贸易不仅是在非洲进行，而且扩大到欧洲人所发现的新的领土，奴隶的锁链很早就束缚在亚洲土著民族的身上。荷兰人为了要得到爪哇使用的奴隶，曾在西伯里岛实行了一种盗人制度，并为此训练了一批专门从事盗人的人，他们将成千名被盗来的青年，拘禁在秘密监狱中。"荷兰（17世纪资本主义的标本国家）的殖民地经营历史，'展示了一幅背信弃义，贿赂，虐杀，和卑劣的画图'，那是少有其敌的。"[③]

奴隶贸易进一步促使了商业资本的繁荣。英国利物浦市的兴盛，就是以奴隶贸易为基础。资本原始积累时期欧洲国家商业资本的空前繁荣与商业利润的不断扩大的过程，正是各个经济落后国家的黑种的、棕种的、黄种的……肤色不同的土著人转化为奴隶、被卖至海

---

① 奴隶买卖大约是葡萄牙"航海者"亨利王子于1442年开始的。那一年他在西非海岸的航行中获得若干金子与"10名黑人"，他将金子与黑人卖掉后，又回到西非来猎取更多的金子和黑人。

开始做奴隶买卖的第一个英国人是约翰·霍金斯爵士。他在16世纪后半期中，第三次航行到几内亚海岸去时，掳获400名非洲人，而以每名25英镑的价格在西印度群岛卖出。

② 参见桑巴特：《现代资本主义》，第1卷，第2分册，商务印书馆，1939年，第567页。

③ 马克思：《资本论》第1卷，人民出版社，1953年，第949～950页。

外、葬身于矿山与种植园中的过程。这一过程具体显示了资本主义曙光期——原始积累时期——商业资本掠夺的空前横暴残酷的性质。正如福斯特所指出："在利欲熏心下人性的堕落从没有像在这个罪大恶极的奴隶买卖中下降到那样深的。"①

从以上所指出的殖民掠夺的几个主要方面中，我们可以看出资本主义黎明时期殖民政策的特点。

一方面，对殖民地掠夺，处处都是在公开的、毫无掩盖的暴力下进行的。贸易的垄断，劫夺财富，抢人，奴隶贩卖与种植园经济，这一些初期殖民活动的维持与顺利地进行，与其说是借助于经济力，不如说是更依赖于经济外的强制，借助于国家的在军事政治上的支持。对于那些基本上还处在自给自足经济中的落后的民族来说，商业资本剥削的范围，是在火枪与大炮的轰击下才得到开拓的，而武力的劫夺，更是当时获得暴富的重要手段。因而，对殖民地经济的掠夺，是一幅充满了欺骗、洗劫、剿灭整个部族的血腥的画面。这一时期的殖民史的每一页，可以毫不夸大地说，都可以归结为放火、抢劫、杀人、灭种……都是为文明人类所难以想象的罪恶行为。

另一方面，在矿山与种植园这些生产领域中，资本主义的殖民掠夺也有其特点。古代罗马奴隶制的剥削是以自然经济为基础，而近代殖民制度的剥削却是以交换价值为目的，是以交换关系发展并正向全世界范围扩张为基础。这也就决定了其剥削欲望的永无止境的性质与剥削程度的残酷无比。②无论是在美洲的金银矿山或是在爪哇的种植园中，过度劳动成了被奴役的人民的最严重的灾难，只需五六年时间，

---

① 福斯特著，冯明方译：《美洲政治史纲》，人民出版社，1956年，第93页。
② 参见马克思：《资本论》第1卷，人民出版社，1953年，第267页。

就会将奴隶的整个生命消耗掉。在这种对剩余价值的无限的贪欲之下，资本的增殖是以尽快地耗损劳动力为前提，它不可避免地会带来土著人民的大批死亡，甚至灭种。这一可怕的结局，当时，无论是西班牙、葡萄牙或是荷兰人的殖民地，都是屡见不鲜的。

资本主义殖民制度的建立，以及对殖民地的疯狂掠夺，乃是社会经济发展的客观规律起作用的结果，但是殖民制度一旦出现，又给世界各国社会经济发展的进程以巨大的影响。

在这一时期，殖民制度首先促进了贸易及航运业的发展，它强使经济落后国家卷入商品与货币流通的轨道，它以无孔不入的劫夺搜刮扩大了流通中商品的种类，因而，殖民制度与世界贸易、世界市场的产生，是同时并进的。"殖民地造成了世界贸易，而世界贸易则是大机器工业的必不可少的条件。"①这一新的广大的市场，要求大大地扩大生产，因为大量销售商品的可能性已经造成。这对于封建生产方式的进一步解体与资本主义生产方式的发展，有着重大的影响。它使欧洲先进国家的资本主义工场手工业获得了进一步发展的可能性。

殖民制度的最重要的作用，乃在于它是资本原始积累的主要杠杆之一。马克思极精辟地指出："美洲金银产地的发现，土著居民被剿灭，被奴隶化，被埋于矿坑，正在开始的东印度的征服与劫掠，非洲被转化为商业性黑人猎夺场所，都表示了资本主义生产时代的曙光。这些牧歌式的过程，是原始积累的主要要素。"②

借助于对殖民地人民的掠夺，以及神话般的商业利润，前所未有的巨量的货币资本积累起来，大量财产像雨后春笋般地一夜簇生起

---

① 《马克思恩格斯文选》二卷集，第2卷，莫斯科外国文书籍出版局，1955年，第448页。
② 马克思：《资本论》第1卷，人民出版社，1953年，第948～949页。

来，这就给工场手工业的普遍发展及其进一步向机器大工业的转变准备了货币资本的前提。

殖民制度大大加速了资本主义生产方式取得彻底胜利的进程，最典型的例子莫过于英国了。自从17世纪后半期以来，英国就在狂热地从事于殖民地的抢占与掠夺，由于英国早已具备了资本主义发展的前提，英国在海外劫取的财富，都流回本国，转化为资本，巩固了工业，促使它在17世纪末发生了伟大的工业革命，并在日后成了"世界的工场"。英国工业革命能够很早发生，对殖民地特别是对印度的掠夺占有重要地位。杜德说："对印度的劫掠便是积蓄的看不见的源泉，它对于帮助英国可能发生工业革命起着重要的作用。"①那些殖民事业积极的活动家、海盗、偷运者、奴隶贩子、各种各样的投机家、骗子、流氓，都靠对殖民地的掠夺而创立了许多巨大的私有财产，并投资于资本主义的生产，成为今日"文明"的资本家的祖宗。

但是殖民制度并不是对一切的殖民国家都起着加速资本主义生产方式取得胜利的作用。因为资本主义生产方式的发生与发展，取决于这些国家的内在条件。在那些还受着封建生产关系的严重束缚、资产阶级力量薄弱、资本主义发展的前提条件尚未具备的国家，殖民地的掠夺与大量财富的流入，不但不会转化为资本，反之，却变成奢靡与寄生生活的源泉，助长高利贷的剥削，并对城市手工业与农村起着腐蚀的作用。在这方面，葡萄牙与西班牙便是明显的例子。这两个殖民掠夺的先驱国家，从海外，特别是从美洲获得惊人的财富，但这些财富只是转化为贵族、商人、僧侣的奢侈浪费生活的资料，大大地助长了腐朽寄生的风气。而在封建制度束缚下的手工业与农村经济却进一

---

① 杜德：《今日印度》（上册），世界知识出版社，1953年，第100页。

步破产，城市经济衰落了。这样，从殖民地掠夺来的财富，一旦不能向产业资本转化，就增加了这些国家向资本主义发展的障碍。这就导致西班牙与葡萄牙的殖民霸权的丧失，以及国力的衰落，并最终屈从于产业资本发达的国家。

尽管资本原始积累时期殖民制度对各个殖民国家来说，有着两种不同的结果，但是殖民制度对社会历史发展进程的最主要的影响，还在于它促进了欧洲先进国家的资本主义的胜利，准备了工业革命的到来这个方面。工业革命一旦在某一个国家发生，就会影响和加速其他资本主义国家工业革命的进程。因而，殖民制度的意义，乃在于它客观上起了促进欧洲国家旧的封建生产方式的瓦解与新的资本主义生产方式的出现这一历史过程。在对抗性的社会形态之下，社会生产力的向前发展必然是具有对抗性质的，而某些殖民国家的暂时的没落与衰落，只不过是社会向前运动这一主潮中的回流罢了。

但是，资本原始积累时期的殖民制度，对于殖民地国家的经济却是起了性质上根本不同的影响。

这一时期殖民国家所采用的殖民侵略的形式与方法是各种各样的，它对于殖民地经济的影响也是不同的。假如我们把英属北美殖民地除外——这里尽管受着宗主国的压迫，但是最后却走上了资本主义发展的道路，那么，被欧洲人进行殖民掠夺的国家，不论是古巴或摩鹿加这一类完全被征服的小国，或是印度这一类部分被征服的大国，殖民掠夺都有着共同的结果。它无例外地引起了殖民地自然经济的崩溃，使广大土著居民遭受到商业资本与高利贷资本的剥削，而当地农奴与半农奴制的剥削形式也依然保存下来，土著的封建主在货币经济的刺激下，加倍地吮吸农民的脂膏，引起在解体过程中的封建经济的矛盾的尖锐化，这一切，引起了殖民地经济的严重破坏与生产的衰退。

由于这一时期旧的自给自足经济尚未彻底解体，缺乏自由劳动力与国内市场，加之以货币资本的被劫夺，因而殖民掠夺并不引起殖民地资本主义生产关系的发展。商业资本破坏了殖民地国家旧的经济基础，但却不创立新的生产方式，它只是阻塞了社会生产力发展的途径，使土著居民陷于空前的贫困，带来了空前未有的灾难与成百万人民的死亡。如文明古国的印度，自从东印度公司统治孟加拉后，在残酷的掠夺下，孟加拉的1/3化成了"一片只有野兽居住的蛮荒之地"，而在1770年一次饥荒中，就有1000多万人死亡。

殖民侵略的最悲惨的后果，表现在一些被征服的小国，横暴的奴隶劳动，"抢人"，集体杀戮……这一切暴行，造成了当地人口的消减与整个殖民地人民历史发展过程的中断。如西班牙人最初发现海地岛时，岛上有几十万人，到1508年只有6万多人，到1512年只有2万多人，而在1548年只剩下500多人了。像这一类例子，还可以举出很多。

综上所述，资本主义发生期的殖民制度的客观历史使命，乃在于它为欧洲先进国家资本主义生产方式的彻底胜利创造了极为重要的条件。在抢劫、虐杀及其他的罪行中，逐渐揭开了近代资本主义社会的帷幕。在许多拥有古代文明的国家突然遭受到毁灭性的打击，其国力归于枯萎、社会经济发展趋于停滞的过程中，欧洲先进国家资本主义的发展却加速起来。正是殖民地人民的鲜血，哺育与壮大了欧洲先进国家的工业资产阶级。从资本原始积累时期的殖民史中，我们清楚地看见了所谓"文明"的资本主义社会，是依靠在殖民地的怎样的"文明"行为建立起来的，而这种"文明"的行为，在今天，还是资产阶级御用学者千方百计地企图加以遮掩与辩解的主题。

三、自由竞争的资本主义时期的殖民政策

对殖民地人民的掠夺，促进了欧洲先进国家由工场手工业向机器工业过渡——即工业革命的过程。这一工业革命，其意义是极为重大的。它一方面引起社会生产技术的根本变革，并使资本主义生产方式彻底战胜与排挤了小生产，从而使资本主义社会建立在巩固的基础上。另一方面，工业革命又开始了资本主义殖民制度的新时期，导致了殖民政策的内容与形式的改变。

工业革命，引起了机器大工业的确立。与过去在手工劳动这一基础上生产缓慢的发展不同，从此来到的是资本主义生产上狂飙式的变革时期，科学开始大量地在生产中显示其力量，使劳动生产率大大提高。譬如说，在18世纪工场手工业分工条件下，一个工人一天制4800根针，但在19世纪，一个管4台机器的工人，一天生产60万根针。新建立的工业部门不断地扩展，而更新的工业部门也一个随着一个地出现。其结果是以商品形式表现出来的社会财富史无前例地增加了。

尽管机器的使用提供了促使社会生产力飞速发展的物质技术条件，但是机器的资本主义的使用，又使其成为剥削雇佣劳动的手段，成为工人阶级进一步贫穷、肉体上与精神上更深的折磨的根源。因此，向机器大工业的过渡，必然地导致社会两极分化的加剧，促进劳动者贫穷化的加深。

随着近代大工业建立而发生的工业生产能力与人民的购买水平的不相适应，使工业资本家不得不竭力寻找广大的商品市场，而这一市场的获得，与它的营业的盛衰、利润的高低，是有着密切的关系的。

马克思指出："资产阶级由于需要有不断增加的产品销路，乃不得不奔走于全球各地。它不能不到处钻营，到处栖止，到处建立联

系。"①

正因为这样，产生了资产阶级将殖民地作为它的主要销售市场的迫切动机。

机器大生产又引起极大规模的原料的消耗，比如19世纪机器纺纱一日，就比手纺车耗费的棉花多200倍左右。而国内的原料，往往不能满足飞速扩张的工业的需要，因此，资产阶级便越来越需要将殖民地当作其原料的供应基地。英国对海外原料的依赖，正是提供了典型的例证。1764年，英国由海外输入的棉花只有3870392磅，而在1841年，便增加到437094000磅；兰开夏一地在1792年由北美输入的棉花只有13.8万磅，在1800年竟达1800万磅。

由此可见，随着工业革命的胜利，工业资产阶级登上了历史舞台，并在各资本主义国家的政治经济生活中起了越来越重大的作用。正是这一以机器大工业为后盾的阶级的利益，决定了新的殖民侵略的方法与动机，使殖民地适应于机器大工业的需要，而成为商品的市场与原料的供应地。殖民地由增殖商业财富的源泉，转变成为产业资本无阻碍地榨取剩余价值与实现剩余价值的场所了。新兴的工业资产阶级正是借助于殖民地市场获得的利润而扩大其资本，因而，殖民地是由资本原始积累的杠杆，转变成为资本主义积累的主要杠杆之一了。

机器大工业的出现，不仅使殖民地作为欧洲资本主义国家的商品市场与原料产地成为经济上迫切的需要，而且它本身也创造出强使殖民地履行这一职能的客观条件。

大工业引起了运输工具的革命，与手工劳动相联系的马车、帆船被用蒸汽发动的火车、轮船所代替。这正是19世纪经济上最显著的变

---

① 马克思、恩格斯：《共产党宣言》，人民出版社，1956年，第36页。

革之一。"所以，且不说完全变化了的帆船建造术，交通运输制度也渐渐靠河川轮船，铁路，海洋轮船，电报等等的体系作媒介，而与大工业的生产方式相适合了。"[1]这一新的交通工具的出现，对于资本主义生产方式的发展有着极重大的影响，它使自16世纪地理大发现以来，展拓于人们眼前的广阔无边的世界领域缩小了。如果在18世纪初期从英国旅行到印度要继续18～20月，那么19世纪中叶，轮船在2～3个月中就完成了此种行程。这样，新的交通工具便成为资本家进行对全世界征服与掠夺的物质基础。借助于它，大工业的产物——商品，便得以迅速渗透到世界任何一个角落中去，它打破了落后民族的闭塞状态，而将其卷入商品经济的旋涡。其结果，16世纪开始萌芽的全世界市场，便在19世纪后半叶基本上形成了。

在这世界市场最后确立，世界各地的经济联系大为加强的基础上，欧洲先进国家才逐渐能使殖民地适合于大工业生产方式的需要，使资本家得到了吸纳其大量商品的新的场所。同时，欧洲的先进国家的工业，也就日益依赖于海外的原料，如自中美洲取得糖，自阿根廷取得皮革，自智利取得硝石；北美成为英国棉花的主要供给地，而后来印度与埃及的植棉业也以超快速度发展。这样，在资本主义殖民侵略的新的时期，全世界一切遭受殖民奴役的落后国家的经济，都以资本主义大工业为轴心而转动起来。

随着资本主义生产方式的新时期的到来，在世界更广大领域都已卷入商品经济旋涡这一新的经济条件下，对殖民地的剥削方法，也相应发生变化。前一时期的借助于暴力、欺骗、公开劫夺殖民地财富的方法逐渐退居次要地位，现在的工业资本家，在"自由贸易"的旗帜

---

[1] 马克思：《资本论》第1卷，人民出版社，1953年，第463页。

下，将工业品泛滥于殖民地城市乡村，同时，把殖民地出产的原料与粮食搜罗殆尽。

在"自由贸易"的旗帜下剥削殖民地，乃是自由竞争时代剥削殖民地的重要方法。资本家不像在过去原始积累时期那样几乎不给任何代价而掠夺其财富，而是以工业品来进行交换，并美其名为"自由交换"，说这是给殖民地带来"文明""进步"的善行。但是所谓"自由贸易"，即是在殖民地以有利的价格（通常是高于本国出售的价格）出售商品，从而取得更高的利润，并以低廉的价格取得原料。

马克思指出："投在国外贸易上的资本，能提供更高的利润率，在这里，第一是因为，和它们竞争的商品，是在其他国家，用较小的生产便利生产的，所以，较进步国家，虽然比竞争国，更便宜地售卖它的商品，但仍然是在它的价值以上售卖。较进步国家的劳动，在这里，既然会当作比重较高的劳动来增殖价值，利润率就会提高；因为不当作高级劳动来支付的劳动，是当作高级劳动来售卖了。"[1]（重点为作者所加）

从这里也就揭示了工业资本家对殖民地售卖市场趋之若鹜的秘密。另一方面，殖民地原料价格更是被压得极低，往往还不足以抵偿生产者的成本。因此，在殖民地商品市场上，价值规律要求的被破坏乃是典型的特征，而与宗主国本身成一个鲜明的对比。因此，"自由贸易"不过是一个为工业资产阶级改装了的、被掩盖着的形式下进行的掠夺罢了。

在这"自由贸易"时代，英国的棉纱和棉织品代替了过去的原料、象牙等贵重物品，成为国际贸易的主要对象。这一廉价的商品，

---

① 马克思：《资本论》第3卷，人民出版社，1953年，第281页。

成为轰垮落后国家民族经济的炮弹。先进工业国对殖民地的商品倾销，首先是凭借经济力，即借助于机器生产的高度的劳动生产率。在机器纺织的棉纱与手摇纺纱车纺织的棉纱之间的关系，如同巨人与小孩角力一样，是不存在任何"自由"的。但除此而外，即使是在"自由贸易""自由放任""不干涉"叫得极其响亮的时期，对殖民地的贸易侵略也是借助于国家的权力来进行的。在19世纪，为了棉业老板的利益，英国提高了自印度输入棉货的关税，而借助于对印度的统治，却尽量降低输入印度的商品的税率。1840年，英国棉货与丝货输入印度的税率是3.5%，毛织品是2%，而印度输入英国的棉花的税率是10%，丝货是20%，毛织品是30%。由此可见，自由贸易实质上只对于英国是自由的。正如杜德所指出："……在国家直接协助的片面的自由贸易下（英国货轮入印度的自由进口或实际上是自由进口，而以关税来抵御印度制造品之输入英国，和施行航业法来防止印度与欧洲或其他各国的直接交易），英国制造业在印度市场上执了牛耳。"①

正是在这样的经济优势和政治控制之下，世界广大落后国家才变成了供资产阶级任意劫夺的场所，这可以从英国19世纪输出的激增中反映出来。在1801～1805年平均每年输出为3300万镑，而1865～1869年增至18100万镑，约增为6倍。

对殖民地的掠夺，最典型的莫过于英国之于印度了。自从1813年英国废止东印度公司的垄断，而将印度开放给自由贸易起，到1828年这15年间，布匹输出增加4倍；1832～1857年，英国布匹输往印度增加12倍多，英国棉织品的1/4是运到印度的。而印度原料的输入英国也不断增加，"例如东印度现在就成了英国出产棉花，羊毛，亚麻，

---

① 杜德：《今日印度》（上册），世界知识出版社，1953年，第105页。

黄麻，蓝靛的地方"①。在1846年，由东印度到英国的棉花输出为34540143磅，而1865年增为445947600磅；羊毛由1846年的4570581磅增至1865年的20679111磅。这样，印度就成为英国工业资本的销售市场与原料产地，这样的贸易侵略，已成为印度人民空前的灾难的根源。

对殖民地的剥削方法是多种多样的，同时，又随着宗主国本身及其殖民地社会经济的具体情况而有许多种不同的形式。在这一时期，除了自由贸易的剥削而外，资产阶级也采取在生产中直接剥削殖民地人民的剩余劳动的多种多样的形式，而作为这一时期的特点的乃是种植园经济在新的基础上的发展。

在上一时期得到广泛发展的以奴隶劳动为基础的种植园经济，在19世纪中叶已成为过时的了。这一制度，首先由于奴隶供应渐减，价格昂贵，因而在经济上成为缺少利益的。同时在奴隶主残酷的剥削下，奴隶起义频繁，奴隶制在事实上也难以维持。特别是对土地的劫掠式的使用，造成殖民地大量土地的荒废，由于工具的极端原始，劳动生产率极度低下，这样的生产方法便与工业资本家对大量的廉价原料的迫切需要相矛盾。而奴隶制也阻碍了工业品在殖民地的销售市场的开辟。这样，这一在资本原始积累时期在新的历史条件下恢复起来的过去早被埋葬了的古老的生产方式，是与大工业生产方式不相适应了。"奴隶所有制，经济上自己消逝了；至于道德上，它早已引起世界上一切进步力量的不满。这一切在19世纪上半叶产生了奴隶所有制的种植园经济之危机。"②

---

① 马克思：《资本论》第1卷，人民出版社，1953年，第549页。
② 古柏尔等著：《殖民地附属国新历史》（上卷）第2册，读书出版社，1947年，第22页。

因而奴隶制逐渐被取消①，但是种植园制度并不因此消灭。种植园主现在是在雇佣劳动的基础上来进行大规模的原料生产。许多旧时的奴隶，摆脱了过时的公开的奴隶制以后，又重新处在资本主义奴隶制的枷锁之下。这种转移到新的基础上来的种植园制度，由于这一生产方式能采用新的较完备的工具，能提供大量的原料，因而，它是适合于机器大工业的需要的殖民地农业经营的主要形式。这一生产方式，更多的是掺杂着前资本主义的剥削形式——如契约劳动制、对分制、实物工资——劳动者事实上是失去自由的，代替了奴隶主的鞭子的是资本家的监工的笞挞，因此，它对种植园主意味着高额的利润，而对于殖民地人民却是无穷灾难的源泉。

掠夺当地人民的土地，并将它转变成为对殖民地人民进行封建或半封建剥削的手段，也是这一时期殖民剥削的主要形式之一。法国侵夺阿尔及利亚的历史，具体显示出殖民者劫夺农村公社土地的手段的卑劣与残暴。1840年，侵略者布旭元帅说："只要有适当水源和肥沃土地的地方就应当殖民，不必问这些土地是属于谁的。"在19世纪，土地投机者、冒险家、大企业主用暴力与欺骗夺得数百万公顷的土地，并在对分制的形式上剥削土著人民。英国东印度公司将印度王公与公社的土地占为己有，并实行无期的农民租佃制，征收高达农民总收成2/3的货币地租。

19世纪，资本输出也已经开始出现。英法等资本主义先进国家，对殖民地开始了财政剥削，以借贷资本输出而吸取土著人民的血汗，同时在殖民地直接投资，如修建铁路、码头，开采矿山等资本主义的

---

① 1807年英国国会通过了禁止英国公民从事奴隶贩卖的法律。1833年英国国会通过了种植园的生徒身份法案，宣布黑奴经4～5年将获得自由。1838年起奴隶解放开始了。此后其他国家也相继废除奴隶制。

企业也开始出现。但无疑地，这一剥削殖民地人民的方法，比起其他的方法，其作用是小得多，这可由下表中看出来。

1825～1875年的国外投资[1]

（单位：10亿马克）

	英	法	德
1825年	2	0	0
1855年	10	3	0
1875年	22	11	2

必须注意，在这资本主义殖民政策的新时期中，旧时的殖民剥削的杠杆仍然是被尽量地加以利用了的。资产阶级一方面高唱自由贸易的"文明"，但是，一方面仍然伸出征服与掠夺的血手。在整个19世纪，英国在印度、阿富汗与中国等地所进行的一系列的征服战争，仍然表现为原始积累时期的暴力劫夺的继续。1799年英国侵入印度迈索尔，光是在宫中搜到的珠宝一项，据估计便值1143216英镑，《亚洲年鉴》记载："城中的抢夺，非常激烈，许多士兵都获得了大量的黄金和宝石等贵重东西。有事实可以证明，地位显赫的人们都大发其财。大将的住宅以及商人和石老富（印度高利贷者）的住宅，都被掠夺一空；妇女为了预防个人厄运，都掏空自己的箱奁，把所有的细软都藏匿起来。"[2]而最无耻的是1849年英国征服锡克人（旁遮普人）后，维多利亚女皇夺去大君的著名的金刚石"光之山"，它至今仍装饰于英国国王的皇冠上。正如谚语所说："印度是不列颠王冕上的一颗明珠。"对殖民地人民无耻的强盗行为，却成为征服者用以骄傲于人的

---

[1] 根据库钦斯基：《资本主义世界经济史研究》一书的统计数字，三联书店，1955年，第93页。

[2] 斯捷比利格：《英国侵略中东史》，五十年代出版社，1954年，第31页。

手段了。这充分显示出资产阶级道德的堕落。

机器大工业时期的资本主义殖民政策，尽管是建筑在对世界广大领域的经济破坏上，但对于世界历史发展的进程并不是没有积极作用的。

首先，它在世界市场形成的条件下，促进了国际分工的形成，尽管这一分工是以民族奴役为基础，从而一开始便是畸形的，但无论如何它却是加速社会生产力发展的有力因素。在19世纪中最显著的现象之一，便是世界各国的经济的依赖性的增长。

马克思指出："资产阶级既已榨取着全世界市场，于是就使所有一切国家的生产和消费都成为世界性的了。它——不管反动派怎样伤心——抽掉了工业借以立足的民族基础。旧有的民族工业部门已被消灭，并且每天还在继续被消灭下去。它们被新的工业部门挤倒下去，采用这种新的工业部门已成为一切文明民族生命攸关的问题，这些部门加工制造的已经不是本地的原料而是从地球上最遥远的地区运来的原料，它们所生产的制造品已经不只是供国内消费而且供世界各处消费了。旧时的需要是专用国货就能满足的，而新有的需要却一定要仰给于距离极远国度和气候悬殊地带所出产的货物来满足了。先前那种地方的和民族的闭塞状态以及单靠本地出产品来维持生存的状态已经消逝，现时各民族都已经是在各方面互相往来和在各方面互相依赖了。"[①]

全世界的殖民侵略，加速了英国转变成为"世界的工厂"，而殖民地却变成了农业原料产地与工业品的销场。这一国际分工的实质便是资本主义工业国剥削农业国。从19世纪中叶，英国自由贸易论者的矜夸的论述中，反映了这一国际分工形成的过程："很清楚地看见，我们可爱的不列颠被赋予为她的姐妹国家进行制造的崇高使命，我们

---

① 马克思、恩格斯：《共产党宣言》，人民出版社，1956年，第36～37页。

海外的胞国将以我们的船只带来自密西西比河谷的棉花。印度将贡献它的黄麻，俄国拿出其苧麻及亚麻，澳大利亚拿出它的细羊毛。而我们却以我们的煤与铁矿供给我们的工厂与工场，我们熟练的机器匠及职工，巨大的资本，将发明与制造必要的机器而将上列原料织成布以供应各国……一个个的国家将跟随我们的榜样，而商品的自由交换将在任何地方流行，它们（其他国家——作者）的港口将为我们的制成品而大开，如同我们的港口为它们的原料而大开。"①

这一国际分工（尽管它打着民族压迫的烙印），发展了劳动社会化的过程，而使社会生产力进一步地向前推进了。同时，它也意味着资本主义生产方式的世界性的胜利。

对殖民地的侵略，以其开辟的销售工业品的广大市场以及不会缺乏的原料来源，从而消除了大工业扩张的限制，同时，从殖民地劫夺的财富（不论是商业利润或直接抢来的财宝），成为母国工业中追加资本的源泉。在19世纪，英国正是借助于对海外殖民地的掠夺而积累了大量的资本，而印度更是工业资本家积聚资本的"乐园"。从1757年到1857年的100年间，英国的掠夺者从印度运走了好几亿金镑的金银财宝，到19世纪末叶，印度的国债已在2亿金镑以上。资本积累的充足，正是英国工业发展的有利条件与特点，它使该世纪中棉纺织业迅速扩张，以及像冶金、铁路这一类需要巨大资本的工业得以建立与发展。斯大林指出："历史上有过各种不同的工业化方法。英国的工业化是靠数十年数百年掠夺殖民地，在那里收集'追加的'资本，把它们投入本国的工业并加快自己工业化的速度来实现的。"②

---

① 诺列士：《19世纪大不列颠的工业与商业革命》，伦敦，1937年，第127页。
② 《斯大林全集》第8卷，人民出版社，1954年，第114页。

正是这一因素促使了英国在50、60年代的经济高涨。

从以上，我们看到，对殖民地的侵略，在历史上曾起了促使资本主义生产方式取得胜利的积极作用，而在19世纪前期，资本主义生产方式扮演了历史发展的火车头。

但是，如果要全面地给这一时期的资本主义殖民政策的后果以正确的评价，那么，就必须将我们的眼光从资本主义文明的故乡转向殖民地，必须考察殖民政策对世界广大殖民地经济的深刻影响。

在"自由的"资本主义时期，工业资产阶级进行殖民侵略的领域，可以分为三种不同的类型。

第一，澳洲、加拿大这些在经济上走向了独立发展的国家。

第二，印度、阿尔及利亚等典型的殖民地国家。

第三，正处在殖民国家侵略中，但尚未完全被征服的落后国家，如奥斯曼帝国、中国等。

第一类及后两类国家，资本主义的侵入，在经济上带来了全然不同的结果。在这一时期，在澳洲与加拿大，殖民地白种居民在屠杀与清洗原有居民的基础上，创立了自己的资本主义经济，从而使这些殖民地国家变成了自治领，其实质乃是宗主国资本主义的继续。

但是对后两类的国家，这一时期资本主义侵入带来的是另一番景象。资本主义机器大工业所创立的世界市场，使殖民地经济更深入更普遍地卷入商品流通的旋涡，乃是这一时期的特点。在过去，商品——货币关系还不曾像现在这样开始伸入到非洲与印度殖民地的腹地中去。因而，自从西欧国家蒸汽机一产生，世界另一端的殖民地经济遭受严重的破坏，就已经是基于客观经济规律的作用，而成为不可避免的了。这种必然趋势正如恩格斯所指明："事情已经发展到这样的地步，今天英国发明的新机器，一年以后就会夺去中国千百万工人的饭碗。"①

机器生产的廉价商品，这是工业资产阶级手中最有力的武器，它远比初期殖民者的屠杀与吓唬殖民地人民的火器的威力更强得多。对于这种侵略，一切力量都无法加以阻抑。②再加之以殖民者在殖民地的统治权力，如那些旨在便利商品侵略与进一步掠夺的关税政策、土地政策、租税等，这就使得欧洲商品完成了对殖民地的渗透，并以迅激的不可抵御的力量破坏了殖民地的手工业与农业的联系，这就消灭了作为东方广大领域中的经济细胞的农村公社的经济基础。资本主义从此基本上完成了在过去不曾结束的破坏殖民地经济结构的使命。

这一对殖民地经济的深刻而具有根本性的破坏，在印度提供了典型的图画。1818年以后英国棉纱与棉布大量输往印度的结果，即是印度的手织机与手纺车被摧毁了。旧时的曾经提供绝妙织品的许多繁荣的制造业城市，如达加、摩歇达巴德（1757年克莱武曾描述该城为"像伦敦一样宽大，人烟稠密，富庶"）、苏拉特之类，几年之中就都变为荒芜。在18世纪末，达加城的人口为20万，而19世纪中叶就降到2万人了。查尔斯·屈莱维扬爵士于1840年在英国议会的质询中宣称："草莽和疟疾迅速地侵占着这座城。……曾经是印度的曼彻斯特的达加城，已从一个极繁盛的都市衰落到穷而且小了；那里的痛苦确是很大的。"③

对印度经济最致命的打击，乃是奠基于家庭工业与农业的结合上

---

① 恩格斯：《共产主义原理》，人民出版社，1956年，第6页。

② 马克思说："它那种商品底低廉价格，便是它用以摧毁一切万里长城，征服野蛮人最顽强仇外心理的重炮。它迫使一切民族都在灭亡的恐怖下采用资产阶级的生产方式，它迫使一切民族都在自己那里施行所谓文明制度，即变成资产者。一句话，它按照自己的形象来为自己创造出一个世界。"（见《共产主义宣言》，人民出版社，1956年，第37页。）

③ 杜德：《今日印度》（上册），世界知识出版社，1953年，第106页。

的农村公社的归于解体，即作为印度社会（也是亚细亚社会）基础的崩溃。

由此可见，对印度这种典型的殖民地国家来说，机器大工业将其毁灭的影响带到殖民地社会每一个细胞，已经彻底破坏了殖民地人民生存的基础。这就完成了消灭亚细亚社会的破坏性的使命，造成了亚洲的一次极重大的社会革命。这样，终于使殖民地经济附属于世界资本主义经济体系中去。

对于那些尚未被完全征服的国家，如奥斯曼帝国与中国，同一过程也是激烈地进行着，同一的悲惨的结局也开始显现。尽管由于侵略者没有拥有像在印度所拥有的那样雄厚的实力，而其破坏也只是在程度上有所不同罢了。

但资本主义侵略对殖民地的影响，是复杂的，又是在矛盾中进行的。对殖民地的历史发展进程来说，它并非完全是消极的。殖民地国家的落后的生产关系，决定了其经济发展的缓慢，甚至近乎停滞的状态。因而，一种外在的力量促使这陈旧的生产关系趋向解体，使长期束缚生产力发展的顽强的枷锁终于崩解，从这一点来说，外国资本主义的侵入，对殖民地历史前进运动，未尝不是起了一种激励的作用。

在资本主义的侵略下，随着旧的自给自足的经济的破坏，商品—货币关系日益发展起来，随着公社土地所有制的破坏，各种形式的土地私有制（地主制，农民租佃制）树立起来；随着农民的分化，手工业者的破产，大量无产者群众由此出现；封建主的越发贪婪的剥削，商业资本与高利贷资本的发展，使货币财富积累在土著统治者与商人手中的可能性增大；以上这一切，就逐渐形成了资本主义关系发展的前提。

特别是宗主国的资本主义生产方式向殖民地的输进，——首先是在铁路建筑及与之相关联的工业部门——刺激了殖民地现代工业的出现。

"铁路系统在印度，将真正成为现代工业的先驱。"（马克思）这一现代工业主要是为宗主国资本家所掌握，只有微不足道的一部分是属于土著资本家。但无论如何，这也表明了民族资本主义经济的萌芽。

无疑地，在当时的历史条件下，由殖民地的前资本主义的经济形式，过渡到资本主义生产，乃是符合于社会生产力发展的要求的唯一进步的道路。从这种意义上来说，欧洲的资产阶级在一定限度内就不自觉地充当了历史进步的工具。

但是，工业资产阶级的殖民政策，却更多的是阻塞了殖民地社会前进的道路，他们所推行的政策的实质，乃是将殖民地作为商品销场与原料产地，是为了将殖民地经济附属于宗主国的大工业，而不容许它以宗主国工业竞争者的姿态出现。因而，外国资本在殖民地除了经营交通运输（为了销售商品）、矿山、种植园（为了夺取原料）及一些初步的原料加工工业而外，并不进行大量的现代工业的建设。而对于那些自发成长起来的民族工业的嫩芽①，宗主国一开始便要用一切手段来加以扼杀。再加之以被宗主国维持下来的封建的及其他落后的生产关系的残余，又在各方面阻碍了民族资本的发展。因而，殖民地民族资本工业的发展道路并不是平坦的，这一现代生产力一开始便是软弱无力地、缓慢而畸形地发展着。

由此可见，工业资产阶级的殖民政策，一方面，在许多地方给千百年来发展极其缓慢的殖民地社会经济以新的刺激，促使资本主义生产关系的出现；但是，另一方面，它又束缚与压抑了这新的生产关系的发展，因而使这些落后国家的经济不能不在痛苦的挣扎中踟蹰前进，这也就决定了在先进国家几十年走过的路程，在这些落后国家却

---

① 1854年，印度加尔各答近郊第一个黄麻工厂开工；1856年，印度资本家开办了第一个织布厂。

要用更长得多的时间（例如100年以上）来走过。

　　因而，这一时期，产业资本对殖民地经济的影响，在于它使殖民地更彻底地失去了旧的，但却没有得到新的。它封闭了殖民地民族工业发展的道路，并最终使殖民地经济转上了为宗主国充当农业原料附庸的道路。

第二章

帝国主义殖民体系的形成与
殖民剥削的加深

一、帝国主义时期殖民掠夺的动因与帝国主义殖民体系的形成

在19世纪最后30年，自由竞争的资本主义开始过渡到垄断的资本主义，资本主义从此进入了它的最高的也是最后的阶段。在这个阶段，殖民地的作用与意义有了重大的变化。

帝国主义的经济实质，在于垄断的统治。帝国主义时期经济及政治领域中一系列的新的特征，都是由垄断的统治所决定的。因此，对殖民地进行掠夺的动机、手段及殖民政策的新的变化，必须从垄断的本性及其统治中才能得到深刻的理解。

垄断的产生及其占据统治地位，使保证垄断高额利润成为必要与可能。求得尽可能多的、最大限度的垄断利润，乃是现代垄断资本的绝对的动机与本质。这也就是帝国主义国家对殖民地侵略与扩张的原动力。

垄断的本性，决定了在垄断资本主义时期，帝国主义国家的殖民

奴役具有全面的（经济、政治、文化）无比深刻的性质。帝国主义带来了殖民掠夺的新阶段，在这一阶段，帝国主义国家在经济上对殖民地的依赖，达到了前所未有的程度。

在帝国主义时期，对殖民地奴役的具体的动机大体可以叙述如下：

垄断组织，是在资本主义的技术革新的新高潮之下（一般说来，可以称之为第二次技术革新高潮），是在生产集中的基础上产生的。体现着资本主义生产关系的新变化的垄断组织，代表着社会生产力发展的最高阶段，在这一阶段所出现的巨大的企业，需要远远超过本国所能供应的原料来源，因而在追求垄断高额利润下的垄断企业的扩张，使对殖民地的原料的夺取，成为迫不及待的问题了。

垄断时期工业生产力的进一步发展，是在进一步加强剥削国内劳动人民与广大消费者群众的条件下进行的。这就导致广大人民群众的进一步贫困化，从而引起工业生产能力与国内有支付能力的需求的矛盾极度尖锐化。这样，殖民地的市场便越来越成为垄断组织的高额利润存在与进一步扩张的基础。

垄断组织所获得的垄断高额利润，成为巨量货币资本积累的源泉，但是国内有利的投资机会却日益狭窄，大量"过剩资本"形成了。因而将殖民地作为输出过剩资本的投资市场，以获得高额利润，并提高国内一般垄断利润水平，便成为垄断组织迫切的要求。

在帝国主义时期，在资本主义矛盾尖锐化的条件下，竞争与生产无政府状态的规律的破坏性的作用急剧尖锐化了。你死我活的竞争不仅进行于本国各个垄断组织之间，而且发生在各国的垄断集团之间。垄断组织力图夺取与霸占殖民地原料来源、商品销场以及资本市场，巩固自己的阵地，以保证自己在残酷的竞争中得以取得优势。随着各帝国主义集团之间的矛盾越发尖锐，对殖民地的争夺也日益剧烈。

帝国主义各国发展的不平衡，使国际上的冲突与争端愈趋尖锐，使战争日益频繁，成为帝国主义者喜爱的事业。因而，许多殖民地也就充当了帝国主义进行强盗战争的基地与炮灰的供应所。这样，夺取与维持某些缺乏经济价值但是具有巨大军事战略意义的领土，便同样成为帝国主义者所积极从事的事业了。特别是在帝国主义准备发动大规模的反对世界社会主义体系的战争的条件下，帝国主义这一殖民地掠夺与奴役的动机更是无比的鲜明。

在国内阶级斗争空前尖锐化与革命斗争高涨的条件下，垄断资本家希图用借助于降低殖民地人民生活水平而获得的超额利润，来收买工人阶级的上层分子，培养工人贵族，作为他们在工人阶级中的支柱，以此来分裂工人阶级的队伍，破坏工人阶级的革命运动。

垄断阶级的殖民地掠夺的这一切目的，正如列宁所指出："财政资本在无数'旧有的'实行殖民政策的动机上，更加上了一个新的动机，即为争夺原料产地，争夺资本投资地，争夺'势力范围'（即成立有利契约，获得租让，取得垄断性利润及其他等等的范围）以及争夺一般经济领土而斗争的动机。"[1]这一切新的动机，是在垄断的统治带来的经济政治矛盾的基础上产生的，而其焦点（即殖民政策的原动力）则集中在为了获取尽可能多的、最大限度的垄断利润这一垄断资本主义基本经济规律的作用之上。

帝国主义时期垄断资本家的殖民掠夺的内在动力，是极端的强烈，而远远超过过去的时期。这不仅仅在于殖民地的垄断高额利润足以诱使他们去拼命冒险，也不仅仅在于垄断资本家拥有便于进行全面殖民奴役的物质手段（更完善的轮船、铁路、电讯设备，遍及全世界

---

① 《列宁文选》二卷集，第1卷，人民出版社，1957年，第1028页。

的海军）；更主要的是垄断资本主义乃是资本主义的腐朽与垂死的阶段，资本主义经济也因其基本矛盾的极度尖锐化而软弱无力，帝国主义国家已经难于依靠其内在力量而获得正常的健康的发展。因而，帝国主义国家的经济政治矛盾越是加深，它便要越加依赖对殖民地的剥削，以苟延其即将消失的生命。垄断资本主义这一将倾覆的大厦，正是靠殖民地来撑持的。由此可见，在第二次世界大战后当殖民地人民走上不可拦阻的政治经济独立的道路时，资产阶级代言人说什么资本主义不再想剥削殖民地，说什么帝国主义完全"再生"了[①]，这全部是骗人的鬼话。帝国主义越接近死亡，它对殖民地的掠夺也越疯狂，这是与罗马奴隶社会的垂死前的挣扎颇为相像的。1956年发生的苏伊士运河事件，英法美帝国主义张牙舞爪的丑态，向全世界人民暴露了这一"再生"了的帝国主义的殖民奴役的欲念，甚至比过去还更强烈，更卑劣得多。

正是在掠夺殖民地的新的动机的推动下，各帝国主义国家都踏上了殖民地掠夺的舞台。自从19世纪70年代以来，开始了列强加紧夺取殖民地的时期。老牌殖民强盗英国夺得了最多的殖民地，法国积极从事侵略亚非广大土地，过去还没有获得殖民地的年轻的资本主义国家——美、德、日、意诸国，也不放松时机，积极参加到抢占殖民地的斗争中来。从1876年到1914年，各大强国夺取了约2500万平方公里的殖民地（面积比整个欧洲还大一倍）。这样，在19世纪末至20世纪初，世界已被瓜分完毕，未被占领的自由的土地再也没有了。

[①] 第二次世界大战后，资产阶级经济学家认为帝国主义剥削殖民地乃是早已经过去了的事情。努尔斯凯说："如果对于过去几世纪剥削殖民地的事实没有引起怀疑的话，那么，也许，最近对殖民地的剥削，已经得不偿失了。"（见纳克斯：《不发达国家的资本形成问题》，牛津大学出版社，1953年，第80页。）

19世纪末，帝国主义对殖民地的加紧掠夺，是以世界各国的普遍的经济联系的存在为前提的。但这一时期出现了下列两个新因素：（1）德国、俄国、美国、日本、意大利各国迅速地走上工业化的道路，它使世界资本主义关系更为扩大，与彼此的联系更为密切了。（2）各帝国主义列强的加紧夺取殖民地，它促使世界广大领域在经济上的联合。因此，世界资本主义经济体系是最终地形成了，全世界的任何一块领土，都是附属于资本主义经济体系之中，每一个国家都成为统一的世界资本主义经济体系的个别环节。

由于世界资本主义经济体系是在各列强侵略殖民地，将殖民地落后的经济附属于宗主国先进的经济基础上形成的。因此，这一体系包括对抗的两个阵营，一方面是剥削与压迫殖民地与附属国的少数帝国主义国家，一方面是占大多数的被压迫与被剥削的殖民地与附属国。在这一时期，"资本主义已变成极少数'先进'国用殖民政策压迫，用财政资本扼制地球上极大多数居民的全世界体系"①。

资本主义世界经济体系，大体说来，一方面可分析为拥有广大殖民地与附属国为基础的各个殖民帝国的总和，在19世纪末，其数目不超过一打；另一方面，又可分析为彼此对抗而又相互联系的世界性的帝国主义国家与帝国主义的殖民地体系。这一帝国主义殖民体系——受帝国主义压迫和奴役的殖民地与附属国的总体，其实质，乃是金融资本对殖民地与附属国的奴役——乃是世界资本主义经济体系的不可缺少的构成部分，是帝国主义国家得以维持与发展的基础。

帝国主义殖民体系的形成，标志着帝国主义国家的金融资本对殖民地人民的剥削与压迫的规模，已经达到世界当时所能容许的最大限

---

① 《列宁文选》二卷集，第1卷，人民出版社，1957年，第921～922页。

度，而其剥削程度也达到前所未有的地步。但是，从此也决定了殖民地人民反对帝国主义奴役的斗争以世界性规模而展开，从而开辟了一条冲击世界帝国主义体系的有力的战线。这对于帝国主义国家的削弱以及社会主义革命的发展，都将发生极其深刻的影响。

二、帝国主义殖民剥削的形式

在垄断阶段，帝国主义发展了一套实质上极为残酷而形式上极为巧妙的剥削殖民地的方法。在垄断占统治的条件下，产生了殖民剥削的新形式，它与过去的殖民剥削形式同时并存。"榨取殖民地超额利润的方式，随着历史阶段的不同而改变，在资本发展的各个阶段中，旧的方式并没有随新的方式的出现而消灭，而只是被承继下来，加以改变，与新的方式结合在一起。"①

在金融资本的时代，资本输出成为决定性的动力，因而资本输出便是殖民剥削的主要形式。

追求殖民利润的高额利润，乃是金融资本大规模地日甚一日地渗入殖民地的动因。由于殖民地人民的生活水平被压低到难以想象的地步，因而工资极低，此外地价、原料便宜，资本缺乏，这正是在殖民地开办企业的高额利润的来源。加以帝国主义的金融寡头在殖民地独享投资的垄断权，又保证了这里的利润的稳当可靠。由此可见，殖民地的垄断高额利润，便成为资本输出的诱饵，它促使帝国主义国家有力的垄断集团争先恐后地将资本投入殖民地去。正如斯大林1927年在《和第一个美国工人代表团的谈话》中所说："资本家榨取利润是

---

① 杜德：《英国和英帝国危机》，世界知识出版社，1954年，第40页。

为了积累追加资本，并把它输出到比较不发达的国家去，以便榨取新的、更多的利润。资本就这样不断地从美国流入中国、印度尼西亚、南美和欧洲，从法国流入法国殖民地，从英国流入英国殖民地。"①

资本输出乃是帝国主义时代世界经济中的主要征象。各个列强成为巨大的资本输出国，由1855年到1913年的半个世纪内，英国的国外投资增加了6.5倍，法国增加了11倍，德国投资更是有显著的增加，在1913年差不多达到了法国的投资额。

1852～1913年的国外投资②

（单位：10亿马克）

年份	英国	法国	德国	美国
1825	2	0	0	0
1855	10	3	0	0
1875	22	11	2	0
1900	40	25	15	2
1913	75	36	35	13

殖民地在帝国主义国家的资本输出中，一开始就占有重要的地位。而随着帝国主义列强之间的经济政治矛盾的加深，殖民地越来越成为宗主国输出资本的"领地"。在第二次世界大战前夜，殖民地与附属国在资本主义国家资本输出总额中所占比例，英国50%，法国30%，荷兰40%，比利时28%，意大利48%，美国43%（美国资本输出包括对其他国家殖民地的投资）。

对殖民地与附属国资本输出的形式有两种类型：（1）借贷资本的

---

① 《斯大林全集》第10卷，人民出版社，1954年，第107～108页。
② 库钦斯基：《资本主义世界经济史研究》，三联书店，1955年，第93页。

输出，这是金融资本通过高额利息及占有一系列的其他权益来掠夺土著居民的方法。（2）直接投资，这是对殖民地附属国工资劳动者进行的直接剥削。

为了掩盖帝国主义对殖民地、附属国人民的敲骨吸髓的掠夺，资产阶级编织出了资本输出是为了发展殖民地的工业，是为了提高殖民地人民的生活水平与文化的鬼话。事实上，帝国主义输出资本是服从于一个不可动摇的目的：保持殖民地落后的农业国的状态，不让当地工业发展成为自己的竞争者。为此，帝国主义在殖民地主要是投资在矿山中，在种植园里，在铁路、码头上，在银行机关的建立上，这一切是为了摧残殖民地的生产力，而不是为了发展殖民地的生产力。正是从这里，我们也才可以理解这一当代矛盾的现象：一方面帝国主义大量向殖民地输出资本，另一方面殖民地却依然保持着经济停滞落后的状态。我们也才能理解为什么拥有最丰富的棉花资源的埃及，在20世纪30年代以前还没有本国的纺织工业；拥有巨大贵重的矿藏的阿尔及利亚，直到现在还没有本国的冶金工业。即使是在印度与拉丁美洲一些工业较发达的国家，也只是采矿工业与某些轻工业有发展，而重工业却是极为薄弱。这一切，不容辩驳地说明了，帝国主义的资本输出与殖民地附属国的工业化是根本互相排斥的。

对殖民地的资本输出，成了垄断资本神话般的超额利润的源泉。例如1948年新泽西美孚石油公司国内利润率为11%，而在南美的利润率为33%；通用汽车公司1951年国内利润率为28%，国外为80%。通用汽车公司在美国的利润率为19%，在国外为94%。美国在沙特阿拉伯的利润率更是达到700%。根据资产阶级报纸披露的远较事实为低的资料，1951年英国817家海外公司总计的利润率为47%，而2970家国内公司的利润率为34%。从1948年到1950年，英国托拉斯仅仅从马来亚人民的劳动中剥削来的利润（6.5亿美元），就比它们从本国全部商品输出中所得利润还要多。就以只有1000万人口的欧洲小国荷兰来说，其资本家在第二次世界大战前夕，每年从印度尼西亚的投资中也获得1.5亿美元的纯利。

垄断资本的殖民地投资所得高额利润，一般的是用以进行再投资，这就是将殖民地人民的血汗铸成的金融资本的锁链更沉重地束缚到殖民地人民的身上。而在殖民地稳当的剥削受到威胁（如民族解放运动的高涨、经济危机等原因）的条件下，这一利润便大量汇回本国，用以加深对本国工人阶级的剥削。这一情形，正是第二次世界大战后的通例。

在殖民地投资所获得的超额利润，经过垄断集团之间的竞争，将发生有利于整个垄断资本集团之间的再分配，不管这一垄断集团是否从事国外的投资。因此，它归根结底，将提高一般的垄断利润率。[①]垄断资本对剥削殖民地人民的立场的一致性的经济基础，正是在这里。加之资本输出又使在国内竞相夺取有利的投资机会的资本过剩得到缓和。这一切说明，资本输出对垄断资本的膨胀是具有关键性的意义的。

帝国主义殖民剥削的另一形式乃是大规模地掠夺原料。

在帝国主义时代，开始了全世界原料夺取的无比激烈与尖锐的新时期。垄断资本不仅仅是要求廉价的原料，而且由于许多帝国主义国家最突出的特点乃是高度的工业生产能力与国内原料供应的不相适应，这一矛盾就决定了对国外的原料更大的需要。在垄断阶段逐渐发展起来、并越来越成为帝国主义特征之一的国民经济军事化，更要求占有空前巨大规模的战略物资及一般原料，因而，帝国主义国家生产

---

① 约翰·司图阿特·密勒早就提出：资本输出是"使英国利润下降得以遏止的主要原因之一"。（见《政治经济学原理》，伦敦，1860年。）

越是发展，国内原料便越感不够。

在原料方面，帝国主义列强基本上可以分为两类。像英国、日本、意大利等国，是以国内缺乏原料基地为特征。英国除拥有丰富的煤铁资源而外，黄麻、铜、锡、橡胶、羊毛、可可等原料均依赖于殖民地（在粮食上英国对海外的依赖更甚）。日本与意大利对海外原料的依赖更为急迫。日本所需的全部棉花、羊毛、橡胶、镍、铁矾土、锡、磷、90%的石油、80%的铁矿砂、70%的焦煤、50%的锰、20%的粮食，都依靠从国外输入。美国由于拥有丰富的国内自然资源，在依赖国外原料上没有上列国家那样迫切，但是随着它的工业生产的扩张，特别是第二次世界大战以来的军事工业的扩张，也同样发生原料不足的情况。1952年美国总统杜鲁门为研究美国原料需要而设立的巴莱委员会的报告宣称，美国1900年所消耗的原料，比它所生产的少15%，而1950年却超过9%，1975年将超过20%。由此，也可以反映出帝国主义工业与原料问题的基本趋势。

帝国主义对原料的夺取的根源，不仅是由于某些原料的自然资源的缺乏（这正是巴莱报告的主题思想），而更主要的是在帝国主义的生产关系，在于想掠夺殖民地的低廉原料，在于想借垄断原料来源而在残酷的竞争中打垮自己的对方，以便在世界市场上规定垄断价格，高价销售产品，取得垄断高额利润。随着资本主义总危机的深化，帝国主义集团间的斗争越是带有你死我活的激烈的性质，帝国主义以夺取原料而消灭其竞争对手的动机也更是强烈。例如，尽管美国有丰富的石油资源，但是美国石油垄断集团为了打垮英荷石油资本的势力，仍然积极地参加了对中东及拉丁美洲石油的夺取。

帝国主义发展了一系列的包罗无遗的夺取殖民地与附属国自然资源的方法，如占有殖民地与附属国的矿产、油田、森林、土地，在殖民地培植它所需要的农业原料的生产。殖民地作为帝国主义原料产地的日益增长的作用，可以从第二次世界大战前殖民地与附属国在资本主义世界中提供原料的总额中看出来：铜64％，锡96％，铅54％，镍95％，金82％，银70％，橡胶97％，羊毛67％，黄麻99％，花生92％。作为现代资本主义世界经济的一个显著特点，是美国在对殖民地与附属国的原料夺取的作用越来越大。[①]

由于帝国主义对殖民地与附属国许多的自然资源（森林，矿山，油田）往往是不付代价而获得，或是以极少代价而获得，因而，这是垄断资本获得暴利的一个重要因素，而对殖民地人民却是严重的灾祸。

由于服从于帝国主义的利益，殖民地国家完全变成了农业原料、粮食、矿产原料的单一产物的供应地了。例如，非洲冈比亚输出额中98％是棉花，怯尼亚（今译肯尼亚——编者注）65％为咖啡与棉花，利比亚95％为橡胶，埃及80％为棉花，委内瑞拉97％为石油，巴西58％为咖啡，玻利维亚70％为锡矿，马来亚70％为橡胶。殖民地与附属国的经济是进一步畸形化了。它代表着资本主义下的病态的国际分工已达到顶点。由于殖民地成为帝国主义大公司的独占"领地"，这使殖民国家对宗主国的依赖性空前增长，使它们的经济完全依赖世界市场，并听任垄断资本的摆布。

在采掘工业发展的殖民地，帝国主义无厌的狂暴的掠夺，很快地使殖民地的丰富的资源归于枯竭，它不仅损害殖民地附属国目前的经济，而且影响到殖民地国家整个将来的发展。这种可悲的境遇，在伊朗的石油问题上表现得最为清楚。英伊石油公司在1913年从伊朗获得

---

① 第二次世界大战后美国取自于殖民地的原料的总额是天然橡胶100％，锡77％，铬82％，锑80％，铜79％，锰85％。美技术合作局首脑之一乔治·罗斯说："美国输入的稀有工业原料的3/4以上必须取自落后的国家。"

的石油产量为8.1万吨，1938年为1000万吨，而1950年竟超过了3000万吨。伊朗土地上的宝贵的资源，被帝国主义强盗夺去，浪费于军备竞赛与作为进行反对殖民地人民的战争的手段。艾勒威尔·苏顿在《伊朗石油》一书中写道："按1933年的开采率计算，伊朗石油资源可以维持200年左右；但是，自从那时以后，石油生产已迅速增加了，到1950年时，产量增加了4倍，预计在30年或40年内，石油蕴藏量就将耗尽。这样的期间和特许权的有效期限恰恰相符。显然，如果租让期满，那么，由于蕴藏的石油资源耗尽，根据租让规定留给伊朗的大部分资产将成为无用的废物。"从这里，可以看见帝国主义这一剥削形式，不仅仅是殖民地人民目前的灾难的根源，而且它还将遗祸无穷地摧残殖民地未来生产力的发展。

帝国主义进行殖民剥削的另一重要形式，便是通过不等价交换而取得高额的贸易利润。

在帝国主义国家，随着工业生产能力与国内有支付能力的需求的矛盾日益剧增，商品输出对缓和国内经济矛盾的意义也不断增长。但是，作为帝国主义时代的特点的，乃是垄断组织以关税壁垒阻止其他国家商品的输入本国，各国之间进行正常贸易的阻碍越来越大，帝国主义便日益走向垄断殖民地销售市场，因而，殖民地之作为宗主国的销售市场的意义是较过去更为重要了。比如，1900年英国在其他帝国成员国中销售的商品为其总输出32％，1913年为38％，1920年为45％，而1951年增至55％了。法国的总输出中对其殖民地的输出1938年为27％，1951年增加到37％。美国对拉丁美洲的输出也不断增长，1951年美国在阿根廷、巴西和智利输入中所占比重比第二次世界大战前增加了一倍，在墨西哥、古巴、哥伦比亚输入中所占比重比战前增加了0.5倍。后三个国家的输入中有4/5来自美国。

殖民地作为宗主国独占市场的作用的增长，说明了帝国主义经济对殖民地的依赖（不同于殖民地对帝国主义的依赖）的增长，同时，体现了殖民地所受到的掠夺的加深。

由于在殖民地市场上宗主国享有独占权力，而且不同于自由竞争的资本主义时代的是，这一市场实际上是为少数垄断巨头所一手占有。此外，还加上垄断资本在殖民地有着行政控制的权力，因而，他们便能在殖民地与附属国内用很高的垄断价格出卖商品，而以极低的垄断价格收购原料与粮食。这样，在垄断占据统治地位的新的经济条件之下，在帝国主义与殖民地附属国的贸易关系中，不等价交换便发展到范围极广、程度极高的地步。而其间的差额——所谓价格的"剪刀差"——正是垄断资本攫取的高额贸易利润的源泉。

帝国主义抬高工业品出口价格和压低原料价格，表现在：1939年洪都拉斯为了交换1公斤棉布，需运给美国35公斤香蕉，而在1948年则需运去122公斤；在1938年，新西兰为了交换100平方公尺棉布，需运给英国63公斤肉，而在1950年则需运去161公斤；在1938年，阿尔及利亚为购买1公斤棉布，需运给法国21公斤马铃薯，而在1950年则需运去40公斤；在巴西，1949年为购买1部美国福特汽车，需售出200袋咖啡，而在1929年只需输出20袋咖啡。

帝国主义以远低于其实际价值的价格购买殖民地的原料与粮食。如巴西的咖啡市场是受7家美国垄断咖啡公司所支配，这些公司给咖啡种植者的价格，一般只有巴西出口价格的50%～70%，也就是只有美国消费者最后所付买价的25%～35%。中美洲各国，实际上乃是联合果品公司的香蕉园，在1948年，联合果品公司在中美洲的一切费用折合每束香蕉的成本大约为0.85美元，即每磅香蕉0.017元，而在美国的平均售价为每磅0.159元，即等于上述成本的9倍。该公司在1948年30亿磅香蕉的进口额中，超额利润共达3.3亿美元。

据美国著名经济学家维克托·佩洛的估计，1948年美国从高价售卖和低价购买所得的收益总和，就达到37亿美元之多。[①]

1949年联合国组织公布的非常不完备的材料指出，单是1947年，附属国由于价格"剪刀差"，对自己输入的工业品，比1913年多支付了25亿至30亿美元，虽然1913年的价格并非对这些国家就是有利的。

这一切说明：在垄断阶段，垄断组织的高额利润的来源，不仅在于直接从生产过程中剥削殖民地人民以获得投资利润，而且，垄断组织通过一系列的手段，将流通中的剥削增加到惊人的程度，因而，甚至对某些国家来说，这种贸易利润，在数量上超过了国外投资的利润。比如在美国，据维克多·佩洛的估计，1948年从附属国所取得的超额利润总数75亿美元中，投资收益为19亿美元，占25.3%，而贸易收益为37亿美元，占49%。[②]随着资本主义市场的趋于狭小与市场争夺战的尖锐化，随着目前殖民地体系的日益解体，帝国主义垄断组织对于还在它的统治下的殖民地的贸易剥削，还有更为加紧的趋势。

在垄断时期，帝国主义对殖民地的超经济剥削也是极度加强了的。帝国主义在殖民地的官员、将军、投机商人，用尽一切卑劣的手段，巧立名目，征收苛捐杂税，来直接劫夺殖民地人民的财富。

在垄断时期，英国在印度的寄生统治机构不断扩大，其支出不断

---

① 见维克托·佩洛：《美国帝国主义》，世界知识出版社，1955年，第91页。

② 贸易剥削的重要性，还在于国内的垄断组织，不管它是否进行国外投资，但只要进行国际贸易，就可以直接分配一部分超额利润。维克托·佩洛说："以这种形式（贸易——作者）掠夺的所得，其分配的范围比直接投资的利润更为广泛。所有从事实际国外贸易的垄断公司，不管其个别的国外投资的多寡，都能参与分享。这样，就在差不多所有各个金融资本的组成部分中构成了一个要求帝国主义扩张的利益集团。"（见维克托·佩洛：《美国帝国主义》，世界知识出版社，1955年，第84~85页。）

增加（包括殖民者贪污舞弊的支出），而这一切是以各种名目的捐税落在印度人民的身上。在印度的内务费，1851年是250万镑，1901年为1730万镑，1913～1914年为1940万镑，而在1933～1934年则增至2750万镑。英国在印度征收的土地税，每年达2500万镑左右。苏丹民族解放运动中央委员会指出："帝国主义者利用征税的借口，来掩蔽他们有组织的掠夺。用水有捐，饲养家畜有捐，教育（农民受不到教育）有捐，给地主和部落酋长们的献礼有捐，最具侮辱性的是对于农民的孩子们也有捐。"

由此，也就显示出帝国主义贪得无厌的本性，它不但借助金融资本各种庞大的经济机构来勒索超额利润，而且更在刺刀的威逼下，对殖民地人民敲骨吸髓来寻找外水。

在帝国主义的殖民剥削方法中，利用进行或准备进行帝国主义战争来加强对殖民地人民的奴役与掠夺，越来越具有重要的意义。

利用殖民地的人力与物力来进行掠夺殖民地的战争，本来早就是殖民主义者的惯技。英国军官温盖特少校在1859年写道："我们和帝国范围以外的国家发生的亚洲战争，大多是靠了印度政府的军事和金钱的力量来进行的，虽然那些战争的目的在有些情况下完全是英国的，在别的情况下也和印度的利益很少关系。"

帝国主义时期，垄断组织变本加厉地将殖民地作为炮灰供给地，驱使殖民地人民为垄断组织的利益卖命。第一次世界大战时法国在殖民地动员了约140万人，英国在450万人以上。

在战时，宗主国对殖民地的掠夺空前增长了。庞大的战费负担落在殖民地人民身上。第一次世界大战时，印度人民为英国战争需要所缴纳的财政上的贡赋约为1.4亿镑。同时，宗主国也进一步加强向殖民地榨取原料与食品及其他各种物资。这一切，给殖民地经济带来严重的后果，引起物价的急剧高涨与粮食恐慌，如在号称印度谷仓的旁遮普，就因此发生饥饿的灾情。在第二次世界大战期间，殖民地所受到的掠夺是更深刻了，这表现在英国在殖民地的英镑债务（代表由殖民地取得的商品、物资及其他负担）达到26亿英镑之巨，而这一债务是英国在战后根本不想偿还的。

在第二次世界大战后，美帝国主义在积极准备新战争的过程中，将其势力打入了其他列强的殖民地与附属国，在其领土上建立军事基地，劫夺其天然资源，高价出卖军火，并使其经济从属于华尔街的金融资本。

无疑地，将广大亚非国家变成帝国主义侵略势力的战争基地，企图利用准备与发动新战争来加强对殖民地的奴役与剥削的动机，在今天对于美英帝国主义来说，是极为强烈的。

帝国主义时期殖民剥削的多种形式，都是取决于现代资本主义基本经济规律的作用。这些对殖民地人民进行剥削的多种多样的形式，无非是为了保证帝国主义垄断组织的垄断高额利润。帝国主义殖民剥削在范围上的无孔不入和无所不包，以及其程度上的无比酷烈，正显示了垄断资本赛过豺狼的贪欲，从而也揭示了殖民地人民所遭受到的空前灾祸的根源。

在殖民地，帝国主义为了自身的利益，继续保持着已经从属于自己的封建经济结构。帝国主义百般地支持殖民地和半殖民地的封建势力，来作为自己统治的支柱。因此，在殖民地与半殖民地国家，封建主义的剥削极其严重，封建地主、高级僧侣和部落酋长，都拼命地剥夺农民的土地，对农民进行地租、捐税及各种各样的封建剥削，使占殖民地人口绝大多数的农民贫困不堪，达到无法生存的境地。

在殖民地封建经济结构已经从属于垄断资本主义经济结构的条件下，封建主已经不可能独享向农民劫夺来的剩余产品了。殖民地社会的客观经济进程的结果，使很大一部分封建主所攫得的剩余产品，最后输入外国殖民者手中。从这里，更显示了垄断资本的殖民剥削具有迂回曲折、包罗无遗的性质，它日深一日地渗透到殖民地社会经济结构各个方面，通过不同的渠道，吸取广大人民的血汗。

三、帝国主义殖民政策的后果

帝国主义时期的殖民政策，无疑地，对于全世界历史发展的进程，起了远远为过去所不能比拟的极为深刻与广泛的影响。

对于帝国主义国家来说，垄断资本的全世界殖民掠夺，首先促成了大企业的进一步扩张，造成社会生产力继续向前发展（虽然是以较缓慢的速度）的有利条件。对于垄断组织来说，殖民地开辟了一个无比重要的扩大剥削的领域，殖民地以其所拥有的丰富的自然资源、廉价的劳动力与商品市场，给垄断巨头带来前所未有的超额利润，加速扩大了垄断组织的资本积累的过程。这些巨额的利润，不仅仅用来在殖民地建立巨大的企业（矿山，油井，种植园），而且是用来使宗主国国内的大企业进一步扩张，成为大企业的扩充生产、更新技术设备的资金来源。如果没有对殖民地的剥削，就不可能有像英国的尤尼莱佛公司（1951年资产为18850万镑）、英伊石油公司（资产13600万镑）、帝国化学工业公司（资产22700万镑）等7家巨大的垄断企业，就不可能有像美国的美孚石油公司、安那康达铜公司、联合果品公司等大企业。由此可见，对殖民地的剥削不仅仅是直接地关系着在殖民地有重要利益的垄断组织生产的扩张，而且也由此影响着其他的与殖民地关系较为间接的垄断组织生产的扩张。这也就说明，帝国主义对殖民地的掠夺，对于宗主国的工业生产的作用，绝不仅是消极的。

　　加之以金融资本通过银行、工业企业、商行、航运公司等形式，而把它的剥削网遍布于全世界每一个殖民地，这些国外的庞大的经济机构又是密切地交织在一起，而形成垄断资本的总的体系。而各个帝国主义国家的垄断资本的总的体系，又在殖民地利益的争夺中（及其他的经济关系中）密切地相联系。这也就表明，殖民地的掠夺，有力地促使了劳动社会化的向前发展，使资本主义生产的社会化达到过去从来未有的高度。

　　这一切表明了，认为帝国主义时期生产力将不再发展，生产技术将完全停滞的观点，是完全错误的。帝国主义的殖民扩张，乃是使其生产得以向前发展的重要因素之一。

　　帝国主义殖民掠夺的另一作用，乃是它暂时地缓和了宗主国内的经济矛盾，在一定时期内延缓了社会主义革命的爆发。

　　无疑地，在自由资本主义与垄断资本主义的交替期，西欧先进的资本主义国家的生产力的发展，就已经超过了资本主义生产关系的框子所能容许的程度。对这些国家来说，社会主义革命的经济基础是已经具备了，因而马克思与恩格斯当时曾经预见西欧各国可能发生社会主义革命。但是历史发展对这一论点作了重大修正，其主要的事件便是向外的扩张与殖民体系的建立。

　　而随着向帝国主义的过渡，各国社会生产力的进一步发展，资本主义的基本矛盾已经是急剧尖锐化了。对于帝国主义来说，这就意味着资本主义生产关系与生产力的矛盾的最激烈的阶段的到来，而生产关系一定要适合生产力性质的规律的要求，更已经将现存生产关系的革命变革提到日程上来了。对于西欧各国来说，社会革命更成为迫不及待的了。但是帝国主义时期发生的殖民扩张的加紧，暂时地改变了宗主国的经济情势，从而推迟了这一要求。

列宁所引证的英国狂热的殖民主义者罗得斯在1895年说的话，就说明了帝国主义以掠夺殖民地来缓和国内危机的企图：

"我昨天在伦敦东隅（工人区）参加了一个失业工人的会议。我在那里所听到的粗野的发言，充满了要求'面包，面包'的呼声。回家时，我把所看见的情形思考了一番，结果我便比以前更相信帝国主义的重要了……我的宗旨是要解决社会问题，就是说，为要使联合王国4000万人民免除残酷内战的危险，我们殖民主义的政治家应当占领新的领土，以求安插过剩的人口，取得新的区域来销售我国工厂与矿山所出产的货物。我常常说，帝国就是饭碗问题。要是你不愿意内战，你就应当做帝国主义者。"[①]

无论是从19世纪末各帝国主义国家狂热地兼并殖民地领土中，或是从第二次世界大战后帝国主义殖民扩张的新姿态中，我们都清楚地看见了垂死的帝国主义想靠剥削殖民地来解决其国内的日益深刻的政治经济矛盾的不可抑制的意图。

而事实上，正是由于帝国主义时期的范围广大的殖民体系的建立，以及由此给各帝国主义国家所提供的商品销场、投资场所和原料产地，在一定程度内缓和了宗主国国内生产过剩的危机（没有这一切条件，危机爆发的严重性会无比的激烈，阶级斗争将更激化）。正如美国进步作家赫歇耳·迈耶说："殖民地和附属国是垄断资本主义的气管——把这些气管捏紧了，垄断资本主义不是窒息而死就是变成法西斯主义和战争狂。同时，殖民地和附属国也是垄断资本主义的排气管，通过这些排气管，垄断资本主义就可以排泄掉对它有害的积累。"[②]

---

① 《列宁文选》二卷集，第1卷，人民出版社，1957年，第987页。
② 赫歇尔·迈耶：《最后的幻想》，世界知识出版社，1955年，第76页。

更重要的是帝国主义的殖民奴役与掠夺，乃是垄断资本高额利润重要的源泉。正是这一高额利润，成了垄断企业扩充生产规模的基础，保证了垄断资本主义生产关系的再生产与扩大再生产。而谁都知道，这一垄断高额利润一旦消灭，垄断资本就将失去动力，它的活动就将萎靡不振，而垄断资本生产关系体系中的一切尖锐矛盾将顿时白热化。

这也正如迈耶所说："世界帝国主义力量的源泉在于非洲、东南亚和拉丁美洲的矿山、田野和森林——在于它所榨取的殖民地和附属国人民的无数亿小时的强迫劳动，在于河水一样多的石油，堆积如山的橡胶、金、银、锡、铅及其他原料。如果没有这些敲骨吸髓地搜刮得来的滋养，就没有一个英美垄断资本家，没有一个法国、比利时或荷兰的垄断资本家可以长期支持下去。事实上，垄断资本主义的整个构成与全部活动都是依靠这种剥削而存在的。"[1]

由上所述，可以看见，在资本主义生产关系与现代生产力矛盾的帝国主义阶段，在客观的经济规律的要求已经敲起了这一过度成熟的过时的社会制度的丧钟时期，帝国主义借助于广泛的深重的殖民剥削，而苟延了自己的生命达数十年之久。正像已将崩解的古代罗马社会是靠拼命开辟奴隶来源来维持一样，现代帝国主义的大厦在很大程度上是靠殖民地人民的尸骨来维持的。从这里，也就揭明了垄断资本主义经济关系本身的软弱性。

帝国主义殖民政策的另一重大后果，在于它会引起宗主国经济的停滞倾向。

在前面，我们曾论述了殖民扩张创造了帝国主义国家社会生产力发展的条件。但是这仅仅是一方面，殖民地对宗主国的作用，是殊为

---

[1] 赫歇尔·迈耶：《最后的幻想》，世界知识出版社，1955年，第73页。

矛盾的，它可在一定时期，在一定的工业部门，促进生产力的发展，而在另一定时期，在其他部门中，又引起生产停滞与衰退的现象。

引起宗主国经济停滞的主要原因，在于在追逐殖民地的高额利润动机下，垄断组织的大量资本输出国外，分散了用于国内工业的资本，垄断组织愈来愈依赖于海外的贡赋，而忽略了本国的工业与农业的发展，从而造成经济发展的迟缓。

英国国内外投资表[①]

（单位：千镑）

年代	国内投资额	国外投资额
1900	100121	26069
1901	106585	26978
1902	75124	62214
1903	44868	60013
1904	50083	64616
1905	48426	110617
1906	39314	72995
1907	32988	79334
1908	50052	117871
1909	18681	150468
1910	60296	179832
1911	26146	142740
1912	45335	144560
1913	35951	149735

这种情况最典型的莫过于英国。自从走上帝国主义阶段以来，资本输出在英国经济上便具有越来越重大的意义，在国外的投资总额，甚至超过了国内的投资总额。

---

① 霍布孙：《近代资本主义进化论》，商务印书馆，1933年，第35～36页。

在英国的国外投资中，一半是投在殖民地内的，在1914年，英国的海外资本达到40亿镑，为当时英国国民财富的1/4。这样大量的资金从英国工业中转移出来，便是19世纪末以来开始出现的英国经济的停滞性的根本原因。

例如，英国的农业是极为衰落的，从1871～1875年再到1939年，耕地面积由1820万英亩减到1180万英亩，即减少1/3。英国的工业也日渐衰落，这一曾经是"世界工厂"的资本主义先进工业国家，在20世纪工业技术水平上已落后于美国和德国。在两次世界大战期间，这一衰落过程更是加速进行。煤产量在1913年是2.87亿吨，到1938年减为2.3亿吨；矿坑数目1913年为3267个，1938年减为2125个；纺织工业方面，在1920年到1935年之间坏了1400万枚纺锤。

宗主国经济发展的停滞趋向，不仅仅出现于英国，而且也是法国及其他殖民帝国的共同征象。法国在19世纪是仅次于英国的资本主义国家，而在20世纪以来，它在帝国主义列强中的地位是大为削弱了。这也显示出凡是对殖民地经济上依赖越大的国家，它的停滞性更是分外严重。这里，正是帝国主义时期资本主义发展不平衡规律充分发生作用的内在的因素。

经济发展的趋于停滞，经济的寄生性的增长，会引起极严重的后果，它使宗主国在对外贸易上越来越出现入不敷出，而这一差额便依赖于海外（特别是殖民地）的贡赋来维持，庞大的帝国主义机构，便愈加耸立在一个不健全、不稳固、病重垂危的基础之上。而海外的贡赋一旦耗竭，这一帝国主义结构的危机就会马上暴露出来。第二次世界大战后英国与法国的难以克服的经济矛盾与严重的国际收支不平衡的危机，正是在帝国主义寄生性的经济结构的基础上产生的。而目前，这两个国家正在收获在长期殖民剥削中形成起来的腐朽寄生的经济所带来的苦果。

由此可见，帝国主义的殖民剥削，在一定时期以后，其主要的结果并不是加速宗主国的发展，而是促使其经济的寄生性的增长、引起工农业退化的征兆。帝国主义的殖民奴役，并不像帝国主义辩护士所一再吹嘘的那样给宗主国带来方兴未艾的繁荣，而是对宗主国经济起着腐蚀的作用，并不可避免地使垄断资本主义生产关系中的矛盾尖锐化，使一些殖民国家随时随地地将因无法弥补海外输入的减少而面临经济崩溃的危机。①

帝国主义殖民政策的另一必然结果，便是它是各个帝国主义国家矛盾尖锐化的最重要的因素，从而不断地引起世界资本主义经济体系中的经济与政治冲突。

帝国主义的本性中，包含着夺取尽量多的殖民地，甚至将全世界划为自己的殖民版图的狂妄的欲望。特别是帝国主义国内矛盾的尖锐化更推动着它去向外扩张，因而，在全世界领土瓜分已经完结了的20世纪，按照帝国主义国家实力的升降进行殖民地领土"再瓜分"，便成为帝国主义的规律。这里正是帝国主义国家间对抗产生矛盾的根源，而帝国主义战争便是解决这一矛盾的一般形式。谁都知道，20世纪给世界人类带来无比灾难的两次世界大战，其动因都在于夺取殖民地。在第二次世界大战后，为了争夺殖民地，各帝国主义国家间的矛盾也在不断地加剧。

这一切表明了，在帝国主义殖民体系还没有最后消灭以前，帝国主义的殖民地再分割的矛盾就不会消失，而这些必然加深世界资本主义体

---

① 关于帝国主义殖民政策对宗主国本身所带来的破坏性的后果，杜德的《英国和英帝国主义》一书第4章中有精辟的论述。

系中的矛盾，并往往以战争形式表现出来，其结果，必然削弱世界资本主义经济体系，并成为无产阶级进行社会主义革命的良好时机。

综上所述，帝国主义时期特别广泛与深刻的殖民掠夺与剥削，曾在一定时期（比如第一次世界大战以前）一定限度内，保证了早已过时的垄断资本主义生产关系体系得以较顺利地进行再生产与扩大再生产，延续了这一过度成熟的社会制度的生命达数十年之久，但是它同时也引起殖民主义国家经济的衰竭与矛盾的加深。而随着殖民地的资源与作为垄断资本的后备力的逐渐耗竭，殖民地对帝国主义国家所能起的暂时维护的作用便越来越小，并逐渐归于消失，而其对帝国主义经济体系所起的消极作用，加深其矛盾的作用，便将越来越成为主导的一方面。殖民地对于帝国主义国家，实际上成了"颈上的磨石"，它进一步削弱了腐朽软弱的帝国主义体系，并将大大加速帝国主义死亡的过程。

现代资本主义的殖民政策对世界历史发展进程的影响，显著地表现在全世界领域内殖民地与附属国经济的深刻与痛苦的变化过程上。

帝国主义殖民政策对殖民地的影响，依然是带有矛盾的性质，它一方面以过去从来未有过的程度与范围阻抑了殖民地生产力的发展；但另一方面，又带来了使殖民地社会生产力向前迈进的新的有利的因素。但是总的说来在这两方面中，对殖民地社会经济的发展的阻抑乃是主导的一方面。

由于帝国主义殖民政策的实质，在于使殖民地从属于帝国主义垄断组织榨取高额利润的欲望，在于使殖民地成为垄断组织的投资场所、商品销场与原料产地，这就堵塞了殖民地生产力发展的道路，使殖民地国家的经济长期保持在停滞落后的状态，而与世界先进工业国家间的鸿沟越来越加深了。美国进步经济学家维克托·佩洛说："'西方文明'的科学、技术以及生活水平对于受这种文明支配的国家内的15亿人民是不存在的。这些国家是落后的，或者，用联合国有礼貌的外交辞令来说，是未充分开发的国家。"①

在帝国主义束缚下的殖民地经济，最为触目惊心的便是它的停滞性。与帝国主义国家工业的高度发展相反，殖民地是仍然保持着落后的农业国的面貌；与帝国主义国家中先进的生产技术（自动化，原子能的使用）相反，殖民地国家中在很大程度上仍然使用着数百年来一直使用的落后的工具，普遍的是手工劳动。比如在殖民地的码头上，一般都是使用苦力背运货物；在殖民地的种植园中，也大量地使用原始的农业工具，如在古巴砍甘蔗使用长刀，在委内瑞拉使用阔刀，在土耳其、印度与旧中国，农业中仍然使用落后的木犁，并用人力曳引。这与先进国家工业中的技术成就与农业机械化的水平，不能不成为极鲜明的对照。

殖民地国家保存着农业国的面貌，大多数人口都从事于农业，如印度、旧中国、印度尼西亚、巴基斯坦、伊朗及其他亚洲国家，农民都占人口的70%~80%。这些殖民地国家农业生产都是处在停滞的状态。这是由于帝国主义时期，殖民地的农业经济越发依赖于宗主国，依存于世界市场（特别是对于单一农作物的国家）。在垄断组织的掠夺下，在资本主义世界长期的农业危机的影响下，殖民地国家的农民，在农产品价格低落的打击下，纷纷破产，农村居民的情况大大恶化。此外，在殖民地还顽强地保存着封建经济的结构，农民处在地主、高利贷者的残酷剥削之下，他们的微薄的收入往往不足以缴纳地

① 维克托·佩洛：《美国帝国主义》，世界知识出版社，1955年，第121页。

租与利息，当然更说不上添置生产资料——农具、种子、肥料——以进行扩大再生产了。因而，在殖民地国家，大多数农民拥有一小块土地的愿望，仍然是无法实现的梦想。农民进一步的贫困与破产，乃是绝对的规律。这就必然使这些国家的农业处在衰败的状态。

每英亩的收获量

（单位：100公斤）

	印度	中国	日本	美国
小麦	8.1	9.7	13.5	9.9
米	16.5	25.6	30.7	16.8

（上表根据《太平洋问题》，1931年版，第70页。）[①]

在殖民地国家，农业劳动生产率是很低的。如印度的米与小麦的单位面积产量就比任何国家都低。

而且，更令人注目的是殖民地国家农业生产力的慢性退化的现象。比如在印度，米的平均收获量由1914～1915年和1918～1919年的每英亩平均数982磅降为1938～1939年的728磅。在阿尔及利亚，农民谷物平均收获量1914～1954年至少降低20%。

土地利用率很低，也是殖民地的共同现象，许多土地，由于掠夺性的经营而废弃无用。在印度，有1/6以上的土地在英国官方报告中被称为"不能耕种的"。在农业较发达的阿根廷，只有20.7%的土地被利用，在墨西哥为16.7%，在叙利亚为23.5%，在阿尔及利亚为23.8%。

这一切的结果，引起落后国家粮食生产的减少，尽管人口还在增加。比如1953～1954年，每人粮食生产对战前水平百分比是：拉丁美洲国家96%，远东资本主义国家87%，太平洋区域国家93%。巴西每人每

---

① 杜德：《今日印度》（上册），世界知识出版社，1953年，第192页。

年生产的谷物与豆类的吨数，与美国每人每年相比，只为后者的1/5。路易·雪伐里埃教授在《北非人口统计问题》一书中指出："阿尔及利亚人民主要是靠谷物生活的，据计算，在1871年每人每年有500公斤粮食。1900年减少到400公斤，1940年减少到250公斤，而今天，即使收成很好，每人每年也不过200公斤。"[①]殖民地农业的停滞，直接威胁着千百万人民的生存，使他们经常处在饥饿与营养不足的状态。

在帝国主义的蓄意阻挠下，殖民地国家的工业处在极其可怜的状态。作为国家经济独立的基础的重工业极为薄弱，而机器制造业几乎没有。在先进国家早已经完成了的工业化，对殖民地与半殖民地国家还远远谈不上。

只从钢铁的产量上，就可以反映出殖民地工业基础的薄弱。1948年全拉丁美洲钢的产量约100万吨，亚洲大陆（不包括中国东北和苏联）约150万吨，非洲不到100万吨，以上三洲的人口占世界人口的大部分，但钢的生产总量只约略相当于美国的钢产量1/30。

殖民地重工业发展的薄弱，并不是像资产阶级学者所宣传的是由于什么"资源不足"，而正是殖民者所实行的帝国主义政策的结果。中国拥有极为丰富的煤铁资源，但是在1920年，中国的采煤量只占世界的1.7%，生铁产量占0.86%。阿尔及利亚拥有巨大的贵金属矿藏，但直到现在还没有本国的冶金工业，在1950年铁砂采掘量为257.2万吨，而铣铁与钢熔铸量则仅为1.8万吨。北非各国是世界上生产磷酸盐的重要地区，但它们的磷酸盐差不多全未加工。年产石油600万吨的伊拉克，因缺乏石油加工工业，而不得不从国外购买石油制品。

---

① 杜克洛：《法帝国主义在阿尔及利亚进行的'肮脏战争'》，载《国际问题译丛》1955年第11期。

在殖民地，只有某些半制成品工业稍许有一些发展。如阿根廷的冷藏肉类的工业、古巴的制糖厂，等等。纺织工业，乃是殖民地国家最有起色的工业部门，但是它远远没有得到应有的发展。1947年，印度约有1000万个纱锭，英国却有3540万个纱锭，而英国人口只等于印度的1/8。拉丁美洲在1945年有440万个纱锭，但是美国在第二次世界大战前就有2810万个纱锭。从这里可以看出，即使是在殖民地的轻工业部门中，也不曾有过好时光。比如，拥有最丰富的棉花资源的埃及，在20世纪30年代以前，还没有本国的纺织工业。它输往国外的是棉花，输进国内的是现成的布匹。

殖民地经济落后，从下表可以看出：

殖民地和附属国在世界资本主义经济体系中的比重[①]

（单位：百分比）

人口	67
国民收入	16
工业产量	5
电力产量	8
谷物收获量 （小麦、黑麦、大麦、黍、燕麦、玉蜀黍、大米）	40
输出总量	33

（本表除有关国民收入一项系1949年数字外，其余全部指数都是1950年的。）

总的看来，在占有资本主义世界人口2/3的殖民地和半殖民地，工业产量大约只占1/20，电力产量占1/12，国民收入还占不到1/6。非洲、近东和东南亚平均每人的电力消费量为欧洲的1/10，拉丁美洲平

---

① 伊·列明：《主要资本主义国家间争夺殖民地和附属国霸权的斗争》，载《国际问题译丛》1954年第1期。

均每人的电力消费量为北美的1/15，印度平均每人的钢消费量为英国的1/29，亚洲和非洲殖民地和附属国平均每人纺织品的消费量为欧洲的1/5～1/6。

帝国主义时期殖民地经济的另一特征，便是其畸形性的进一步发展。

靠劫夺殖民地的资源发财，自从资本主义殖民奴役开端以来，就是殖民地的惯技。在自由竞争的资本主义时期，宗主国就已经开始将殖民地与附属国转变为单一的农作物（原料，粮食）、矿产资源的供应地。但这一过程只是在垄断资本主义阶段，才以空前巨大的规模与急剧的速度向前发展，它根本地破坏了殖民地国家经济的正常状态，并使经济的畸形性达到登峰造极。

帝国主义殖民政策的结果，使埃及成为西方纺织工业提供原料的棉花种植场，而因为粮食生产不足，不得不经常输入大量的粮食。在两次世界大战之间的年代中，埃及经常遭受到严重的粮荒。由于栽种葡萄的结果，古代的"罗马谷仓"的阿尔及利亚，现在却不能用自己的粮食来养活自己的居民。为帝国主义生产橡胶、锡、茶叶的东南亚殖民地（印度尼西亚、马来亚、锡兰等地），粮食生产被排挤到次要的地位。在拉丁美洲的委内瑞拉，石油排挤了其他工业，窒息了农业，其耕地仅为可耕地的1%强，全国所需要的94%的蔬菜，80%的米、麦、玉蜀黍，50%的豆类，全由国外输入。拉丁美洲最大的国家巴西，咖啡掌握了全国的命运，而不得不从阿根廷输入粮食供国内消耗。在古巴，糖业扼杀了其他农业生产，而必须由美国输入大量面粉、米和其他的食粮、肉类、脂油、罐头食物和干菜等。在智利，硝石的生产不是使农业繁荣，反而是使其衰败。

殖民地经济的畸形发展，不仅直接排挤了人民生存所必要的粮食生产，成为当地人民饥饿与生活进一步恶化的根源，而且由于农作物的单一种植与矿产原料被加紧掠夺，会直接破坏地力与使原料耗竭，从而给殖民地经济未来的发展埋下深深的恶果。更严重的是，它使得殖民地国家的经济生活更加依存于资本主义世界市场的自发势力之下，并遭受到世界市场价格波动的严重的震撼，使得整个国家完全受包买原料的垄断组织的任意摆布。

殖民地经济的停滞性与畸形性，充分显示了帝国主义的剥削与奴役，使殖民地国家拥有无限潜力的生产力，长期受到阻抑与破坏，并往往引起生产的倒退。与帝国主义国家的生产力水平比较起来，殖民地国家的经济是相形见绌，而远远地落在后面了。

尽管帝国主义的殖民政策对殖民地社会生产力发展的阻滞，乃是主导的一方面，但是，如果将这一方面绝对化，认为帝国主义时期，宗主国的殖民政策对殖民地社会经济的发展进程不能起任何的积极的客观作用，这也是不正确的。尽管这一进程，比起它的经济停滞的总趋势来是微弱得多。

帝国主义的殖民政策在客观上起了促进殖民地经济向前发展的作用，在于：第一，在榨取最大限度利润的诱饵下，对殖民地的资本输出达到很大规模，殖民者在一些落后国家建立了巨大的采掘工业、铁路、农业企业和银行网，有些企业还是以近代技术装备起来的。尽管这一些帝国主义企业是榨取殖民地人民血汗的机构，具有极大的畸形性，但是它在客观上，也在一定程度内产生了促进劳动社会化的后果。第二，帝国主义时期，殖民地国家被卷入世界资本主义经济体系，殖民地半殖民地原来的前资本主义的社会经济结构（特别是封建经济结构），招致了远比过去更为深刻的破坏。这就使这些国家内资本主义关系发展的前提更为充分与成熟。这些情况，决定了新的生产力——民族资本主义经济发展的必然性，决定了殖民地经济发展中的二重趋势：一方面是帝国主义对社会发展的阻抑的趋势，一方面是民族经济独立发展的趋势。这二重趋势是经常处在对抗性的矛盾之中，并在不同国家以不同的形式表现出来。尽管由于殖民者掌握了殖民地的政治统治与经济命脉，前一趋势总是占据上风，但是它却不能消灭后一趋势。而且，在特定的政治经济条件下（例如在世界大战时期），一些殖民地国家中的民族经济独立发展趋势可能逐渐抬头。

贾瓦哈拉尔·尼赫鲁说："他们（英国当局——作者）阻碍我们的工业发展，从而延迟我们的政治发展，保留他们能在印度找到的一切落伍的封建的或其他的残余。……但是在他们将铁路和工业制度的其他产物介绍到印度来以后，他们便不能把改变的巨轮停顿下来；他们只能阻碍它，使它变得迟缓，他们这样做，显然是为了他们自己的利益。"[①]

假如说，垄断前资本主义时期在殖民地与附属国民族资本主义因素已经有了萌芽，那么，在垄断时期，在民族经济独立发展的趋势加强之下，这一因素就在不同程度上向前发展了。殖民地经济中资本主义生产方式的出现，乃是具有重大历史意义的事件，它表明了反对帝国主义的主要社会力量——民族资产阶级，特别是无产阶级——已经诞生，它表明长期处在停滞落后状态的殖民地社会中，一种最初尽管是微弱的，但却是崭新的生产力已经出现。

帝国主义对殖民地的剥削与奴役的不可避免的客观后果，是孕育与促使在殖民地的新的生产力因素的成长与发展，这新的生产力将不可能被消灭，它的发展必然会要求摆脱帝国主义殖民奴役的地位，走上民族经济独立发展的道路。这也就说明了，生产关系一定要适合生产力性质

---

① 尼赫鲁：《尼赫鲁自传》，世界知识出版社，1956年，第494页。

的规律，必然会打破一切衰朽势力的反抗而给自己开拓道路。

由此可见，帝国主义对殖民地的统治，在其阻滞殖民地社会经济的发展过程中，新的生产力终将发展起来，并引起殖民地经济的一定程度的发展，尽管它是具有畸形的形态。当然，在摆脱殖民地被奴役状态以前，这种发展就其可能与规模来说，都将是极其微弱的。

帝国主义殖民政策的最严重的后果，表现在殖民地人民的空前的贫穷化上。

殖民地人民的贫穷化，是在殖民地生产关系体系中的客观经济规律的作用的必然结果。帝国主义时期，殖民地首先是从属于世界垄断资本主义的利益。但是，在殖民地中，封建半封建的生产关系在农村中还占据统治地位。此外，还存在着民族资本主义企业。因此，在殖民地半殖民地国家中，垄断资本主义基本经济规律占有统治的地位，而封建主义的基本经济规律与资本主义的基本经济规律居于从属地位。在后二者中，特别是封建主义的基本经济规律在国家的广大领域中占有巩固的阵地。从这里也就说明，在殖民地起作用的客观经济规律，对于广大劳动人民发生最不利的后果。广大人民不仅遭受到资本主义性质的剥削，还遭受到封建主义的剥削。垄断资产阶级、本国资产阶级，以及封建主成为压在他们头上的大山。这也就决定了殖民地人民的贫困化的进程，比经济关系具有单一性的现代资本主义国家更为急剧与深刻。

在殖民地与半殖民地的基本群众乃是农民（中农与贫农）。因而殖民地人民的贫穷化，首先便表现为广大农民群众的贫穷化。

由于殖民地农村经济依赖于资本主义市场，殖民地农民遭受到长期的农业危机的影响。加之以受到帝国主义维护与培育的封建主的残酷的地租剥削、靠吮吸农民血汗以自肥的高利贷资本的特殊的活跃，以及外国殖民者与土著地主的直接夺取农民的土地、苛重的租税负担、军事徭役的拖累。这一切殖民地经济中必然发生的经常性的因素，造成小农经济空前的不稳固，使它不断地分化破产，不过上升为富农的越来越少，而下降为贫雇农却成为一般的规律。

由于农业的停滞与衰颓，农业中并没有吸纳更多的人口的可能，而工业中又不能提供吸纳大量贫穷无产农民的出水口，加之由于城乡手工业破产，资本主义经济危机更引起城市向农村倒流，因此造成长期性的农业人口的过剩。[①]大量的贫苦农民不得不在最苛刻的条件下，为地主充当佃户或雇工，有时甚至成为奴隶。而许多农民不得不在他目前尚未失去但即将失去的一小块养不活自己的土地上痛苦地挣扎。那些在乡村也找不到一碗饭吃的农民，被迫离乡背井，流浪在殖民地大都市的街头，拥塞于贫民窟中。

对于大多数殖民地国家来说，相对的人口过剩的实质，就是农业人口过剩，这种过剩的规模，在旧中国以及独立前的印度，是以千万计的。巴基斯坦代表在联合国经济及社会理事会第十三届会议上说，印度与巴基斯坦25％的人民没有获得有收入的工作。联合国秘书处在1952年发表的世界社会情况报告中指出："在东南亚殖民地每一地区都存在着周期性和季节性的就业现象，以及一种极严重又普遍的失业不定现象……据估计，在菲律宾与印度某些部分每年只有1/2或1/3的工作日是用之于生产的，这些地方有长期就业不足的现象，因为小生产者所使用的土地和资金不足以使他们充分就业。"关于拉丁美洲、非洲失业现象也是极为严重的。这种人口过剩的产生，不是由于资本主

---

① 印度由于城乡手工业的破产，更多的人口依赖于农业，依赖农业的人口的百分比，1891年为61.1％，1901年为66.5％，1911年为72.2％，1921为73％，魏地亚和曼钦德教授估计1931年至少为75％。

义生产的发展，而是由于资本主义的太不发展；不是社会生产力提高的产物，而是由于殖民制度下社会生产的停滞、破坏与倒退的产物。

殖民地农民的境遇是极其悲惨的。处在破产威胁下的小农，生活水平被压低到难以维持其生计的程度，而贫雇农的生活更是不堪设想，经常处在饥饿状态。比如30年代印度农民的收入不及英国工人的1％，而在发生天灾时更使他们大批饿死。迄至1953年的25年来，印度发生了18次饥荒，每次饿死达150万人，1943年孟加拉大饥荒，曾经饿死了350万人，而传染病也紧随着饥荒之后，到1944年9月，孟加省共有120万人死于各种疾病。印度作家库马尔·高什尔在他写的《殖民地人民》一书中说："贫困——无止境的、更屈辱的、极难堪的贫困……人们追逐食物，好像饿疯了的野兽。"这正是殖民地农民悲惨无告的生活的写照。

在埃及有200万过剩的农业人口（独立以前），埃及总工会筹委会总书记阿赫麦德·塔哈写道："人人都晓得，尼罗河流域和三角洲的土地是非常肥沃的。虽然如此，埃及农民的生活却是骇人听闻的。他们住在同时也是牲畜栏的茅棚里。他们的全部财产通常是一条草褥一条被，一套简陋的炊具，一两只山羊或绵羊，很少有水牛。"

在美国金融资本奴役下的拉丁美洲的农民，处在灾祸日深的境地。在阿根廷，占人口60％的农民只有3％的耕地；在墨西哥，农民占全国人口的2/3，而他们的收入却只等于国民收入的1/6；巴西的农民在贫困与饥饿的胁迫下，忍受着奴役性的强制劳动。拉丁美洲农民的贫穷，可以由这一事实看出来：委内瑞拉是产石油国家，但是即使是大城市旁的农村的居民，也照例买不起火油，像火油炉等东西他们根本不知道。当地农民的孩子没有尝过巧克力，好似一个苏联记者所说："正如居住在意大利没有吃过通心粉，住在挪威没有吃过鲱鱼，住在中国没有吃过饭一样荒谬。"

殖民地与半殖民地的工人阶级，身受着帝国主义金融资本以及本国资产阶级的残酷的剥削，处在困境不堪的奴隶的状态。

在殖民地国家，长期的封建剥削将当地劳动人民生活水平压低到极可怜的程度，而殖民地侵入后，一连串的劫夺殖民地国家国民财富、屠杀土著居民，以及以剥削当地人民为目的的资本主义经济杠杆的作用，更是使殖民地人民的生活水平进一步降低。帝国主义有意地造成与维护殖民地的农业人口过剩，成为压低工人阶级生活水平、保证极度低廉的劳动力的最有力的因素。

因而，在殖民地的劳动力的价值，一般说来，是降低到仅能维持劳动者生理需要的最低限度，那些在先进国家必须包括的文化生活上的需要，在殖民地几乎是降到等于零的地步。同时，殖民地工人的工资通常又是低于劳动力的价值的，因而这种工资，实际上是一种饥饿工资。没有它，劳动者立即要饿死，有了它，也只能稍微延长这种饥饿的致死过程罢了。

比如美国控制下的沙特阿拉伯石油工人每天工作16小时，只能得到8角到1美元的工资，仅等于美国石油工人工资的1/6左右。根据国际劳工局1950年报告书的材料，伊朗阿巴丹炼油厂工人基本工资每天40里亚尔，其数目仅等于美国油矿工人1小时的报酬。非洲北罗得西亚农业工人所获的工资，为欧洲工人工资的1/39；加工工人的工资为欧洲工人工资的1/35。摩洛哥工人的工资比法国工人少90%。在印度，由于大量失业人口的存在，产业工人的工资极低。孟买纺织工人的食品还不如监狱内犯人吃不饱的囚粮。[1]

---

① 古柏尔：《殖民地保护国新历史》（上卷）第4册，三联书店，1950年，第19页。

　　在印度（指独立以前），工人阶级工资的低下，甚至资产阶级的学者也并不讳言。穆克吉在《印度工人阶级》一书中说，印度工人在做各种工作时，"生理需要是三千至三千七百五十卡路里，而工人只能得到二千七百五十二卡路里。同时，这种食物的质量很坏，这种食物的特点是缺少蛋白质，淀粉过多和某几种矿物质及维他命不足。非常明显，如果印度大多数工人的生理需要仍然不能获得满足，那么，劳动生产率低、缺勤、时常生病和大量的死亡就是不可避免的结果"①。

　　殖民地工人阶级不仅工资低微，而且劳动时间极度延长。每日工作12小时至16小时是常事。劳动强度达到很高的程度，劳动条件异常恶劣。由于本国工人阶级的组织性，使资产阶级在本国做不到的坏事，在殖民地却是加倍地做到了。假如说资产阶级在本国实行了雇佣劳动制，那么，在殖民地它却恢复与建立了现代奴隶制，无论在非洲的金矿、金刚石矿，拉丁美洲的种植园中，或是印度的采石场与煤矿中，都实行着公开的强制劳动，成千成万的劳动者住在铁丝网层层包围的营场里，周围有警察看守着，而最轻微的犯规就会受到鞭笞的处罚。②

　　在殖民地，一切足以减少资本支出和增加剩余价值的手段，垄断资本家都是用尽了的。在宗主国被掩盖与打扮起来的资本的残暴与贪婪，在殖民地却是赤裸裸地显露于人们的眼前。

　　印度许多矿井是用最原始的方法——铁铲与手——进行开采，没有任何的劳动保护；在采石场中，工人更是用手工进行最沉重与危险

---

① 穆克吉：《印度工人阶级》，世界知识社，1955年，第182页。
② 英国记者维德逊于1954年7月在美国《哈泼斯》杂志上发表的《目前非洲的奴隶制》一文中写道："非洲大约有1/4的男人的工作条件与奴隶毫无区别。"

的工作。

在殖民地，对于童工与女工的摧残，达到无人性的程度。由于成年男人的工资不足以养家活口，因而，妇女与儿童不得不被驱入资本的重轭之下。但是妇女与儿童进入工厂，更加压低了一般的工资水平，使工人阶级的境遇更加恶化。在埃及，在1946年童工在全部在业工人中占10％，他们的工资极其低微；伊朗的童工和女工劳动16小时所挣的工资只等于两磅面包。在印度，1931年在种植园中做工的1907126人中，36％是女工；1924年在矿场中的女工占33％，童工占2.5％。在工厂中的女工和童工也很多。在烟草工厂与云母工厂中有许多5岁的童工，他们不仅工资低微，而且由于过度劳累，造成儿童的死亡，严重地影响到下一代的生存。这种情况连穆克吉的一本书中也不得不反映出："说到女工和童工在工业中的工作条件，印度远落后于世界大多数工业国家所采用的那些标准。广泛使用童工，对于女工和童工所实行的剥削制度以及为了迅速取得过分庞大的利润对人们的一般的轻视——这一切可耻的现象必须借助于劳动法与管理劳动问题的政府机关的协助，尽速予以消除。"[①]

在这里，穆克吉所不能也不愿认识的，就是只有社会经济关系的革命改造，才能根除这一切可耻的现象。

工人阶级的贫困，还从居住条件的极度恶化上表现出来。殖民地人民的居住条件，远远比资本主义国家中工人居住的贫民窟更为恶劣。绝大多数工人拥挤在简陋的茅棚中，露宿在大街边上。殖民地也有着巨大的都市，如印度的加尔各答、孟买、马拉达斯，这些都市都划为两个区域，在"白色的"城市中，有着几千欧洲居民居住的豪华

---

① 穆克吉：《印度工人阶级》，世界知识社，1955年，第112页。

的住宅、大厦；但在"黑色的"城市中，在可怜的矮小破烂的房屋中有千千万万的贫民蜷伏着。

帝国主义时期，殖民地工人阶级与广大劳动农民的贫穷化，殖民地生活水平的不断降低，从殖民地半殖民地国家国民收入低下份额中，无可争辩地显示出来。根据联合国秘书处发表的关于1949～1950年世界经济情况报告，表明了地球上1/3人口的国民收入，其中包括印度、缅甸、印度尼西亚、菲律宾、厄瓜多尔、埃塞俄比亚、海地、沙特阿拉伯、泰国和其他附属国的人民，只占全世界国民收入总额的5%。这个材料指出："这些区域的大部分人民生活在极贫穷的地步：假如从满足生活需要的可能性的观点来考察人民的收入，那么这种收入连用来维持人民身体健康都不够。"

联合国亚洲及远东经济委员会在其1953年2月召开的会议上，发表了下面的材料：东南亚有90%的人民每年收入不到100美元，而且有一部分人民每年收入还不超过50美元。像印度这样大的国家的国民收入，每年每人平均只有34美元。这些国家的人民处于经常匮乏和贫穷的状态。

高死亡率，是殖民地人民贫穷不能保持充分营养的必然后果。由于饥饿降低了劳动人民对疾病的抵抗力，因而引起了疫病流行，并葬送了千百万人民的生命。比如在非洲，尼日利亚的儿童有51%活不到6岁，3岁以下到医院就医的儿童，有31%是患各种类型的营养不良症。在刚果，60%以上的人口患肺痨、酣睡病、麻风及其他疾病，53%以上的儿童在婴儿时代就死亡了。从欧洲殖民者来到比属刚果起，这个地区的人口减少了50%左右。在南非班图族人民中，有些地方食乳婴儿的死亡率是50%。海莱勋爵著的《非洲巡视》一书中说道："对于大多数非洲人来说，目前简直是很难说他们是否还在继续繁殖。"这正是非洲人民境况的写照。

中东地区千千万万人民的贫穷和它所生产的巨大财富是一种尖锐的对比。据1951年9月联合国报告中说，阿拉伯儿童60%活不到5岁，这个地区的人口占75%以上患肺病、沙眼、血吸虫病等。在拉丁美洲国家中出现很高的死亡率，福斯特在《美国政治史纲》一书中指出，年龄在17～20岁的居民，有95%患肺病；巴西每年有8万人死于瘟疫。

在印度，情况更是悲惨。1937年印度死亡率为2.24%，而同年英格兰和威尔士是1.24%。杜德指出印度死亡人数的3/4是由于"贫穷病"。[①]

帝国主义者口口声声说，他们是在殖民地执行"提高文化"这一神圣的使命，但是铁的事实是一切谎言所不能掩盖的。在英国统治结束前，印度的文盲占居民88%；中国在革命胜利前夕，文盲占89%；第二次世界大战前，印度尼西亚与印度支那文盲占95%；埃及文盲占85%；利比亚、沙特阿拉伯文盲占90%；拉丁美洲20个国家中，有11个国家半数以上居民是文盲，玻利维亚文盲占80%，海地占90%以上；菲律宾在美国统治下文盲的比例也有所增加。这一切表明了，帝国主义的统治，只是使殖民地人民陷于愚昧的境地，因为金融资本在殖民地所实行的奴隶式的手工劳动，是根本不需要学习费用作为其劳动力再生产的因素。

许多殖民地国家，在过去都拥有高度的文化，但是帝国主义的侵略打断了它们文化的发展，并狠狠地摧残了殖民地的文化。在17世纪，印度的技术与文化发展都是处于世界第一流的地位，印度织工神妙无比的技术使欧洲人艳羡不已。但是在20世纪，它却成了落后的国家，成为世界上的贫民窟。

---

① 杜德：《今日印度》（上册），世界知识出版社，1953年，第39页。

在非洲，西非海岸曾经兴起灿烂的古代文明。弗洛宾尼厄斯在他所著《非洲文明》一书中，谈到了中世纪商人的惊异。这些商人在几内亚海岸发现："井井有序的街道两旁栽种着长达数里格（1里格=3英里）的两排树木……美丽极了的田野……穿着用自己织的料子缝制的华丽服饰的人们所居住的国度……蜂拥着的人群穿着用绸缎和天鹅绒做的衣服，秩序井然的伟大国家，强有力的君主，富裕的工业——文明已臻极峰。"但是这一切早已被殖民者破坏殆尽，在20世纪，非洲成为落后的"黑色"大陆了。

殖民地人民不仅失去了过去的文化，他们更无缘享受现代的文化。殖民地与半殖民地人民以自己勤劳的双手，创造了巨大的物质财富，他们滋养了帝国主义国家的文化，即所谓"西方文明"。但是他们却长时期处在黑暗之中，一切人类科学与文化上的成就，他们都是享受不到的。

以上所论述的殖民地与半殖民地国家人民急剧贫穷化的各个方面，都显示了帝国主义时期殖民奴役的生产关系的体系，对社会基本生产力——劳动者——的摧残和破坏，无论在广度上或深度上都达到了为过去所不曾有的地步。这个生产关系的体系，使10多亿殖民地国家的人民，不仅难于维持其最低的生活，而且有引起整个民族退化的危险，使广大劳动人民处在慢性死亡的痛苦过程中，使他们几乎降到了野蛮人的境地。

这一切，最清楚地表明：在殖民地，生产关系已经与生产力的性质大大地不相适应。这一早已过时的生产关系，已经成为生产力发展的根本障碍。生产关系一定要适合生产力性质的规律，早已经要求社会生产关系的根本变革了。

第三章

帝国主义殖民体系的危机及其解体

一、第一次世界大战以前帝国主义殖民体系的内在矛盾与民族解放运动

资本主义殖民制度，从它的建立开始，就包含着极其深刻的内在矛盾。殖民者对殖民地人民敲骨吸髓的剥削，残酷无比的镇压、杀戮，骇人听闻的暴行……这一切，使殖民地被压迫民族与资本主义侵略者的矛盾成为殖民地社会的主要矛盾。同时，殖民者掠夺的血手的伸入，又处处使殖民地原有的封建主义的剥削加深，因而人民大众与封建主义的矛盾，也更为加剧了。

殖民地社会结构内蕴藏着的深刻的矛盾，表现在殖民地国家的人民反对外国奴役者的民族解放斗争上。资本主义的殖民史，也就是殖民地人民反对外国殖民者（及作为其帮凶的本国封建主）的斗争史。被压迫得走投无路的广大劳苦群众，怀着巨大的愤怒，手执武器起来反抗压迫者了。

在法国大革命以前，被压迫民族的起义就曾在印度、非洲、印度

尼西亚及美洲发生。在西印度，在为出口贸易而发展起来的种植园奴隶制之下，奴隶的起义更是频繁。1789年以前，牙买加就曾经有过20次黑人大起义以及无数次的地方暴动。逃跑的奴隶甚至在牙买加中部的山上，建立起黑人共和国。这一起义的奴隶的力量是如此顽强，以致殖民者很久都不能消灭它。

在"自由的"资本主义时期，殖民地的民族解放运动有更大的规模。1825～1830年发生了爪哇暴动。1845～1852年，在伊朗爆发了以"巴勃"教徒运动为名称的农民、城市贫民与手工业者的起义浪潮。1857～1859年在印度掀起了反对英国统治的民族运动。1841年阿富汗爆发了全民起义。1850～1864年，中国的太平天国起义与民族运动震撼了全国。此外，在奥斯曼帝国、朝鲜、印度尼西亚以及拉丁美洲诸国，也发生了巨大的反对异族统治者与封建主的民族运动。

但是，在帝国主义时期以前，殖民地人民的民族解放斗争，总是以失败告终的。欧洲殖民者极端残酷地镇压了人民的起义，将起义淹没在血泊中。

这一时期，殖民地的民族解放斗争所以遭到失败的命运，是当时殖民地社会经济的性质及阶级结构所决定了的。在当时，殖民地国家中的新的经济形式尚未获得发展，足以充当解放运动的领导的新的阶级——资产阶级与无产阶级，特别是无产阶级尚未形成；谁都知道，没有这一切物质条件，殖民地民族觉醒是难以普遍地发生的，这也就决定了殖民地人民的民族解放斗争的自发性，以及采取农民运动或宗教的落后斗争形式（如在中国的太平天国运动，伊朗的巴勃教运动，印度阿穆德创立的清净教派等）。无疑地，在先进的阶级尚未出现于殖民地社会的时候，殖民地人民就不可能战胜外国资产阶级的侵略势力，并取得民族解放斗争的胜利。

由此可见，尽管在帝国主义阶段以前，随着资本主义殖民制度的出现，殖民地人民反对外国掠夺者的民族解放斗争就已开始，但是这一斗争还不足以动摇外国侵略者在殖民地的统治，资本主义的殖民制度还是稳固的。

随着帝国主义阶段的到来，出现了一系列促使殖民地社会结构中的矛盾尖锐化的新因素，从而导致了帝国主义殖民体系危机的到来。

帝国主义时期，资本主义生产关系的发展超越了个别国家的范围，形成了世界资本主义体系。这一时期形成起来的殖民体系，乃是世界资本主义经济体系的重要的组成部分，而每一个殖民地与附属国，都成为统一的世界资本主义经济体系的个别环节。

这一总的形势，意味着资本主义生产方式对殖民地的渗透日深，它加速了资本主义生产关系在殖民地与附属国的发展。特别是在帝国主义垄断组织加强了资本输出的区域，资本主义生产关系的发展更是迅速。这一切，便使过去东方殖民经济中一定程度的单一性消失了，新的资本主义经济结构在殖民地经济中的影响不断增长。在19世纪最后25年中，印度的民族资产阶级产生了。而在中国，民族资本主义的近代工业也开始出现，并有了初步的发展。在其他一些殖民地与附属国，资本主义生产关系也有不同程度的发展。

在殖民地与附属国经济中出现的资本主义经济结构，标志着在这些国家的缓慢的历史发展进程中又获得新的推动力量，它意味着在殖民地新的生产力的诞生。这一生产力发展的要求，与帝国主义奴役下形成起来的殖民地的落后的生产关系的体系处在极其深刻的矛盾中，这便是殖民地民族解放运动以空前的规模开展起来的经济基础。

伴随着这一新的经济结构出现的是新的阶级，一方面是殖民地资产阶级的形成与发展，但另一方面——而且特别重要的——乃是殖民地无产阶级的产生与发展。毛泽东同志指出："……中国无产阶级的发生和发展，不但是伴随中国民族资产阶级的发生和发展而来，而且是伴随帝国主义在中国直接地经营企业而来。所以中国无产阶级的很大一部分较之中国资产阶级的年龄和资格更老些，因而它的社会力量和社会基础也更广大些。"①正是由于这一阶级的出现，就有了保证殖民地解放运动取得胜利的主导的社会力量。觉悟的无产阶级与广大贫苦农民的联盟，与小资产阶级和一部分站在革命方面的民族资产阶级的联合，这就形成了强大的社会力量，这一力量终将粉碎一切腐朽势力的反抗，而使生产关系一定要适合生产力性质的规律在殖民地与附属国获得发生作用的广阔的场所。

由上所述，我们看见，正是帝国主义时期殖民地国家政治经济条件的本质变化，新的社会阶级的出现，帝国主义殖民体系蕴含的矛盾的不断加深，这一社会经济发展的客观过程就决定了殖民地国家民族解放运动必然趋于高涨。

自从1905～1907年俄国发生第一次资产阶级民主革命以来，在殖民地与附属国，特别是在东方国家，开始了社会运动与民族解放斗争的高涨。在俄国革命的有力影响之下，1905～1911年波斯发生了革命；1908年土耳其发生了革命；1905～1908年印度发生了革命高涨；1911年中国爆发了辛亥革命；1910～1917年墨西哥也发生了革命。列宁在他写的关于东方局势的一系列文章中，指出了亚洲开始成为世界革命风暴的新的源泉。列宁在1913年所写的《亚洲底觉醒》一文中写道：

"中国不是早就以长期完全停滞的国家底典型而著名吗？但是现

---

① 《毛泽东选集》第2卷，人民出版社，1952年，第621页。

在中国的政治生活却沸腾起来了，社会运动和民主主义高涨，就象喷泉一样汹涌起来了。随着1905年的俄国运动，民主革命席卷了整个亚洲——土耳其、波斯、中国。在英属印度，动荡在增长着。

"有趣的是：革命民主运动现在又囊括了荷属印度、爪哇以及将近4000万人口的其他荷属殖民地群岛……

"世界资本主义与1905年的俄国运动最后唤醒了亚洲。几万万被压抑的、沉睡在中世纪停滞状态中的人民醒悟过来，要求新的生活，为争取人底初步权利、为争取民主而斗争。

"亚洲的觉醒和欧洲先进无产阶级夺取政权的斗争的开端，标志了在20世纪初所揭开的全世界历史的一个新阶段。"[①]

20世纪东方各国的民族运动，比起过去所发生的运动，是提升到了一个更高的阶段。它已经开始由自发的变为自觉的，由散漫的变为有组织的，由小规模的变为有各个革命阶级参加的群众斗争。而且更重要的是这一运动开始具有鲜明的争取民主与民族独立的内容，这一阶段标志着地球上处在殖民奴役下的广大的人民群众，已经结束了长期的酣睡，而开始了争取民主自由的斗争。但是，在这一时期，革命的人民还不能击溃帝国主义国家资产阶级与殖民地反动势力的联盟，还不能推翻帝国主义在殖民地与附属国的统治而求得民族独立。这一方面是由于欧洲资产阶级的力量还是强大的，而另一方面，在殖民地与附属国，无产阶级尚未作为革命中的领导的力量而出现。

20世纪初东方发生的这一切事件，表明了随着资本主义的最后的垂死阶段的到来，资本主义殖民制度的最后的阶段也就开始来临。东方各国的革命动荡正是标志了帝国主义殖民体系内在的矛盾已经深

[①] 列宁、斯大林：《列宁斯大林论中国》，人民出版社，1954年，第39～41页。

化，因而，殖民地作为资本主义稳固的后方的时代已经开始消逝，帝国主义的重要基础已经开始动摇。

二、资本主义总危机第一阶段与帝国主义殖民体系危机的开始

在1914～1917年的第一次世界大战期间，发生了人类历史的巨大的转折变化。在大战期间，特别是伟大的十月社会主义革命胜利后，开始了资本主义经济体系的总危机，殖民体系的危机正是与资本主义总危机同时开始的，并且是资本主义总危机的表现形式之一。

帝国主义殖民体系的危机，标志着在殖民地国家的政治经济矛盾的急剧尖锐化，因而只有用殖民地革命才能解决这一矛盾，而事实上，在许多被压迫国家里的民族解放运动已经达到足以使帝国主义殖民统治崩溃的地步。殖民体系危机的实质是：殖民地和附属国的人民不愿再按照旧的方式生活下去，帝国主义殖民列强也不能再按照旧方式在这些国家中宰割一切，帝国主义的基本后方已经根本地动摇了。

殖民体系的危机，是19世纪末20世纪初殖民地国家的政治、经济、文化矛盾增长的必然结果，而第一次世界大战又带来使这一切矛盾趋于尖锐化的新因素。

第一次世界大战期间，欧洲帝国主义放松了对殖民地的侵略，因而殖民地民族经济得到了一定程度的发展，这就促使了某些殖民地半殖民地国家资本主义结构的发展。比如中国纱厂纱锭由1914年的332816锭增加为1919年的656548锭，中国工人阶级的队伍也进一步壮大，迅速达到了200万人之多。印度的民族资本与工人阶级也向前发展了。随着殖民地和半殖民地民族资本主义经济的进一步发展，资产阶

级、无产阶级的进一步发展，帝国主义的侵略与奴役对于他们便成为越发不能忍耐的事，这就必然会导使民族运动的趋于高涨。

战争期间，帝国主义国家将许多殖民地国家拖进战争的轨道，使殖民地广大人民卷进了国际政治的旋涡，这就加速了广大人民的觉醒。特别是帝国主义在殖民地征集成百万的军队，使他们学会了使用武器，而他们在帝国主义战争的痛苦经历中提高了民族自觉心。列宁在《论东方各民族的觉醒》一文中指出："帝国主义战争也促进了革命运动的增长，因为欧洲帝国主义者不得不把成批的殖民地人民卷入他们之间的斗争中。帝国主义战争也唤醒了东方，把东方各族人民卷入到国际政治中。英法武装了殖民地人民，帮助他们懂得了军事技术和改良的机器。他们就用这种科学来反对帝国主义者老爷们。"[1]正是在这里，战争孕育了殖民地人民的民族意识，培育了反对帝国主义的力量，加强了解放运动。

第一次世界大战对帝国主义殖民体系的最大的影响，无疑是从这次战争最重要的结果——伟大的十月社会主义革命的胜利——中所产生的。在20世纪，没有任何事件曾经像十月革命一样，对整个殖民地世界——从而对整个人类历史——发生了如此深远的影响。

十月革命使占世界陆地面积1/6的地区，脱离了资本主义经济体系，资本主义作为统一的无所不包的世界体系的时代，由此宣告结束。十月革命以后，出现了欣欣向荣的社会主义经济体系，与日趋没落的资本主义经济体系同时并存。这种情况，表现了世界资本主义历史命运中的根本转变，世界资本主义经济体系受到了永远也不能恢复的致命伤，它已失去了过去的稳定与力量。这便造成了殖民地人民解

---

[1] 列宁、斯大林：《列宁斯大林论中国》，人民出版社，1954年，第66~67页。

放斗争的极其有利的条件。

十月革命不仅仅对帝国主义体系打开了一个缺口，而且它更直接地打击了帝国主义的殖民体系，直接动摇了帝国主义的后方与基础。因为它打破了沙俄这一各民族的监狱，使俄国境内的一切被压迫被奴役的民族获得了解放。处在殖民地痛苦境遇中的民族，第一次提升到了真正独立、平等与自由的地位，走上了建设社会主义繁荣幸福的生活的道路。苏联各族人民在无产阶级革命下获得了翻身，给全世界人民带来了光明。它大大地鼓舞了殖民地被压迫人民的解放斗争，使社会主义思想日益深入人心，革命的种子从此普遍地散播到殖民地半殖民地世界。

特别是十月革命后，苏维埃国家对殖民地人民的革命斗争给予了有力的支援，这就促进了殖民地民族运动的发展。苏维埃国家自从成立那一天起，就谴责各种各样吞并他国领土的行为，1917年12月3日，苏维埃政府宣告废除沙皇和临时政府的帝国主义政策，并声明取消沙皇政府与东方各国所缔结的不平等条约。苏维埃政府撤退了在波斯与中国的驻军，公布了帝国主义列强瓜分殖民地的密约，并一贯地执行同被压迫人民友好并给予他们以支持的政策。正是这一切，使殖民地人民感到他们在斗争中将不会是孤立的，从而增长了他们胜利的信心与斗争的勇气。

正是由于上述各种因素，因而，殖民地与附属国在第一次世界大战后便有了革命高潮的普遍出现，帝国主义安稳地剥削殖民地的时代是一去不复返了。殖民地人民的新的觉醒时期来临了。

列宁当时在《宁肯少些，但要好些》一文中指出："……正由于这第一次帝国主义大战的影响，东方已最终加入了革命运动，最终卷入了全世界革命运动的总漩祸。"①

第一次世界大战后，在许多殖民地与半殖民地国家出现了民族解放运动的普遍高涨。1919年在中国发生了伟大的"五四"反帝国主义运动，从此中国人民走上了解放自己的艰苦的但却是不断取得胜利的道路。1919年3月～1919年4月朝鲜人民发生了反日本的起义。1918～1921年在伊朗出现反帝国主义运动。1919年阿富汗人民进行反帝国主义战争，迫使英帝国主义承认阿富汗的独立。在1919～1921年，埃及及伊拉克民族解放斗争普遍高涨。1919～1922年土耳其的民族解放战争取得了胜利。1918～1922年，印度的民族解放斗争也是处在高涨时期。在拉丁美洲，1918～1923年也发生了反对帝国主义的群众运动，处在美帝国主义占领下的海地共和国，在1918～1920年发生了反美的武装斗争。

尽管由于各个殖民地半殖民地国家经济与政治的发展程度不同，民族解放运动的水平及其结局也不一样，许多国家的人民运动遭受到了帝国主义的血腥镇压，但是，几乎遍及所有殖民地与半殖民地国家的民族解放斗争，无可辩驳地表明了帝国主义在它的后方的统治力量是衰落了，帝国主义的殖民体系已处在危机状态。

在两次世界大战之间的年代里，无论帝国主义怎样用尽一切方法——从暴力到阴谋诡计——企图维护与加强自己在殖民地的统治，但由于引起殖民地体系危机的诸因素仍在继续起作用，特别是苏联社会主义建设所取得的巨大成就，对于殖民地人民的解放事业起了莫大的鼓舞作用，因而，在20年代与30年代，殖民体系的危机趋于不断地加深，而这一过程，正是资本主义体系总危机不断加深的表现形式之一，也是使总危机更为深化的重要因素。

---

① 《列宁文选》二卷集，人民出版社，1957年，第1031页。

三、资本主义总危机时期殖民地民族解放运动的性质

在资本主义总危机的第一阶段，殖民地民族解放运动的性质与内容也有了新的变化。在十月革命以前，由于整个国际条件（统一的资本主义世界经济体系的存在，资本主义经济的相对稳固等），以及殖民地与半殖民地国家的政治经济发展的水平，这就决定了民族解放运动是资产阶级民主革命的一部分。而在十月革命后，殖民地民族解放运动就成为世界无产阶级社会主义革命的一部分了。毛泽东同志对这一问题做了精辟的分析：

"为什么呢？因为第一次帝国主义世界大战和第一次胜利的社会主义十月革命，改变了整个世界历史的方向，划分了整个世界历史的时代。

"在世界资本主义战线已在地球的一角（这一角占世界六分之一的土地）崩溃，而在其余的角上又已经充分显露其腐朽性的时代，在这些尚存的资本主义部分非更加依赖殖民地半殖民地便不能过活的时代，在社会主义国家已经建立并宣布它愿意为了扶助一切殖民地半殖民地的解放运动而斗争的时代，在各个资本主义国家的无产阶级一天一天从社会民主党的影响下面解放出来并宣布他们赞助殖民地半殖民地解放运动的时代，在这种时代，任何殖民地半殖民地国家，如果发生了反对帝国主义，即反对国际资产阶级、反对国际资本主义的革命，它就不再是属于旧的世界资产阶级民主主义革命的范畴，而属于新的范畴了；它就不再是旧的资产阶级和资本主义的世界革命的一部分，而是新的世界革命的一部分，即无产阶级社会主义世界革命的一部分了。这种革命的殖民地半殖民地，已经不能当作世界资本主义反革命战线的同盟军，而改为世界社会主义革命战线的同盟军了。

"这种殖民地半殖民地革命的第一阶段，第一步，虽然按其社会性质，基本上依然还是资产阶级民主主义的，它的客观要求，是为资本主义的发展扫清道路；然而这种革命，已经不是旧的、被资产阶级领导的、以建立资本主义的社会和资产阶级专政的国家为目的的革命，而是新的、被无产阶级领导的、以在第一个阶段上建立新民主主义的社会和建立各个革命阶级联合专政的国家为目的的革命。因此，这种革命又恰是为社会主义的发展扫清更广大的道路。"[①]

由上所述，十月革命后只要在无产阶级的强有力领导下的殖民地民族解放运动，已经不再是以建立资本主义的统治为其必然归宿，而是成了向更高的社会形态——社会主义过渡的第一步。正如列宁在《民族解放运动与共产国际的战略和策略》一文中所指出："在最先进国家的无产阶级帮助之下，落后国家可以避免资本主义的发展阶段，过渡到苏维埃制度，并经过一定的发展阶段过渡到共产主义。"[②]

在第一次世界大战后，民族解放运动的形式及其发展，因各个国家政治经济发展水平的不同而有差异。殖民地附属国基本上可分为三种类型：（1）工业极不发达，没有或几乎没有无产阶级的国家；（2）工业不发达，无产阶级人数不多的国家；（3）资本主义相当发达，无产阶级人数相当多的国家。无疑地，在第二、三类的国家有着民族解放运动胜利开展的更有利的条件。而在第一次大战后的特点是，在许多殖民地和半殖民地，工人阶级已经上升为独立的政治力量，在主要的殖民地国家内，共产党与稳固的工会组织纷纷出现，工人阶级成为解放斗争的最坚决的力量，他们在共产党的领导下，为争

---

① 《毛泽东选集》，第2卷，人民出版社，1952年，第661页。
② 列宁、斯大林：《列宁斯大林论中国》，人民出版社，1954年，第96页。

取民族解放运动的领导权而积极斗争。中国的工人阶级，在以马克思列宁学说为指南的中国共产党的领导下，保证了工人阶级对民族解放运动的领导权，从而在反对帝国主义和封建主义势力的斗争中取得了巨大胜利，大大向前推进了这一革命运动。

这正如斯大林同志在《十月革命的国际性质》一文中所指出："十月革命开辟了一个新时代，即世界各被压迫国人民与无产阶级联盟并在无产阶级领导下进行殖民地革命的时代。"

"殖民地和附属国里民族解放革命的纪元，这些国家中无产阶级觉醒的纪元，无产阶级在革命中起领导作用的纪元，已经到来了。"[①]

工人阶级乃是与最先进的经济形式相联系的阶级，它是大公无私、最有远见的革命阶级。加之以在殖民地与半殖民地国家中，工人阶级深受帝国主义、本国资产阶级及封建主义的三重压迫，这就决定了它比任何别的阶级在革命中更坚决与彻底，从而能够成为广大农民群众与全体劳动者的公认的领袖，并承担起民族解放运动的领导与先锋。

工人阶级在反对帝国主义的斗争中，绝非孤立的，它拥有农民阶级作为其同盟军。由于备受帝国主义与封建主义压迫与剥削的农民，占殖民地与半殖民地国家居民的绝大多数，因而他们便能成为解放斗争最巨大的动力与主力军。这一阶级在工人阶级领导下一旦行动起来，就成为不可抗御的力量。

但是，由于各个殖民地与附属国国内政治经济发展的水平和阶级力量对比的差异，因而，在资本主义总危机的第一阶段，大多数殖民地与附属国中，工人阶级还不能在民族解放斗争中取得领导的地位。在许多国家中，反帝国主义运动的领导权是掌握在民族资产阶级手中的。

---

① 斯大林：《列宁主义问题》，人民出版社，1956年，第231~232页。

在殖民地国家产生的资产阶级，是由各种不同的阶级组成，包括大、中、小工商业资产阶级。在一些殖民地半殖民地国家，大资产阶级有着较为显著的发展。殖民地半殖民地的资产阶级，他们的发展道路是不同于任何资本主义国家的资产阶级。由于外国帝国主义的殖民统治与掠夺，阻塞了殖民地半殖民地国家资产阶级顺利发展的道路，损害了他们的物质利益。因而，他们与帝国主义之间存在着深刻的矛盾，他们也企图摆脱帝国主义的束缚，而独享剥削本国工人阶级所带来的高额利润。因而，殖民地资产阶级的经济地位，决定了他们在一定时期一定条件下有着支持与参加民族解放斗争的可能性，能够成为反对帝国主义战线的动力之一，并组成反帝统一战线的右翼。要是看不见这一点，对民族解放运动是极为不利的。

但是，殖民地半殖民地国家资产阶级各个阶层对帝国主义的态度是有着区别的。与帝国主义有着密切联系并成为外国资本代理人的大资产阶级——通常称为买办资产阶级——会坚决站在帝国主义的立场，成为革命的对象。而大资产阶级中其他集团，他们一方面与帝国主义有矛盾，另一方面又对帝国主义有较大的依赖与联系，他们更害怕无产阶级的觉醒，因而在大多数情况下，他们与帝国主义相妥协的一面成为主导的一方面。至于资产阶级的中层与下层集团，由于与帝国主义的联系较少，他们受帝国主义侵略的损害是本质的一面，因而，他们乃是典型的带有两重性的民族资产阶级。毛泽东同志指出："民族资产阶级的这种两重性，决定了他们在一定时期中和一定程度上能够参加反帝国主义和反官僚军阀政府的革命，他们可以成为革命的一种力量。而在另一时期，就有跟在买办大资产阶级后面，作为反革命的助手的危险。"[1]

殖民地半殖民地民族资产阶级与帝国主义的矛盾，决定了他们在一定条件下和一定时期内，能参加民族解放运动，特别是在工人阶级还没有发挥领导作用的时候，他们并且充当着民族解放运动的领导；但是由于民族资产阶级的妥协性与软弱性，他们无力对帝国主义进行彻底的革命，他们不愿意也不敢放手发动人民群众，使民族解放斗争更深入地发展，因而，这往往只是有利于摇摇欲坠的帝国主义体系的继续维持，推迟了殖民地革命取得胜利的过程。比如在第一次世界大战后，埃及等地的情况就是这样，由于斗争的不坚决，因而帝国主义在这里的统治依然继续下去了。

但是，如果认为在民族资产阶级掌握了领导权的地方民族解放运动就没有取得任何成果的可能性的观点，也是错误的。因为在十月革命后，资本主义经济的力量是已经大为削弱了，殖民体系已经受到深刻的震撼，广大的工农劳动人民已经觉醒，并奋不顾身地为摆脱殖民奴役而斗争，在这种条件下，就决定了即使是在民族资产阶级充当解放斗争的领导者的地方，殖民地也未尝不能在求得解放与独立的道路上获得一定的成就。

针对殖民地半殖民地国家民族资产阶级的本性及其态度，无产阶级在民族解放斗争中，必须坚决地打击反革命的买办资产阶级，孤立妥协的大资产阶级，克服中小资产阶级的动摇性，争取他们参加到反帝民族解放斗争的行列中来。只有这样，才能发展与壮大革命力量，推进解放斗争。正如斯大林在《东方大学对于东方殖民地和附属国的任务》一文中所说："要推进革命和取得在资本主义上发达的殖民地

---

[1] 《毛泽东选集》第2卷，人民出版社，1952年，第635页。

与附属国之完全独立，不使妥协的民族资产阶级孤立起来，不把革命的小资产阶级群众从妥协的民族资产阶级的影响下解放出来，不实行无产阶级领导权的政策，不把工人阶级的先进分子组织为独立的共产党，是不可能的。"[①]

殖民地与半殖民地国家的工人阶级，运用第一次世界大战后出现的一切有利条件，团结一切可能团结的力量，来推进民族的解放，并开辟走向社会主义的广阔道路。在这方面，中国人民革命的道路，给一切被压迫国家的反帝国主义斗争提供了光辉典范。中国工人阶级在伟大的马克思列宁主义的党——共产党的领导下，与广大农民结成了联盟，并团结了民族资产阶级的一切民主进步的力量，组成了由工人阶级领导的广泛的全民统一战线，从而，在拥有6亿人口的东方的一个最大的半殖民地国家，将民族解放斗争大大地向前推进了。中国民族解放斗争的不断高涨与向前发展，无疑地，乃是第一次世界大战后殖民地东方最重大的事件，它具体表明了帝国主义殖民体系危机是不断地深化了。

四、资本主义总危机第二阶段与帝国主义殖民体系危机的深化——殖民体系解体的到来

第二次世界大战与资本主义总危机第二阶段的到来，促使帝国主义殖民体系危机的急剧尖锐化。由于资本主义经济体系已经更加腐朽，殖民国家的力量整个说来已经更为削弱，因而，对广大殖民地的统治已经难以维持，这表现在总危机的第二阶段，殖民地和附属国民

---

① 列宁、斯大林：《列宁斯大林论中国》，人民出版社，1954年，第118~119页。

族解放运动的史无前例的高涨，帝国主义阵线在殖民地后方已经被突破，帝国主义殖民体系实际上已经在瓦解。

殖民体系的瓦解，是具有伟大的历史意义的世界性的事件，它对世界历史的发展有着极为深刻的影响。它标志着资本主义总危机的进一步深化。世界资本主义经济，在其没落过程中，已经临到这样重要的一个转折点，它的后方已经发生全线崩溃，它的死亡更为逼近了。

殖民体系的走向瓦解，是十月革命后开始的殖民地体系危机不断加深的必然结果，第二次世界大战期间与战后出现的一系列新的因素，则促使这一局势的到来。

第二次世界大战期间，殖民地国家的革命危机，已经达到极度深刻的地步，这是由于：

第一，苏联反法西斯侵略的英勇斗争，大大鼓舞了殖民地半殖民地国家反法西斯主义的斗争。

第二，在战争期间，帝国主义将战争的沉重负担尽量转嫁到殖民地与附属国人民身上，加紧剥削殖民地广大的工人农民，进一步降低了殖民地人民的生活水平。这样，使千百万殖民地人民的苦难更加深重，这不能不引起殖民地人民的愤懑。

第三，在战争期间，帝国主义宗主国的财力物力受到了巨大的损失，因此，宗主国便不能不允许殖民地工业某些程度的发展，以便支持战争，因而，在远东、中东、近东、非洲和拉丁美洲许多殖民地和半殖民地国家，工人阶级——主要是采矿工人与运输工人的数量有了增加。这样，就加强了殖民地工业无产阶级的力量，引起了民族运动的高涨。

第四，在战争中，英国、法国、荷兰等老牌殖民国家，在亚洲地区被日本所击败，这就暴露了西方帝国主义机构的腐朽，彻底揭穿了西欧帝国"神圣无敌"的谎话，促进了人民反对外国侵略者的斗争意志的增长。广大亚洲地区殖民地人民，在共产党的领导下，展开了民族抵抗的武装斗争，他们已深刻地觉悟到不但要反对日本侵略者，而且要反对一切帝国主义的控制与奴役，求得民族的解放。

正是在大战期间出现的以上因素，有力地加速了殖民地革命的发展。在中国、越南、马来亚与菲律宾，人民反对日本帝国主义的斗争达到了很大的规模，为战后民族解放斗争的进一步高涨打下了基础。

苏联在第二次世界大战中的伟大胜利，与法西斯德国、日本及意大利的失败，是鼓舞殖民地和附属国民族解放运动走向高涨的一个重要因素。苏联的胜利，也就是反法西斯侵略、反对民族压迫与奴役的正义纲领的胜利。这就大大鼓舞了全世界殖民地与半殖民地人民争取解放的斗争。特别是随着苏联军事上的胜利，在东欧有一系列的人民民主国家从帝国主义的桎梏中被解放出来，从而形成了世界社会主义体系，这就给世界资本主义体系又一次严重的打击，大大削弱了它的力量，创造了殖民地人民冲击帝国主义的有利条件。

帝国主义国家在战后为争夺殖民地商品销场、投资场所、原料来源与军事基地的斗争的尖锐化，也是殖民地民族解放斗争新的高涨的有利条件。这里，特别要提出的是美国垄断资本集团，他们在求得最大限度利润的欲念的推动下，成为殖民奴役最凶狠的势力，他们在提供"经济援助"的幌子下，打入了西欧列强的殖民地与势力范围，这就使得殖民地人民遭受的剥削加深了，引起殖民地国家革命危机的增长，同时，它又引起殖民列强之间的更为尖锐复杂的利害矛盾，从而削弱了帝国主义阵营的力量。正是上面一系列的因素的作用，因而第二次世界大战后，殖民地民族解放运动的新纪元便来临了，解放运动便轰轰烈烈地展开了，帝国主义殖民体系呈现土崩瓦解之势。

帝国主义殖民体系的瓦解，首先表现在许多殖民地与半殖民地国家突破了帝国主义阵线，脱离了世界资本主义体系，建立了人民民主制度。在第二次大战后仅仅4年多时间，在亚洲已诞生了中华人民共和国、朝鲜民主主义人民共和国和越南民主共和国。帝国主义阵线不仅在西方，而且在东方，在殖民地后方被突破了。

中国人民推翻了美蒋反动统治，建立了中华人民共和国，取得了人民民主革命的伟大胜利，乃是第二次世界大战后帝国主义殖民体系解体的最重要的表现。

中国人民的胜利，是20世纪具有重大世界历史意义的事件，它是帝国主义的严重失败。这个胜利使殖民剥削的范围一下子缩小了将近1/3，它使亚洲和太平洋地区的局势以及整个国际局势起了根本的变化。

中国人民革命胜利的影响，连资产阶级学者也无法否认。美国芝加哥大学美国外交政策研究所所长汉斯·莫根陶1956年4月16日在《新共和》杂志上发表的论文中说："中国摆脱对西方国家的从属地位并恢复他们的国家和文明的力量这一事件给予整个亚洲——从日本到巴基斯坦——的影响，对于最近期间任何一个旅行亚洲而对面前的现实不闭上眼睛的人，都不能不产生一种印象。中国在亚洲人中引起了赞扬和尊敬的感情，这是因为在亚洲人的眼睛里，中国是实现整个亚洲的期望——做自己家里的主人——的体现；并给他们表明，他们同西方国家是相等的，或者甚至超过西方国家。"

中国人民的胜利的影响是极其深远的，它对各殖民地与附属国，特别是对亚洲殖民地民族解放运动的发展，发生了并且正在继续发生着巨大的鼓舞作用，并成为加速殖民体系进一步解体的有利因素。

除了中国人民的胜利而外，朝鲜民主主义人民共和国与越南民主共和国的成立，也是殖民地解放运动取得重大胜利的里程碑。美帝国主义为了使朝鲜变为供它任意剥削的殖民地，在1950年6月发动了对朝鲜人民的侵略战争。但是英雄的朝鲜人民在中国人民志愿军的援助下，打退了帝国主义侵略者的疯狂进攻，使美帝国主义不得不坐下来谈判，于1953年7月在停战协定上签字。在越南，法国与美帝国主义用武力消灭越南民主共和国的阴谋，也遭到了失败，法国不得不在1954年召开的日内瓦会议上与越南达成停战协议。这一切都说明了，帝国主义已经无力阻止殖民体系的崩溃，站起来了的殖民地人民的力量是不可战胜的，帝国主义骑在这些国家的人民身上的日子已一去不复返了。

帝国主义殖民体系的瓦解的另一表现，是许多殖民地与半殖民地国家的人民取得民族解放斗争的胜利，摆脱了殖民制度，走上了独立自主发展的道路。

占世界人口第二位的东方大国——印度，在人民一致的斗争下，粉碎了帝国主义的阴谋。伟大的印度人民建立了独立自主的印度共和国，走上了民族经济独立发展的道路。缅甸、印度尼西亚、锡兰、埃及、叙利亚、黎巴嫩、苏丹、摩洛哥、突尼斯等一些以前是殖民地的国家，都已挣脱了殖民主义的枷锁，获得了民族的独立。

印度、印度尼西亚、缅甸等国家在摆脱殖民奴役以后，奉行着独立自主的政策，奉行和平外交方针对世界和平做出了宝贵的贡献。尽管这些国家在经济上还未能完全摆脱帝国主义的奴役，外国资本在国内还占有重要的地位，但是，无疑地这些国家中的人民，正在经历着一个伟大的民族复兴与社会复兴的过程，他们正在为消除百年来的落后状态，为进一步求得经济的独立，为提高人民的生活水平而斗争。

尽管这些取得民族独立的国家，不是属于世界社会主义体系，并且它们的经济依然属于资本主义的范畴，但是这些主权国家的民族资本主义，已经不再是从属于垄断资本主义体系，已不再是从属于帝国主义垄断组织榨取垄断高额利润的利益。它们凭借着政治的独立，靠社会主义阵营的援助，将越来越走向独立的发展。因而，这些国家民族资本主义经济的发展，也就是对垄断资本主义体系沉重的打击。

在一些取得民族独立的国家（印度、缅甸、埃及），显示了正在借助于国家资金来发展工业，特别是重工业。私人资本已经不能像过去那样自由无阻地控制国家的重要经济部门了。这就意味着资本主义的剥削开始受到一定的限制。而且，随着工人阶级力量的进一步壮大，阶级力量对比的改变，在这些国家中将形成向社会主义革命转变的更为有利的客观条件。

在殖民地人民走向独立的潮流下，整个世界的形势有了改变。在1939年，殖民地和附属国约有15亿人口，但是经过战后10年间，大约有12.5亿人，即将近世界总人口的半数，已经摆脱了殖民地或半殖民地的附属地位而获得了自由。获得解放的国家的总面积为西欧面积的6倍，而人口是它的4倍。经过几世纪建立起来的西欧殖民帝国，在几年间便为民族解放的巨浪摧毁了。

帝国主义殖民体系的危机的第三种表现，乃是在那些尚未获得解放的殖民地与半殖民地国家，民族解放运动也有了普遍的高涨。

在亚洲及太平洋地区，自从第二次世界大战以来，反帝国主义的火焰就不停地燃烧着。马来亚人民自1948年英帝国主义发动殖民战争以来，就一直进行着顽强的武装斗争，并建立了广大的解放区。马来亚的人民，目前正在为实现共产党的纲领，即为建立一个奠基于完全独立、民族平等和人民民主的马来亚人民民主共和国而斗争。

在菲律宾，美帝国主义者与傀儡政府对解放运动进行残酷的镇压，但是它却不能消灭人民解放军的力量，在目前，菲律宾各个阶层的人民都日益卷入争取和平与民主的斗争，反对美国干涉内政，要求摆脱对美国的经济依赖，要求与中华人民共和国发展经济关系的呼声越来越响亮了。

在中东，这一帝国主义竞相争夺的场所，战后民族解放运动也急剧高涨。伊朗的民族解放运动在1945～1946年遭受到帝国主义的镇压，但在1951年又达到新的高涨，在伊朗石油工人的发动下，伊朗政府不得不通过将英伊石油公司收归国有的建议。在叙利亚、伊拉克、黎巴嫩、约旦、埃及，反帝国主义的斗争达到了巨大的规模。特别是在1956年发生的苏伊士运河事件，促使了中东的民族解放斗争转入高潮。

连政治经济发展最为落后的非洲，自从第二次世界大战以来，也掀起了民族解放斗争的浪潮。第二次世界大战，大大加速了非洲资本主义的发展与工人阶级的成长，在这里，民族解放运动的前提是逐渐成熟了。在好些国家中，反帝国主义的解放运动已带有全民的性质。杜德说："整个非洲，从北部的摩洛哥到南部的开普敦，从西部的法属赤道非洲、塞拉勒窝内、黄金海岸、尼日利亚，到东部的怯尼亚、乌干达以及坦噶尼喀，在这一时期里，出现的是人民对殖民制度、种族歧视和外国占用本国资源的普遍愤怒的高涨。"[1]

尽管帝国主义者实行了血腥的镇压，如1946年在南非联邦，1948年在黄金海岸，1952年在怯尼亚都实行过屠杀，但这却不能抑阻非洲人民民族解放运动的发展。特别是在1954年以来，北非国家摩洛哥、突尼斯与阿尔及利亚人民的斗争达到了空前激烈的地步，帝国主义疯狂的镇压和最残暴的屠杀，也无法动摇人民摆脱殖民奴役的意志。这

---

[1] 杜德：《英国和英帝国危机》，世界知识出版社，1954年，第107页。

一切说明，经过长时期的沉睡以后，非洲人民已经开始觉醒，帝国主义最深远的后方动摇了，反对帝国主义战线的最遥远的后备军已经行动起来了。

事实上是美帝国主义殖民地的拉丁美洲国家，战后反对美帝国主义的斗争也沸腾起来。从墨西哥到阿根廷，在所有国家内都展开了反对美帝国主义与当地反动势力的群众斗争，人民的民族意识有了空前的增长。

战后殖民体系解体的各方面的表现，说明了帝国主义殖民体系的危机已经尖锐到顶点，帝国主义已经找不到任何一块安稳的"乐土"。殖民者很久以前撒下的火种，现在已经不可抑止地燃烧起来。帝国主义的大厦正在摇摇欲坠。世界历史的急剧发展本身，已经将殖民体系的彻底消灭的问题提上议事日程，无疑地，作为历史推进者的人民，将迅速地解决这一问题。

在资本主义总危机第二阶段，在殖民地革命的新纪元，民族解放运动也具有了某些新的特征。

第一，在殖民地民族解放运动中，工人阶级及其先锋队共产党的领导作用大大加强了。战争期间，一些殖民地国家，随着资本主义的发展，工人阶级有进一步的发展，这就使它的力量与影响增长起来。加之，战争期间资产阶级中好些代表人物和法西斯侵略者合作，在人民心目中完全丧失了威信，而在战后，许多资产阶级的重要人物走向与帝国主义妥协的道路，抛弃了民族解放的旗帜。在这种情况下，由于工人阶级坚决地举起反帝国主义的解放斗争的旗帜，因而越来越获得广大人民的拥护。中国人民革命的胜利，就是在中国共产党领导下的广大人民群众（包括民族资产阶级）的斗争的道路的胜利。在朝鲜与越南，民族解放运动的领导权，早已掌握在无产阶级手中。在马来亚与菲律宾，广大人民正在共产党领导下，进行艰苦的武装斗争。此外，在伊朗、阿尔及利亚、突尼斯、摩洛哥等国，无产阶级在民族解放运动中的领导作用日益加强。在拉丁美洲的许多国家，民族解放运动是由无产阶级及其政党——共产党来领导的。这一切说明，工人阶级在争取民族解放运动的领导权上已获得了重大的胜利。

作为第二次世界大战后民族解放运动的特征，在于这一斗争的群众性更扩大了。在各个国家的反对帝国主义的斗争中，广大的人民、各个不同的阶层都参加进来。在工人阶级的领导和争取下，广泛的民族统一战线已经建立或正在建立起来；特别是在工人阶级领导下的工农联盟，已经形成与巩固起来，成为反帝民族统一战线的基础与力量的源泉。正是工人阶级领导下的民族统一战线的扩大与巩固，决定了殖民地民族解放运动的进一步高涨，成为这一运动取得胜利的有力保证。

第二，在战后，一系列的殖民地与半殖民地国家民族资产阶级在民族解放斗争中发挥了重大作用，一些国家的民族资产阶级在工人阶级与广大人民的斗争意志增长下，促使他们在反对帝国主义的斗争中，采取了一定的坚决态度，并领导了民族解放斗争的胜利。

尽管民族资产阶级本身是具有二重性的阶级，他们在第二次世界大战以前的时期中，往往在解放运动中采取中立的立场，甚至站在帝国主义方面。但是民族资产阶级与帝国主义间也存在着尖锐的矛盾，特别是在资本主义总危机第二阶段以来，帝国主义变本加厉的殖民奴役政策，与第二次世界大战期间一些殖民地国家一度抬头的民族资本主义发展的倾向发生冲突，在帝国主义垄断组织（特别是全力向全世界殖民地半殖民地渗透的美国垄断组织）的打击与排挤之下，战后无论是在亚洲、中东、拉丁美洲，殖民地半殖民地民族资产阶级的利益都大大受到损伤（不仅损害中小民族资产阶级，而且包括一部分大资产阶级），他们的工厂、企业纷纷破产，因此，这也就使民族资产阶级大为不满。因而他们也就能参加到反对帝国主义的运动中来。在工人阶级与广大人民群众斗争意志空前高涨的条件下，这一阶级在许多国家领导了解放斗争并取得民族的独立，如在印度、缅甸、印度尼西亚和埃及，就是这样。

民族资产阶级这种态度的变化，反映了战后国际力量的根本变化，反映了世界社会主义力量的无比强大与殖民地国家阶级力量的根本变化，它说明帝国主义力量的进一步削弱，因而，甚至在一些殖民地国家中帝国主义过去所能笼络并投靠了帝国主义的大资产阶级，也有一部分分离出来，站在反对帝国主义的立场上了。[①]

尽管像印度、缅甸、印度尼西亚、埃及等国家上升到政治统治地位的民族资产阶级，是以发展民族资本主义为目的，但是这一系列国家民族独立的取得，不仅对于帝国主义势力是一个严重的削弱，而且对于这些国家中无产阶级实现社会主义革命的斗争，也创造了有利的条件。当然，也应指出：民族资产阶级并不是一贯革命的，他们对帝国主义仍抱着幻想，在某种条件下，他们仍有愿与帝国主义谋取妥协的趋向。

战后殖民地民族解放运动的第三个特征是，反帝国主义的群众斗争在好些国家中已经采取武装斗争的形式。

[①]　苏联一些学者，过去在对待殖民地与半殖民地资产阶级的作用上的论点，发生了教条主义的错误。比如瓦尔加院士写道："究竟是资产阶级还是无产阶级担任革命领导者，这个问题归根到底决定着殖民地各国人民民族解放斗争的成功与失败。"（《帝国主义经济与政治基本问题》，人民出版社，1954年，第388页。）我认为资产阶级的领导，可能影响这一斗争的彻底性及取得胜利的时间，但否认资产阶级领导下能获得解放斗争的胜利的论点，已经为战后一系列事实所推翻了。

由于帝国主义与殖民地的封建反动势力结成联盟，实行暴力统治，剥夺了殖民地人民一切的民主权利与自由，并对民族解放运动采取血腥镇压的政策，在这种情况下，使用普通的政治斗争方法来反对帝国主义，并达到民族解放，事实上成为不可能，这就使武装斗争成为必要。

中国人民正是在无产阶级领导下，向帝国主义进行了长期的武装斗争，并取得革命的胜利。中国人民的武装斗争，给殖民地人民反对帝国主义的斗争做出了光辉的榜样。

第二次世界大战后，在亚洲及太平洋地区，民族解放斗争风起云涌，朝鲜、越南、马来亚、缅甸以及菲律宾，广大人民都起来对帝国主义进行了武装的斗争。在东南亚国家，当西方帝国主义者在日本的进攻下狼狈逃跑时，人民却在共产党的领导下，进行了英勇的游击战，他们从日本侵略者手中夺取了武器，将自己武装起来，并在艰苦的条件下建立与扩大了解放区，一直到从日本占领下解放出来。而在战后，当西方帝国主义派遣大批武装部队与殖民地官僚卷土重来，企图重新将早已过时的殖民制度的枷锁加在觉醒了的人民身上时，殖民地人民反对西方帝国主义的武装斗争就展开了。

帝国主义的一切血腥镇压，都不能消灭殖民地人民的斗争力量，例如，越南人民在反对法国军事侵略的斗争中，取得了光辉的胜利。在马来亚，英帝国主义的残酷烧杀，也未能摧毁人民的抵抗，菲律宾的人民解放战争也在不断开展。

在东南亚以外的其他殖民地，武装斗争也开展起来。如在北非的阿尔及利亚，也发生了武装抵抗运动。在目前，法国在阿尔及利亚已投入60万侵略军，但这也扑灭不了人民的抵抗运动。

1956年10月，埃及人民为反对英法侵略军的全民斗争，是刚刚摆脱了殖民统治的人民,用武装斗争来保卫民族解放的成果,来从帝国主义压迫下求得彻底解放的光辉范例。在埃及人民坚决回击下,在阿拉伯人民以及全世界人民的援助下,英法侵略军不得不撤出埃及。

无疑地,殖民地人民反对帝国主义的武装斗争将是极其艰苦的,但是,在战后帝国主义体系力量大为削弱,而以苏联为首的社会主义阵营的力量进一步壮大的条件下,在中国人民革命胜利所引起的世界形势根本变化的有利条件下,殖民地人民的武装斗争,必然会获得更大的胜利。

战后殖民地民族解放运动的第四个特征是,各个殖民地国家的反对帝国主义的斗争,各殖民地人民能密切地相互支援,并得到宗主国工人阶级的支援,得到一切进步力量的支援,得到世界社会主义阵营的有力支援,殖民地人民孤军作战的时代早已经一去不复返了。

在殖民地与半殖民地人民的政治觉悟与民族意识空前提高的战后年代,殖民地人民越来越深刻地认识到帝国主义乃是他们的共同的敌人。殖民地人民认识到任何一个国家民族解放运动的胜利,都将为他们本身摆脱帝国主义枷锁创造有利的条件,而帝国主义国家对任何一个殖民地国家的奴役的加深,也将使他们本身遭受不幸。殖民地人民越来越认识到他们在民族解放运动中的共同的利益,这就促使他们在斗争中采取一致的行动,结成共同的战线。因而,战后民族解放运动的特征之一,乃是殖民地人民反对帝国主义的世界性的战线逐渐形成了。

各殖民地国家人民团结的加强,几乎表现在战后殖民地人民解放斗争的一切重大事件上。1948年英国对马来亚人民的血腥镇压,引起全世界殖民地人民的谴责与抗议的浪潮。1951年当伊朗政府把石油工业收归国有,以及1951年埃及政府废除1936年所签订的奴役性的《英埃条约》时，伊拉克、叙利亚、黎巴嫩、约旦等阿拉伯国家的人民，同伊朗人民与埃及人民一起举行了空前强大的团结示威运动。1954年以来，阿尔及利亚、摩洛哥、突尼斯人民反对法国血腥镇压的斗争，更立即受到所有阿拉伯国家的声援，他们更有力地进行争取民族解放运动的斗争，作为对自己兄弟国家的人民的援助。

1953年12月在贝鲁特举行的保卫近东和中东人民权利的大会，是各国人民团结加强的标志，大会参加者表示了必须把近、中东各国人民的斗争，同非洲、亚洲及全世界人民的反帝运动更加紧密地团结起来。

1955年4月召开的有29个亚非国家参加的万隆会议，是一个具有重大历史意义的事件。亚洲和非洲两个大陆的代表同时在万隆集会，在历史上还是第一次。这一会议显示了亚非各国人民反对殖民主义的共同性与团结一致的精神。这一会议的召开及其所取得的成就，标志了亚非国家人民团结一致反对殖民主义斗争的新阶段的到来。

战后的殖民地民族解放运动，不仅殖民地被压迫人民表现了团结互助的精神，而且受到宗主国工人阶级与一切进步力量的支持。工人阶级更深刻地体会到1869年第一国际决议的名言："一个奴役别的民族的民族，铸造了它自己的锁链。"因而在战后出现了帝国主义国家工人运动与殖民地人民民族解放运动的合流，更多的工人群众参加到反对帝国主义殖民奴役与殖民战争的行列中来。正是觉悟的工人阶级的斗争，从内部削弱了帝国主义的力量，有利于帝国主义后方的突破，与民族解放运动的胜利。

战后殖民地解放运动的发展进程中，最重要的因素乃是它受到世界社会主义阵营的强有力的支援。中国人民革命的过程中，苏联给予了有力的援助。而在中华人民共和国成立以来，亚洲地区的殖民地民族解放运动也获得了中国人民的重大支援。

以苏联为首的世界社会主义阵营，不断揭穿帝国主义殖民侵略的新阴谋，严正地谴责一切殖民奴役的罪行，并在任何场合都站在被压迫人民方面，为维护其民族独立与国家主权而斗争，这一切给了全世界殖民地人民以莫大的鼓舞，增强了他们斗争的信心。以苏联为首的世界社会主义阵营，对各个取得政治独立的国家进行真诚无私的经济文化各方面的援助，帮助它们进一步摆脱对帝国主义的依附，取得彻底的独立。

由于殖民地人民的斗争，有着来自国外的这样强大的力量作为后盾，因而帝国主义已经不可能像过去一样为所欲为地消灭与践踏殖民地人民的解放运动了。帝国主义者在他们的侵略行动中遇到的是越来越广大的反殖民主义战线的反击。这种情况，在1956年的英法侵略埃及的事件中，最鲜明地表现出来。由于英勇斗争的埃及人民，有着阿拉伯人民同仇敌忾的坚决支援，有着英法国内工人阶级与一切资本主义国家的进步力量的支持，特别是苏联采取的坚决的立场，中国以及社会主义阵营其他各国的大力援助，因而帝国主义的侵略阴谋终于失败。这一事件，对于帝国主义是一个严重的警告，而对一切被压迫的人民，是巨大的鼓舞。它表明了被压迫的人民只要在革命斗争中团结国内一切革命力量，同时紧紧依靠国际的援助，就会击败帝国主义势力，最后赢得斗争的胜利。

战后殖民地民族解放运动的第五个特征是，一切国家的民族解放运动与反对美帝国主义的奴役结合起来。

第二次世界大战，加深了资本主义国家发展的不平衡。三个拥有殖民地的国家——德国、日本、意大利——在军事上遭受到溃败，被剥夺了一切殖民地；英国与法国这两个殖民帝国受到了严重的削弱；

而美国在战争中却使它的经济与军事的力量大大增长，在战后，成为资本主义世界的侵略中心。大战后，美帝国主义利用这一有利于自己的形势，拼命地进行全世界的扩张，将自己的力量打入德、日、意过去的殖民地。美国趁着英国、法国、荷兰、比利时面临殖民帝国崩解的时机，进行趁火打劫，力图占有英、法、比、荷殖民者的阵地。美帝国主义在"反殖民主义"的幌子下，利用所谓军事与经济"援助"，积极地对亚洲、非洲、中东各个国家进行渗透，支持各地的封建反动统治，破坏与镇压各地人民的民族解放运动。杜鲁门主义以及所谓"艾森豪威尔主义"，便是美国向全世界进行殖民扩张的侵略计划。

在这种形势下，战后殖民地人民不仅遭受着原先的帝国主义侵略者的奴役，而且还受到美帝国主义的侵略与掠夺。因此，各个殖民地国家在摆脱其被压迫被奴役地位的斗争中，不仅仅要反对原来的侵略者，而且要反对新来的侵略者——美帝国主义。

中国人民不仅打败了日本帝国主义，而且打败了美帝国主义的侵略，才赢得了解放斗争的胜利。朝鲜的情形也是这样。此外，无论是在越南、印度、印度尼西亚、中东与非洲，人民反对英国、法国、荷兰与比利时殖民者的斗争与反对美帝国主义的斗争都结合在一起了。"打败美帝国主义者"的口号是越来越响亮了。

尽管美帝国主义使用一切障眼法来欺骗殖民地人民，妄图扩大"无形的殖民帝国"，维持摇摇欲坠的殖民制度，但这一切打算都破产了。殖民地与半殖民地的人民越来越清楚地认识到美国殖民主义的真面目，意识到美国越来越将成为他们面前最危险的敌人。因而殖民地人民反对美帝国主义的旗帜是举得越来越高了。

战后殖民地民族解放运动的第六个特征，在于民族解放运动与保卫和平的运动密切结合在一起了。

第二次世界大战后，对殖民地与半殖民地人民的另一个严重威胁，来自帝国主义发动新战争的政策。

美帝国主义在国内经济极不稳定的情势下，越来越积极地推行发动新战争的计划，企图由此来取得世界霸权，镇压工人运动与民族解放运动。美帝国主义将从属于它的欧洲仆从国家，束缚在新的战车上，加紧了军备竞赛与军火生产，这就使西欧国家的经济情况恶化了。而这些国家也因此进一步加强了对殖民地的剥削，企图将战争的负担转嫁到殖民地人民身上。

美帝国主义在防御"共产主义威胁"和提供"援助"的幌子下，在殖民地与附属国领土上遍布军事基地，广泛地建筑战略铁路与公路，重新装备与建筑飞机场及港口。美帝国主义更在拼凑军事集团的方式下（如东南亚侵略集团、巴格达条约），进一步控制不发达国家与殖民地，将这些国家变成了未来战争中的进攻基地，强使这些国家的人民为帝国主义罪恶战争充当炮灰。而这些国家，一旦被系在华尔街的战车上，它们便不得不大大增加军事开支，扩军备战，其结果，导致国家经济上发生严重的灾难与人民生活水平的进一步降低。

帝国主义更企图在推行侵略战争的计划中，使业已摆脱殖民制度的国家重新遭受它的奴役，由此来修补与恢复已告崩解的殖民大厦。

因此，战后殖民地人民日益清楚地认识到：民族解放斗争的利益是与反帝国主义侵略战争、保卫和平的利益结合在一起的。这一方面在于，如果让战争势力占据上风，侵略势力得以任意横行，那么，被压迫人民的民族解放就难以实现，而已取得政治独立的国家，也将难以捍卫它所取得的独立自主的地位，更无法实现在经济上彻底独立的目的。另一方面，被压迫人民如果不为争取民族解放而无情地打击帝国主义势力，并赢得民族解放斗争的胜利，那么，帝国主义战争势力也难以削弱，和平力量也难以进一步扩大，并成为压倒性的力量。正因为如此，战后殖民地与附属国人民在民族解放运动中，都无例外地高举起了保卫和平反对帝国主义侵略战争的旗帜，殖民地人民一致地谴责美英帝国主义集团毒化国际气氛及挑起争端的各种图谋。这些，成为保卫和平运动获得史无前例的发展的重要因素。同时，在全世界和平与民主的不断胜利进程中，殖民地与半殖民地人民争取民族独立的斗争，更向前发展了。

以上战后殖民地民族解放运动的各个特征，表明在资本主义总危机第二阶段，发生在资本主义世界一切领域中的阶级力量对比的深刻与复杂的变化，都是有利于殖民地人民解放斗争的。这一解放斗争已经取得极为伟大的世界性的胜利，而且它还将取得更大的胜利。

无疑地，在第二次世界大战以后的10年期间，在资本主义世界各个基本矛盾中，殖民地人民与宗主国的矛盾已变成极为突出的了；殖民地民族解放运动已经成为反对帝国主义斗争的主流，成为20世纪中叶整个历史前进运动中的重要动力之一，它与当代历史车轮的主要动力——社会主义革命与社会主义建设——相配合，涌现为时代的两个主要潮流，并汇合于反对帝国主义、保卫和平的海洋。这两个主流将深刻地影响与大大地推进整个资本主义世界的无产阶级的革命运动，使它提升到一个更高的阶段。

在战后发生的帝国主义殖民体系的解体，受到帝国主义殖民国家拼命地抵抗。殖民国家竭尽一切的力量，借助于政治与经济的各个杠杆来反对殖民地和附属国的民族解放运动，来维持残破不堪的殖民制度。帝国主义反动集团，并不是消极地来对待他们的殖民大厦的覆灭，他们变本加厉地加强了对尚处在他们压迫下的殖民地的统治，并千方百计地维护他们在那些已取得政治独立的国家中的阵地，破坏这些国家的社会复兴与民族复兴的事业。因而，殖民主义还仍然是威胁着亚非两洲十多亿人民的严重灾祸。1955年4月18日，印度尼西亚苏加诺总统在亚非国家会议中指出："我们时常听到'殖民主义已经死亡了'。我们不要为这种话所欺骗或甚至为这种话所麻痹。我告诉你们，殖民主义并没有死亡。只要亚非两洲的广大地区还不自由，我们怎么能说它已经死亡了呢？我请你们不要仅仅想到我们印度尼西亚人和我们在亚非两洲各个地区的弟兄们所知道的那种典型的殖民主义。殖民主义也有它的现代化的外衣，它可以采取由一个国家之内的一个小小的然而是外国的集团进行经济控制、思想控制、实际的物质上的控制的形式。它是一个狡猾的、坚决的敌人，它以各种各样的伪装出现。它不轻易放弃它所抢夺的东西。不管殖民主义在何地、何时、如何出现，它总归是一个邪恶的东西，一个必须从世界上铲除的东西。"[①]

在战后的新形势之下，过去那一套武装镇压的老办法已经不可能处处生效了，因此帝国主义使用了一系列新的殖民统治的形式与新的方法。

在殖民地实行自治政策，乃是帝国主义维持殖民统治普遍采用的新形式。战后，在殖民地人民的反帝高潮之下，帝国主义不得不使用在殖民地建立代表机构及协商会议，实行立宪改革，甚至给殖民地以独立等手法来掩盖自己在幕后的统治，来维持自己在殖民地的经济阵地。像菲律宾的独立，便是这一阴谋的最好的例证。

有意在殖民地国家与落后国家制造争端，离间这些国家的关系，

[①] 转引自《新华月报》1955年第5期，第11页。

挑起民族纠纷，是帝国主义用来维持自己的殖民统治的毒辣手段之一。比如战后帝国主义将印度割裂成为印度共和国与巴基斯坦，制造印巴纠纷。在印度支那与中东地区，唆使一部分亚洲人反对另一部分亚洲人，唆使一部分阿拉伯人反对另一部分阿拉伯人，利用以色列与阿拉伯国家的矛盾，制造中东的纷争，来维持它在中东的势力。

在许多地方，帝国主义仍然使用过去的血腥镇压的办法，来维持其政治经济的统治，特别是在对帝国主义最重要的殖民地，帝国主义无论如何不愿放弃其直接的统治，因而便以最恐怖的手段来对待殖民地人民解放运动。战后英国在马来亚，法国在越南，便进行了长期的血腥战争；在非洲，英国在1952年10月起与怯尼亚人民开始了血腥的战争，法国在1954年起开始对阿尔及利亚人民的屠杀，至今没有停止。

对殖民地与落后国家提供"援助"，是战后殖民扩张的新的方式，特别是美国殖民主义者惯用的方法。美帝国主义向落后国家提供"援助"，主要是军事"援助"，即强使受援国家接受美国武器，并因此承担一系列的政治和军事事务，出让重大的经济利益，使这些国家变成华尔街的投资场所、商品销场与原料产地。

美帝国主义更在提供"援助"时，规定获得援助的国家必须参加侵略性的军事集团，并进一步地支配这些国家的武装部队，在这些国家布满军事基地，将这些国家的政府变成为执行美国好战集团的意志的驯顺工具。如参加美国拼凑起来的东南亚条约组织与中、近东侵略集团——《巴格达条约》——的各个国家，都成为美国殖民奴役的对象与美国发动新战争的基地。这些国家的人民因此遭受到深重的灾难。

战后10年以来，殖民者所采取的这一系列的新的统治方法，事实证明，都失去了效验。无论是血腥的军事镇压或是财政、经济与军事奴役，都不能抑阻各国人民解放运动的高涨，民族解放运动不断地由一个高潮过渡到另一个高潮。假如说在战后最初几年间，民族解放斗争的浪潮是在亚洲达到空前的高涨，那么，近几年来，在北非与中、近东，解放斗争浪潮也沸腾起来。随着埃及政府1956年将苏伊士运河公司收归国有以来，中东的民族解放斗争就开始急剧上升，以致成为殖民地革命风暴的中心。

苏伊士运河事件鲜明地表现了当前两种力量的冲突：一方面是觉醒了的人民，为彻底摆脱殖民统治的枷锁，求得政治经济的真正独立，而要求将殖民主义势力铲除干净的坚决的意志；另一方面是不断遭到失败的殖民主义者，为了维持其残破不全的阵地，为了增强其统治势力，而向亚非国家进行新的进攻。殖民主义者在埃及收回苏伊士运河区与将苏伊士运河公司国有化以后，眼看着它在其他地区的同样结果即将到来，眼看着殖民制度的末日越发逼近，因而，它们为此寝食不安，五内俱焚。任何垂死的阶级都不会自动退出历史的舞台，英法帝国主义制造苏伊士问题极尽恐吓威胁的能事，正是殖民主义者死亡前的疯狂挣扎。

英法帝国主义者为末日前的恐惧弄昏了头脑，不惜发动军事冒险，使用19世纪的炮舰政策，企图侥幸取胜。但是，殖民主义者称心如意的19世纪早已经一去不复返了，在20世纪50年代，时代的指针已经指向殖民制度的死亡。正因为如此，就注定了殖民主义者的失败。

英法武装侵略埃及事件的失败，无可辩驳地表明了，在今天，团结一致的反对殖民主义的力量，和平与民主的力量，已经是多么的巨大。它表明了帝国主义者已经不再能决定历史发展的重大进程了。正因为如此，埃及反侵略斗争的胜利，给中东、非洲以及广大亚非国家、拉丁美洲国家的人民以莫大的鼓舞，增强了他们反对帝国主义斗争的信心，从而有力地影响了民族解放运动的发展。在目前，阿拉伯国家反对帝国主义的斗争是更向前发展了。

在彻底消灭殖民制度的进程中，还有许多艰难曲折的斗争。各国人民在赢得人民解放与保卫民族独立的斗争中，还必须粉碎最凶狠的殖民主义者——美帝国主义的侵略阴谋。

美帝国主义在苏伊士事件中，表面上伪装中立，实际上企图排挤英法在中东的阵地，而独霸中东。而在英法武装侵略宣告败北、英法在中东地区的力量遭受新的削弱的情况下，美国便提出了在中东进行殖民扩张的新计划："艾森豪威尔主义"。艾森豪威尔主义乃是在提供经济"援助"的诱饵之下，进行对中东各国的政治—军事控制，以达到霸占整个中东地区、进一步排挤英法势力的目的。这一个以反对"国际共产主义的武装侵略"为烟幕的新的殖民主义阴谋，一开始提出就为中东各国人民所识破，并受到各国人民一致的谴责。

无疑地，在中东民族解放运动空前高涨的情况下，美帝国主义要想将殖民制度的枷锁重新套在觉醒了的人民身上是根本不可能的。美帝国主义变本加厉地进行殖民奴役，只会进一步激发各国人民维护民族独立的斗争精神，并使这一殖民主义的新的计划——艾森豪威尔主义——最后破产。

战后10年间所发生的帝国主义殖民体系的解体这一风云变幻的进程，对整个人类历史的发展产生极其重大的影响。

现在，绝大多数的亚洲国家已经成为主权国家，亚洲的形势已经发生了根本的变化。帝国主义长时期来无视亚洲人民的意志的时代已经过去。如今，广大亚洲人民积极地参加政治生活，为捍卫民族独立与世界和平而斗争。亚洲的声音，已经是决定世界局势的重要因素了。正如布尔加宁同志1956年在印度共和国国会讲话中所说："我们时代的特点是亚洲以至整个东方各国政治局势的深刻变化。东方各国人民觉醒和积极参加政治生活的伟大历史过程正在进行着。这个过程正在飞速进展，没有任何力量可以使它停止。固然，也有人企图不理会或者轻视现在在东方所发生的伟大的历史性变动。但是，这些变动是存在的，并且对整个国际生活正在发生而将来也必然要发生巨大的影响。"[①]

亚洲以及东方国家的人民，正在为改变100年来的政治、经济与文化的落后状态而积极斗争。中国人民在伟大的中国共产党领导下，已经使自己的国家走上了民族复兴和独立的大道，走上了建设社会主义社会的大道。中国人民即将提前完成的第一个五年计划，是新中国在发展生产力和改变生产关系上的重大里程碑。中国人民在摆脱国家的落后状态，向着工业化道路飞奔，对于亚洲与整个东方局势将发生巨大的影响。

伟大的印度与缅甸的各族人民，现在也进入了在经济上与国务上的独立发展的时期。印度尼西亚和其他一些东方国家也已经走上了自由独立的道路，它们已有了建立独立的民族经济和提高人民生活水平的良好条件，在这些国家人民的面前，已经展示了生产力进一步提高的美好的远景。

在当前，世界历史已经发展到这样一个新时期：东方各国人民建设新生活的潮流越涌越高，并成为推动世界历史飞速前进的有力因素。列宁在1919年所预见的"……在现代革命中就到来了所有东方各

[①]　《布尔加宁、赫鲁晓夫访问印度、缅甸和阿富汗期间的讲话》，人民出版社，1956年，第27页。

族人民参加解放全世界命运、不再作发财对象的时期"[1]已经到来了。

殖民体系的解体，对于帝国主义国家的经济与政治正在发生着最深刻最严重的影响。

在殖民地人民取得政治独立后，殖民地就不再是供帝国主义垄断集团任意榨取的场所了。在这些国家，垄断资本主义基本经济规律的作用受到很大的限制，随着这些国家政治经济情势的发展，当殖民者被迫完全放弃它在这些国家中的经济阵地时，这些国家从此将不再成为帝国主义垄断集团的投资场所、原料来源与商品销场，到那时候，帝国主义殖民制度才算真正的消灭。而帝国主义所迫切需要的殖民剥削的范围，将日趋缩小而最终宣告消失，垄断资本榨取最大限度超额利润的这一重大源泉也将从此完全丧失。这种结局，对于垄断资本集团，将是最可怕的灾难，因为，离开了超额利润，垄断资本主义便将失去动力，而随着这一最大限度的超额利润的源泉的失去，垄断资本主义一切固有的矛盾将急剧尖锐化，帝国主义将失去继续存在的基础。

目前，帝国主义国家正面临着这一可怕的局势，正在急剧进行的帝国主义殖民体系的瓦解，使殖民剥削的范围大为缩小了，埃及政府将苏伊士运河公司收为国有的坚定措施，更敲起了宣告帝国主义在主权国家经济阵地最后破灭的丧钟。西欧国家在殖民地的垄断利润，已经根本地动摇。西欧国家的垄断资本集团感到了走投无路，他们烦恼焦灼达到了疯狂的地步，苏伊士军事冒险，正是这种心理状态的表现。

是不是说，挣脱了殖民奴役的国家，在其发展民族经济的过程中，从此与帝国主义断绝一切经济联系呢？如果是这样，无疑地，帝国主义

---

[1] 列宁、斯大林：《列宁斯大林论中国》，人民出版社，1954年，第67页。

的死亡之期就会立刻到来。因为早就过度成熟了的畸形发展的垄断资本主义，是不能离开殖民地的商品市场与原料来源的。可是这种情况，是不可能出现的。因为一些摆脱了殖民统治，走上建设社会主义道路后的国家，它们遵循着两个体系和平共处的原则，客观上也需要与帝国主义国家发展经济上的广泛的联系；而更多的主权国家，它们在获得民族独立后，依然是处在资本主义世界体系中。它们在发展民族经济中，也将与西方列强建立广泛的经济联系。因为这是有利于它们的经济发展的。这些国家将在保证国家经济独立这一新的基础上，在平等互利的原则下，进一步发展与扩大东西方之间的贸易关系。

无疑地，这一新的情势，将引起垄断资本主义经济结构的一些巨大变化与改组，但是，垄断资本主义也将享受亚非国家社会复兴的"春天"的赐予，西欧国家将能得到新的广阔的市场与所需要的供应。因而，认为失去殖民地以后，西欧殖民国家的经济将马上解体，便是错误的了。

但是，殖民体系的解体，无可辩驳地表明数十年形成起来的帝国主义经济结构的基石倒塌，垄断资本榨取最大限度利润的重要源泉即将丧失，整个帝国主义体系的力量更为削弱了。随着帝国主义后备的消失，资本主义的一切经济与政治矛盾将在资本主义大国尖锐地显示出来；因殖民体系这一广大的经济机构而被掩盖起来的资本主义生产方式的基本矛盾——生产的社会性与占有的私人形式的矛盾，也将在最激烈的形式下表露出来。

资本主义基本矛盾的尖锐化，也将引起上层建筑矛盾的加深。资产阶级将因其经济上的软弱无力，而失去其在政治上与思想意识上控制工人阶级的力量，造成工人阶级冲击资本主义的有利条件。这就准备了资本主义国家社会主义革命高涨的有利条件，使这些殖民国家被延迟了的社会主义革命，重新提到日程上来。

这一切表明了当前历史发展的特点：世界范围内的殖民地国家的革命正在上演宗主国社会主义革命的前奏。在殖民地与半殖民地国家，生产关系一定要适合生产力性质的规律，首先获得了充分发挥作用的广阔场所；紧接着而来的，必然是这一经济规律，将在一切资本主义国家获得充分发挥作用的广阔场所。

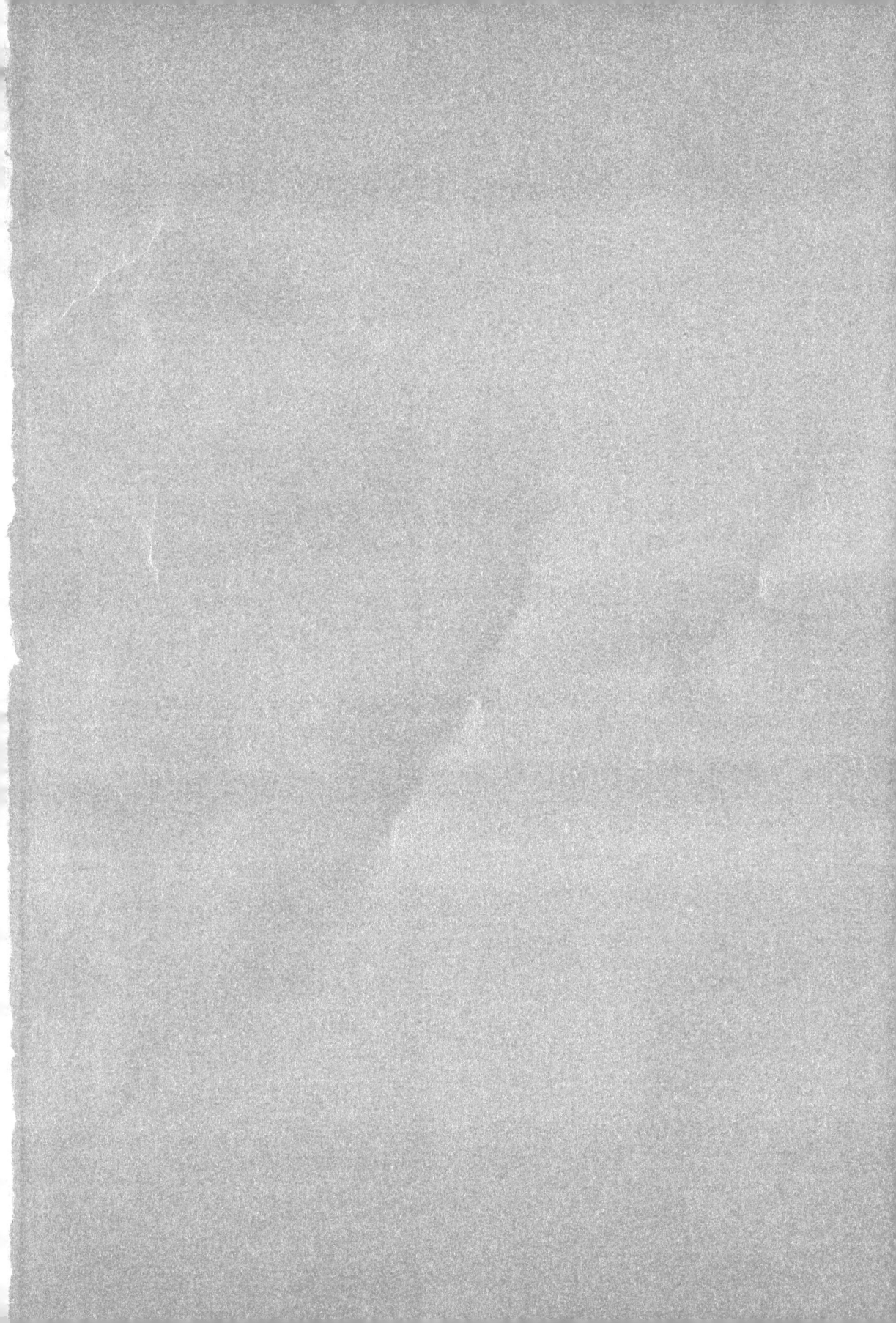